KB126670

블록체인

BLOCKCHAIN ECONOMY

경제

블록체인 경제 (Blockchain Economy)

Copyright ⓒ 2021 by (주)크립토밸리랩(Crypto Valley lab)

1판 1쇄 인쇄 2021. 11. 1
1판 1쇄 발행 2021. 11. 3
1판 2쇄 발행 2021. 11. 17
1판 3쇄 발행 2021. 11. 30
1판 4쇄 발행 2022. 1. 5

지은이 정희연 • 최영규

발행인 임기철
책임디자인 이정은
발행처 미래와 혁신 21
이메일 kchlim@naver.com
전화 010-8955-4073
등록 2020년 1월 3일(제2020-000002호)
주소 서울특별시 영등포구 당산로 214, 401동 1302호

값은 뒤표지에 있습니다.
ISBN 979-11-976291-0-5(03300)

블록체인과 암호화폐가 이끄는
새로운 경제 패러다임

블록체인

BLOCKCHAIN ECONOMY

정희연 · 최영규 지음

경제

미래와 혁신 21

디지털 시대가 시작된 건 채 100년이 되지 않는다. 미국에서 근대적 컴퓨터인 에니악이 만들어진 게 1946년이다. 1967년 한국에 컴퓨터가 처음 들어왔는데 경제기획원에서 IBM 1401이 인구조사에 활용했다. 디지털 컴퓨터 등장 이후 전화로 대변되는 아날로그 통신이 디지털 통신으로 대체되었고, 인터넷이 도입되었다. 스마트폰이 초기의 수퍼컴퓨터보다 강력한 기능을 발휘하기 시작한 건 애플의 스티브 잡스 덕분이다.

아날로그 신문이 전부였던 시절, 한국에서 잉크 냄새 맡으며 하루 지난 뉴욕타임즈를 읽을 수 있다는 것은 정말이지 굉장한 특권이었다. 지금은 그게 전혀 특권이 아니다. 이제는 미국 오지의 지역신문도 인터넷에 올려지자마자 바로 읽을 수 있다. 안방에서 시시각각으로 올라오는 세계 방방곡곡의 정보를 마음만 먹으면 누구나 모을 수 있다. 게다가 블록체인이 출현하면서 금융정보의 정보 비대칭 현상이 부분적으로 해소되기 시작했다.

스마트 컨트랙트를 이용하면 중개기관 없이 금융을 비롯한 각종 업무를 자동으로 처리할 수 있다. 그래서 원한다면 누구든 스마트 컨트랙트 기반의 직원 없는 회사를 설립할 수 있다. 직원이 없으니 사무실도 필요 없다. 회사 운영비용이 격감하고, 눈살 찌푸리게 하는 편법과 정실이 사라진다. 누군가에게 특권을 주기 위해 스마트 컨트랙트에 조건문 하나 슬그머니 추가해도 금방 들통난다. 스마트 컨트랙트는 오픈 소스로 깃허브에 올려지고 모든 거래 기록은 블록체인에 낱낱이 기록되므로 결코 속일 수 없다. 그 투명성을 기반으로 하는 DAO라 불리는 분산자율조직(decentralized autonomous orgarnization)이 출현했고 미국의 와이오밍주는 이것을 유한책임회사로 인정했다.

DAO의 이자농사(yield farming)를 이용하면 원금이 절대로 보장되며 오징어게임에서 나오는 딱지에 불과한 코인으로 이자를 받는데 프로젝트에 따라서는 그게 원금보다 더 빨리 불어난다. 그게 그냥 쓸모 없는 딱지라면 있어도 그만, 없어도 그만이다. 어차피 원금이 보장되니 딱지 가치가 제로가 된들 무슨 소용이랴. 자기 코인 들고 있어도 따로 생기는 게 없는데. 그런데 어떤 프로젝트의 딱지는 비트코인 가격과 맞먹기도 한다. 왜 딱지가 가치를 지니는지 물어볼 필요가 없다. 그게 현상이니까. 설명하기도 힘들지만 설사 설명한다 한들 어차피 받아들이지 않을거라면 그냥 무시하는 것도 방법이다.

이제서야 기업이 디지털 트랜스포메이션을 외치고 있으니 우리 의식의 대부분은 여전히 아날로그 경제에 머물러 있음이 분명하다. 노동은 신성한 것이며 땀흘려 번 돈만이 진짜 가치가 있다는 아날로그 시대의 가치관을 고수하며 금융소득은 불로소득이라서 인정하지 않으면 디지털 경제에 편입되기 어렵다. 여전히 노동은 신성한 것이지만, 오로지 육체노동만 신성한 게 아니고 감정노동이나 지적노동도 마찬가지로 신성하다. 아날로그 시대에는 유형의 자산이 더 중요했으나 디지털 시대에는 무형의 자산이 더 중요하다.

서울공대 학보사 기자로 학부시절을 함께 했던 최영규 작가가 책을 쓴다 하니 추천사 요청을 거절할 수 없었다. 공저자 정희연 박사는 제가 고려대에서 강사로 모신 바 있다. 더구나 그 책을 역시 학보사 후배인 임기철 박사의 출판사에서 펴낸다 하니 추천사로라도 힘을 보태고 싶었다. 책 내용도 블록체인 경제를 주제로 삼고 있어서 미래를 준비하는 독자들에게 도움이 되는 일이니 기쁜 마음에 동참하기로 했다. 아울러 서로 힘을 합쳐 한국을 디지털 월스트리트의 중심지로 만들고 싶었다.

네덜란드 동인도회사가 1602년에 근대적 의미의 주식회사를 처음 만들었는데 영국 동인도회사는 2년 앞서 역시 출범했었다. 그런데 영국 동인도회사의 주식은 주식이라 하기에 2%가 부족했다. 장기적으로 회사를 키우려는 프로젝트가 아니라 배를 출항시켰다가 귀항했을 때 이익을 나누고 프로젝트를 종료하는 단기계약이었기 때문에 1657년 크롬웰 시대에 이르러서야 영국의 동인도회사는 비로소 오늘날의 주식회사 형태를 갖추었다. 네덜란드 동인도회사는 처음부터 장기 프로젝트를 염두에 두고 주식을 발행했기 때문에 그것으로 무역에 필요한 각종 인프라부터 정비했다.

그 주식회사 제도 때문에 무역혁명, 산업혁명, 정보통신혁명의 시대가 열렸다. 즉, 주식회사의 기업공개(IPO)가 자본동원의 창구역할을 했다. 어찌보면 기업공개는 아날로그 산업을 일구는 동력원이었다. 그렇지만 디지털 산업을 일구는 데 기업공개는 역시 2%가 부족했다. 그래서 출현한 게 코인공개(ICO)였다. 기업공개는 회사의 자산을 바탕으로 자본을 모으므로 주식에 내재가치가 있다는 주장이 있지만 주식 투자는 딱지를 사는 것과 다르지 않다. 그 주식을 가져가면 대표이사가 공장부지 땅 일부를 나누어 주지 않는다. 주가를 계산해서 그에 상응하는 수량만큼의 제품을 주는 것도 아니다. 그 주식이 팔리지 않으면 그 주식은 전혀 가치가 없다. 주식은 꿈이고 기대이며 신뢰인 것이라서 내재가치가 없기로는 딱지와 다르지 않다.

코인공개로 받은 코인도 딱지에 불과하다. 그건 꿈이고 역시 기대이며 믿음인 것이다. 다른 코인을 주고 코인공개에 나온 새 코인을 받으니 서로 꿈과 믿음을 각자의 코인으로 교환하는 것이다. 이 코인들이 거래소에서 현금으로 교환되니 추상적이던 꿈의 가치가 현금으로 계량되는 것이다. 꿈에 대한 믿음이 상승하면 코인의 가치가 올라가고 그렇지 않으면 내려간다. 코인의 가치는 코인의 내재가치에 있는 것이 아니고 믿음에 있는 것이다. 우리는 아날로그 경제 환경에서 상품의 가치를 모를 때 경매제도를 통해 가치를 결정했다. 코인 거래소는 일종의 코인 경매장인 셈이다.

사람들은 코인공개를 통해 꿈을 교환했다. 이자농사를 통해 꿈을 축적했다. 플래시론(flash loan)을 통해 자산이 없는 빈털털이도 자산을 불릴 수 있는 기회를 얻었다. 그런데 디지털 경제이기 때문에 누릴 수 있는 축복이 허다함에도 불구하고 아날로그 경제의 틀을 프로크루스테스의 침대처럼 사용하려는 사람들이 많다. 알고 보면 패러다임이 바뀔 때 큰 기회가 주어졌다. 그 기회를 잡으면 디지털 월스트리트가 한국에 세워질 수 있다. 이 책은 그런 꿈을 담은 책이다. 이 책을 통해 저자들의 그간의 경험을 공유하다보면 영국과 네덜란드 동인도회사가 꿈꿨던 새로운 세상으로 독자들이 나아갈 수 있다.

프로젝트들이 운영되지만 그걸 해독할 줄 몰라 속임을 당하는 사람들이 있다는 건 아이러니다. 블록체인 경제가 제도권에 들어온다면 그 피해는 줄어들 것이고, 교육으로 더 줄일 수 있을 것이다. 이 책은 독자들에게 피해를 줄이고 꿈을 공유할 수 있게 해줄 것이다. 좋은 책을 통해 미래 세상의 주역이 되고자 하는 독자들이 많이 나오기를 기대하며 몇 자 적어 이 책 〈블록체인 경제〉의 추천사로 가름하고자 한다.

2021년 10월 20일
고려대학교 정보보호대학원 특임교수 김형중

경제의 기본 바탕은 사람과 사람 간의 거래관계다. 이 거래관계가 디지털 블록체인 암호화폐의 등장으로 새로운 패러다임 전환기를 맞이하고 있다. 디지털화로 정보경제·네트워크 경제로 발전하고 블록체인으로 인해 중개기관이 없이도 거래의 신뢰 기반이 구축되면서 탈중앙화가 진행되고 암호화폐로 인해 새로운 탈중앙화 화폐경제 시스템이 구축되고 있다. 메타버스의 등장은 새로운 사이버물리 세계로 인도하고 있다. 이러한 새로운 패러다임의 폭발적인 등장은 경제를 새로운 신천지로 이끌고 있다. 이 책은 디지털 블록체인 암호화폐의 등장으로 이처럼 급변하고 있는 패러다임 전환적인 경제구조의 변화를 저자들의 오랜 현장 경험을 토대로 비교적 쉽게 설명한 역저이다. 4차 산업혁명 시대 디지털 블록체인 암호화폐의 등장으로 인한 경제구조의 변화를 이해하는 데 큰 길잡이가 될 것으로 생각된다.

- 한국금융ICT융합학회 회장 **오정근 교수**

근대국가 체제 하에서 후기 산업사회와 금융자본주의는 수많은 모순을 잉태하고 있다. 이른바 자본 없는 자본주의, 즉 무형자산의 시대가 도래하면서 기존의 산업에 대한 인식도 변환을 요구받고 있다. 경제학 교과서도 다시 쓸 수밖에 없어졌다. 다음 시대의 경제학은 무슨 내용을 담아야 할까? 바로 이 책의 내용이 다음 시대 경제학의 본류가 될 것이다. 블록체인의 등장과 더불어 21세기 경제는 필연적으로 디지털 경제로부터 공유경제와 데이터 경제로 나아가게 될 것이다. 이러한 내용을 알지 못하면 21세기의 성공적인 경제활동은 불가능하게 될 것이다. 우리가 이 책에 주목해야 하는 이유이다.

- (사) 한국블록체인산업진흥협회 이사장 **김형주, 정치학박사**

디지털, 메타버스, 블록체인, 암호화폐, 토큰 경제, 데이터 경제 등 새로운 시대의 단어들이 비대면 시대와 함께 우리의 생활을 바꾸고 있습니다. 마주하기 두렵고 어려운 듯하지만 모두에게 절실한 내용을 현장에서의 실전을 바탕으로 부부 간의 신뢰와 따뜻함을 더하여 준비한 책이기에 조금은 더 편안하게 다가갈 수 있는 것 같습니다. 미래를 위한 실천을 지금 시작하실 분들은 누구나 필독하시기를 추천합니다.

- 포스텍 총장 **김무환**

제2의 인터넷이라고 불리는 블록체인을 경제학적 측면에서 상세하게 설명한 최근에 보기 드문 책이다. 특히 토큰 경제를 쉽게 설명하였다. 블록체인으로 이룰 수 있는 삼면시장과 데이터경제는 블록체인에 종사하는 분들이라면 필독해 볼 만하다.

- 월간 블록체인투데이 발행인 **정주필**

제2의 인터넷이라 칭하는 분산과 신뢰의 블록체인을 경제와 결합시킨 비전의 제시, 그리고 블록체인 위에서 메타버스와 NFT의 가치와 융합한 경제 패러다임의 제시는 필자들의 수십 년 간의 경험에서 출발하는 것 같다. IT전문가로서 활동해온 부부의 삶이 투영되어 공동저자로 집필한 이 책에는 스토리텔링과 토큰경제의 진수가 미래의 열쇠처럼 담겨 있다. 독자들에게 기꺼이 추천하고 싶은 책이다.

- 한국IT전문가협회회장/전 숭실대IT대학교수/전 한국인터넷진흥원장 **송관호**

새로운 지식경제와 신문명의 도구는 익히고 공부하는 사람만이 소유할 수 있다. 이 책은 우리 삶의 미래를 보여주는 내비게이터 역할을 한다고 할 수 있다. 특히 메타버스와 NFT를 통한 토큰경제의 길을 안내하고 있어 바쁘게 오늘을 살아가는 우리에게 새로운 이해와 준비 방법을 알 수 있게 해 준다. 흔히 얘기하는 4차 산업혁명 산업과 경제는 인터넷 기반의 디지털 경제로 패러다임을 진화시켜 왔고, 이제는 제3의 디지털 경제라 할 수 있는 블록체인과 메타버스 경제로 발전하고 있다. 그래서 블록체인 기술혁명이 이끄는 새로운 변화를 이해하지 못하면 미래에 다가오는 신경제는 내 것이 되지 못한다. 왜냐하면 이 책에서 설명하는 '네트워크 외부성'과 '수확체증의 법칙' 등 다양하고 새로운 가치창출의 경제 메커니즘이 숨겨져 있기 때문이다. 이 책에서는 사이버 세계와 물리 세계가 ICT와 데이터 기법으로 메타노믹스가 되는 것을 기초부터 전문가 수준까지 잘 설명하고 있다. 인도의 시인 카비르(Kabir)는 '어디에 있든 그곳이 출발점이다'라고 했다. 이제 메타버스 경제의 출발점에 서 있는 당신은 행운을 잡을 수 있는 가능성이 충분하다고 생각되어 이 책을 독자들의 미래 경제를 위해 추천한다.

- (사)한국블록체인기업진흥협회/한국블록체인협·단체연합회 회장 **이한영**

비트코인으로 활성화된 블록체인 생태계는 이제 4차 산업혁명에 없어서는 안 될 필수 기술로 자리 잡았으며, 암호화폐의 거센 바람이 한바탕 휩쓴 후 NFT와 DeFi로 대변되는 탈중앙화 금융시장이 등장하면서 또 다시 새로운 붐을 일으키고 있다. 전 세계적으로 빈부격차가 확대되고 양면시장의 승자인 거대 플랫폼 기업의 영향력이 더욱 커져가는 시점이다. 탈중앙화 금융시장이 경제계에 미치는 영향이 궁금하던 차에, 보기 드문 한 쌍의 IT 전문가 부부가 블록체인과 암호화폐 세상에 푹 빠져 몇 년을 좌충우돌하며 연구한 결과를 한권의 책으로 펴냈다. 이 책 내용 중 가장 눈길을 끄는 것이 탈중앙화 크립토 금융과 DeFi를 삼면시장 경제에 접목시켜 분석해낸 것이라고 생각한다. 저자들의 얘기처럼 우리가 미래를 어떻게 희망하는가에 따라 미래의 모습이 바뀐다는 관점에서 볼 때, 블록체인과 DeFi, NFT, 그리고 암호화폐 생태계가 미래 경제에 어떤 모습으로 녹아 들어 있을지 이 책을 통해 살짝 엿볼 수 있다. 멋진 책을 펴낸 두 분의 노력은 관련 업계 참여자들 모두에게 큰 복이다.

- 한국블록체인스타트업협회 명예회장 **신근영**

블록체인 경제라는 단어는 낯설지 않다. 신문지상과 서적을 통해 많이 접할 수 있다. 추천인도 〈블록체인과 미래사회〉라는 이름의 대학원 수업에서, 블록체인 경제라는 주제의 강의를 2018년부터 진행해왔다. 블록체인 경제란 블록체인 기술이 추동하는 신뢰와 탈중앙적 거버넌스 체계를 바탕으로, 중앙은행이 독점해왔던 화폐의 발권 권한과 주조 차익을 참여자에게 귀속하고, 스마트컨트랙트 기술을 활용하여 참여자들 간의 자유로운 거래계약의 맺음과 분쟁 없는 계약 이행을 통해 Lex Cryptographia를 실현하는 새로운 경제시스템이라고 설명해왔다. 즉 비트코인과 이더리움 사례에 의존하는 정의다. 그런데 드디어 블록체인 경제를 체계적으로 잘 설명하는 책이 나왔다. 전산, 금융, 경제 분야 등 여러 분야의 독자가 읽고 고개를 끄덕일 만큼 잘 정리가 되었다. 가령, 인터넷을 기반으로 생겨난 디지털 경제와의 차이점을 명쾌히 설명한다. 특히, 상거래의 규칙과 조건, 원칙 등이 스마트컨트랙트에 반영되는 거버넌스 체계와 참여자들의 긍정적인 활동을 보상할 수 있는 토큰경제 시스템의 작동방식을 잘 지적해 준다. 자본주의 시장경제와도 잘 비교해 주었다. 자본주의 시장경제에서는 기업과 기관이 중심이 되어 왔다. 블록체인과 암호화폐가 이끄는 미래 경제에서는 권력의 중심이 소비자에게로 이관된다. 자본주의 시대의 핵심이 이윤 추구에 있었다면, 블록체인경제에서는 돈을 버는 행위보다, 사람을 얻는 행위에 초점을 두고, 참여자들이 구성하는 공동체의 활성화에 뜻을 두고 있다고 말한다. 네트워크에 참여하는 모두에게 합의에 의한 의사결정 시스템을 내포하고 있으며, 이를 통해 보다 공정하고 투명한 부의 분배를 이루어낼 수 있는 새로운 블록체인 경제 시스템의 출현은 인류 문명사에서 거스를 수 없는 이동이라는 관점을 제시한다. 책의 전반에 걸쳐 매우 흥미로운 질문과 답이 계속된다. 가령, 암호화폐의 내재가치는 어디서 오는가? 왜 블록체인을 경제 관점에서 바라보는가? 인류의 역사에서 화폐는 어떻게 진화되어 왔는가? 시장에서의 암호화폐는 어떤 역할을 담당하고 있는가? 왜 우리는 경제체제를 위해 기업이 필요했을까? 새로운 시장경제를 이끄는 원동력은 어떤 부분의 블록체인 기술에 기인하는 것일까? 등과 질문들이다. 블록체인 경제에 관심을 가진 독자들에게 이 책은 훌륭한 입문서가 될 것으로 생각한다."

- GIST 전기전자컴퓨터공학부 **이흥노 교수**

추천인이 블록체인과 암호화폐 전도사로 활동하는 이유는 블록체인과 암호화폐가 '대한민국의 미래'이자 '청년들의 희망'이기 때문이다.

과거 대한민국의 인터넷 진흥정책에서 보면, 인터넷 자체가 인프라로서 아무리 뛰어나 인프라를 갖추었다 하더라도 인터넷 인프라를 기반으로 창출되어야 하는 수많은 혁신적이고 창의적인 산업생태계 활성화는 부족했다는 아쉬움이 있다. 이제 새로운 블록체인 혁명의 시대가 도래했음에도 우리는 과연 블록체인 혁명의 목표를 제대로 실행하고 있을까? 블록체인 그 자체가 목표가 아닌 블록체인 기반으로 창출되는 산업생태계가 목표가 되어야 한다는 것이다.

인터넷 기반 산업생태계를 '인터넷경제(사이버경제)'라고 불렀듯이, 블록체인 기반 산업생태계를 블록체인 경제(암호경제)라고 부른다. '블록체인 혁명'의 목표는 바로 '블록체인의 경제' 활성화이다. 그리고 무엇보다도 중요한 것은 블록체인 경제 활성화의 핵심 필수 요소가 암호화폐이다. 암호화폐 없는 블록체인 경제 활성화는 불가능하다는 것이다. 블록체인 혁명 시대에 블록체인 경제(암호경제)를 주제로 발간한 이 책을 꼭 한번 정독했으면 한다. 그리고 블록체인과 암호화폐 전도사인 추천인이 왜 블록체인과 암호화폐가 '대한민국의 미래'이자 '청년들의 희망'이라고 이야기 하는지를 느꼈으면 하는 바램이다.

-동국대학교 블록체인연구센터 센터장 **박성준**

블록체인 생태계를 가장 잘 아는 전문가 답게 블록체인의 기술적, 사회적, 경제적 의미에 대한 날카로운 분석과 해석을 하였다. 모바일 빅뱅 시대를 넘어 4차산업 빅뱅 시대를 살고 있는 우리에게 블록체인이라는 파괴적 기술이 우리의 삶에 어떤 영향과 변화를 일으킬지 알고자 하는 창업자 및 투자가에게 이 책을 권한다. 우리가 사는 세계는 항상 신기술의 등장으로 크고 작은 변화가 있었고, 기술 출현 초기에는 그 기술이 필요한 기술일지, 어떻게 활용될 수 있을지 여러 논쟁이 있었다. 블록체인 기술도 그와 동일선상에서 궤적을 그리고 있다. 현재는 NFT, 메타버스, 디파이, P2E 등 여러 강력한 활용 분야의 출현으로 잠시 회자되는 기술이 아닌, 이 시대를 이끄는 기술로 진화하고 있다. 이 시점에 우리가 이 책을 읽어야 하는 이유이다.

- 뉴패러다임인베스트먼 공동대표 **박제현**

미래를 보는 눈을 만들어 주는 책이 나와서 눈을 번쩍 뜨게 되었다. 최영규 박사님, 그리고 정희연 교수님은 내가 운영하던 B캐피탈리스트에서 교수 겸 원우로 참여하여 만나게 되었다. 최영규 박사님의 강의는 미래에 대한 인사이트가 넘쳐서, 한번 듣고 나서 존경하게 되었다. 코로나로 디지털 트랜스포메이션이 가속화되었고, 이로 인하여 블록체인 트랜스포메이션도 디파이, NFT로 꽃을 피우기 시작하였다. 미래의 세상에서는 모든 사람들이 블록체인 위에서 살게 된다. 블록체인에 많은 데이터들이 기록이 되고, 인공지능과 내 아바타가 이 데이터로 내가 자는 동안에도 생산활동을 하면서, 소득을 창출하게 될 것이다. 많은 거래들이 블록체인 위에서 코인/토큰으로 하게 될 것이다. 많은 독자들이 이 책을 읽고 미래를 만들어가기 바란다.

- 고려대학교 겸임교수/인큐텍 대표이사 **송인규**

바야흐로 4차 산업혁명의 시대이다. 이러한 시대에 걸맞게 가상화폐로 생활용품을 결제할 수 있을 정도로 블록체인 기술은 눈부시게 발달하고 있다. 이제는 가상화폐 거래가 이미 상당한 수준에 도달했으며 전 세계적으로 가상화폐를 자산으로 인정했다고 해도 과언이 아니다. 가상화폐는 편리하고 새로운 전자적

지불수단으로서 유통과 거래를 성사시키는 가교 역할을 하고 있는 셈이다. 그렇기 때문에 이 시대에 사는 현대인이라면 블록체인 기반의 디지털 경제인 새로운 경제 패러다임을 인지해야만 한다. 디지털 경제에 대해 꼭 알아야 할 내용만 묶어 나온 책이 바로《블록체인 경제》이다. 이 도서는 현대인에게 필독서이자 나침판 역할을 할 것이다. 이 책을 꼭 읽어야만 하는 이유이다."

- 월간 블록체인어스, 인터넷신문 블록체인어스 편집장 **전시현**

혼돈과 불확실성이 큰 지금, 우리 모두는 미래를 공부하고 대안을 강구할 때이다. 새로운 세상은 새로운 길로 갈 때 가능하다. 이 책이 그 길을 인도하는 좋은 도구가 되기를 기원하며 독자들에게 추천한다.

- 통일포럼 총재 **정대철**

이 책은 기존의 블록체인의 기술에 대해 이야기하던 책들과는 사뭇 다르다. 블록체인이라는 기술의 도입 배경과 그 기술로 인해 생겨나게 된 새로운 자산과 화폐, 그로 인해 파생되는 새로운 경제와 새로운 산업을 전망하고 있다. 우리는 이 책을 통해 가까운 미래에 도래할 뉴노멀 경제체제를 엿볼 수 있다.

- ㈜미디움 의장/CEO **김판종**

플랫폼 경제에서 프로토콜 경제로 넘어가는 시점에서 그 기반기술인 블록체인의 신뢰성과 원리를 보다 쉽게 풀어주는 책이며 이전까지 없었던 참여자 모두에게 혜택을 주는 가장 이상적인 경제구조인 토큰 이코노미를 일반 독자들이 쉽게 접근하고 이해하도록 잘 설명한 책입니다. 특히 현실경제와 가상경제의 경계선이 없어지는 메타버스 세계에서의 블록체인과 암호화폐의 중요성이 잘 기술되어, 미래를 준비하고 대비하고자 하는 일반 독자들의 필독서로 추천합니다.

- KOKPLAY 플랫폼 대표프론티어 **송갑용**

코로나 19로 인하여 급속하게 진행되는 인류의 디지털 대전환 시대에 경제 시스템의 새로운 변화와 미래를 블록체인 기술이 어떻게 주도할 것인지를 보여주는 지침서가 될것이다. 미래를 준비하는 사업가, 학생, 젊은이들에게 적극 추천한다.

- 서강대학교 지능형블록체인연구센터 센터장 **박수용 교수**

블록체인의 본질적인 가치가 무엇인가에 대한 깊이 있는 성찰이 돋보이고, COVID-19와 같이 인류가 경험해보지 못한 매우 특별한 상황에서 어떻게 우리의 삶을 더 긍정적인 방향으로 바꾸게 될지에 대한 비전과 해법을 제시하는 명저이다. 블록체인 분야 종사자나 전문가뿐만 아니라 미래를 이끌어갈 학생들과 청년들에게도 많은 도움이 될 훌륭한 교양서적으로 추천한다.

- ㈜블룸테크놀로지 **이상윤 대표**

일반적인 경제 지식만으로는 해석하기 어려웠던 블록체인 경제에 대해서 저자의 풍부한 IT, 경영학 실전 경험을 바탕으로 블록체인 경제 체계를 명쾌하게 이해할 수 있게 하여 '블록체인 경제 사고력'을 키워주는 이 책은 세계 시장을 통틀어 보기 드문 책이다.

- 미래직업협회 블록체인 연구소장 **조예령**

저자들이 블록체인 경제를 통해 주는 시사점은 메타버스 시장과 NFT에서 정점을 이룬다. 디지털 콘텐츠에 블록체인 기술을 입혀 가치를 높이는 NFT와 개인 정보에 담긴 실질적인 가치를 금융 생태계의 사슬로 엮어보자는 제언으로 읽힌다. 과학기술 지식을 사업화하는 기술혁신 경영에서도 디지털 금융 생태계의 가치를 외면하고는 이제 설 땅이 없다.

- ㈜기술과가치 대표 **임윤철**

디지털 시대의 경세서, 《블록체인 경제》

정치의 계절, 온갖 선거 이슈의 암투와 진실게임에 가려 세상의 변화를 잊고 사는 우리들이다. 법치와 정의가 실종되고 자유 민주주의 체제만 붕괴되고 있는 게 아니다. 과학기술 지식이 기존의 질서를 무너뜨리고 새로운 산업과 경제 체제로 전환하는 중이다. 어쩌면 이러한 현상이 양극화와 격차 사회의 핵심 동인으로 작용하고 있을 것이다.

코로나19의 장기화로 비대면 경제는 이미 일상으로 다가왔다. 4차 산업혁명이 확산되면서 그 중심에는 데이터와 AI가 자리 잡고 있다. 우리는 얼마나 준비하고 있으며 과연 경쟁력은 갖춘 상태일까. '포스트 코로나' 시대에는 어떻게 대응할 것인가를 넘어 무엇으로 지배할 수 있을까를 화두로 삼을 수밖에 없는 이유다.

지난 60년에 걸쳐 '한강의 기적'의 근간을 이끌어 온 제조업은 우리의 젖줄이었고, 정보산업 혁명을 토대로 ICT 강자로서의 대한민국을 우뚝 서게 한 원동력이었다. 1인당 국민소득 3만 달러를 넘어 올해 공식적으로 선진국에 진입했음은 경제의 하드파워가 이제 정점에 이르렀다는 해석도 가능하다. 그렇다면 새로운 가치 창출 플랫폼은 어디에서 찾을 수 있을까. 다음 세대의 가치사슬은 소프트파워의 공간에서 이루어질 것이라는 의미다.

한편, 세계의 공장을 넘어 세계의 시장을 지향하던 중국이 미국과의 패권

전쟁의 와중에 디지털 경제의 문턱에서 주춤거리는 모습이 확연하다. 암호화폐 생태계를 고사시키려고 거래와 채굴까지 전면 금지했던 중국 정부의 전략적 조치가 미궁에 빠졌다는 소식이 그 배경이다. 지금까지는 선부론(先富論)을 앞세워 성장을 먼저 한 후 분배를 제대로 함으로써 사회주의의 전범을 보이겠다던 시책에서 최근 공동부유론(共同富裕論)을 기치로 내건 이면에서도 이러한 초조함이 엿보인다. 정부가 주도하는 중앙형 디지털 금융 체제에서는 개인이 통제를 받고 자유가 실종된 공간만 존재하기 때문이다. 이러한 중국의 전철을 우리가 되풀이한다면 결코 미래는 없다. 시장과 자유의 철학을 토대로 유연한 디지털 금융 정책과 제도를 마련하고 정착시켜야 할 것이다.

이 책 《블록체인 경제》는 앞으로의 세상을 혁신적으로 변화시킬 동인인 블록체인 기술을 필두로 디지털 경제의 플랫폼과 그 생태계를 들여다본다. 기존 경제학의 틀로는 설명이 어려운 디지털 현상을 여러 사례들을 곁들여 논의하면서 설득력을 높인다. 블록체인과 암호화폐를 넘어 메타버스의 세계에서 개인이 부(富)를 어떻게 창출하고 의미를 부여할 것인가에 대한 철학적 가치에 대한 식견도 돋보인다.

새로운 산업의 태동을 경제 사회와 관련지어 그 지평을 넓혀 보자. 1776

년의 경제사적 의미를 짚어 오늘을 비추어 본다. 영국에서는 아담 스미스의
《국부론》이 출간되면서 산업혁명의 불꽃을 당겼고, 미국은 독립을 선언하고
근대국가로서의 면모를 일신한 해이다. 조선에서는 개혁 군주로서 근대화
추진의 마지막 희망이었던 정조대왕이 즉위한 해가 1776년이다. 18세기 조
선의 중상주의 실학자 박제가가 1778년 저술한 《북학의》가 당시의 현실정
치에 적용되었더라면 19세기 말부터 우리가 겪었던 식민지 시대와 약소국
의 질곡은 없었으리라는 회한에 젖어 본다.

　이러한 관점에서 《블록체인 경제》는 디지털 경제 시대의 실학과도 궤를
같이하는 결실이다. 한마디로 '이론과 현장의 융합'으로 잉태된 수작(秀作)이
다. 2021년 가을, 《블록체인 경제》가 희망의 푸른 돛으로 순항하길 바란다.

임기철

고려대 기술경영전문대학원 특임교수
前 한국과학기술기획평가원(KISTEP) 원장
국가과학기술위원회 상임위원(차관)
청와대 과학기술 비서관

블록체인과 암호화폐가 이끄는 새로운 경제 패러다임

지난 2007년 미국의 서브프라임 모기지 사태는 글로벌 금융시장의 신용 경색을 가져왔고, 급기야 2008년 9월에는 리먼 브라더스의 파산과 같은 세계적인 금융위기 사태가 발생하였다. 이 사건은 세계 경제에 엄청난 지각 변동을 가져왔고, 자본주의의 가치와 윤리에 대해 많은 의문을 불러 일으켰다. 인터넷 기반의 디지털 경제 또한 거대한 플랫폼 경제로 발전하면서 시장 선점에 따른 독과점이 나타난 결과, 시장의 횡포와 부익부 빈익빈이 심화되는 양극화 현상을 초래했다. 이 와중에 마침 2008년 11월 사토시 나카모토에 의한 비트코인 백서가 세상에 나왔고, 2009년 1월 3일에는 비트코인 네트워크가 작동되기 시작하면서 블록체인의 실체가 나타난 것이다. 그 이후 약 13년이 지난 지금, 블록체인 생태계는 이제 빠른 속도로 성숙해가고 있다.

이 책이 집필된 궁극적인 목적은 자본주의 경제 체제가 갖고 있는 많은 문제를 치유하고 보완할 수 있는 가능성을 모색하기 위해서이다. 필자들은 그 가능성을 블록체인으로 이루는 경제에서 찾을 수 있다는 신념을 가지고 있었고, 이 책을 통해 이러한 믿음을 대중에게 알리고 싶었다.

블록체인 경제를 통해서 인류는 미래를 더 잘 준비할 수 있다고 우리는 믿는다. 블록체인 경제란 중앙 집중화된 신용 중재기관의 개입이 없이, 탈중앙화된 P2P 네트워크만으로 가능해진 블록체인 기반의 토큰 경제를 뜻한다. 이러한 블록체인 경제에서는 진정한 공유경제, 프로토콜 경제, 삼면시장 경제가 가능하다. 이렇게 변화된 새로운 경제 패러다임은 포용 경제에 보다 쉽게 접근할 수 있다.

지금까지 자본주의 시장에서 기업은 주주(Shareholder)의 이익 극대화에 초점을 맞추었다. 반면 주주가 아니면서 그 시장에 참여하는 일반 보통 사람들(Stakeholders)은 그 시장이 창출한 부(富)의 배분에서 대부분 소외되어 왔다. 그러나 블록체인 경제에서는 그 탈중앙화 생태계의 신뢰 형성과 거래에 참여한 모든 이들에게 그 시장에서 형성된 부(Wealth)가 좀 더 공정(Fair)하게 분배될 수 있다. 이것이 포용 경제를 가능하게 만드는 핵심이다.

우리의 관심은 현재이고 그것은 과거와 연속성이 있지만, 우리가 미래를 어떻게 희망하는가에 따라 큰 영향을 받는다. 미래학자 토마스 프레이 박사의 '미래가 현재를 만든다'는 말은 참으로 큰 울림을 준다. 다가올 미래의 트렌드를 이해하고 미래에 대한 인식을 바꾸면 현재 우리가 선택하는 기준과 의사결정의 질이 달라지기 때문이다. 따라서 이 책에는 블록체인 페르소나, 메타노믹스(Metanomics), 개인데이터 경제, UBI와 같은 미래 지향적인 내용이 담겨 있다.

우리 필자들은 평생을 IT분야에서 다양한 활동을 해 왔는데, 지난 7~8년은 특히 블록체인 분야에서 함께 많은 것을 학습하고, 실험하고, 산업 현장에서 구현해 왔다. 더 늦기 전에, 그리고 다음 단계의 성숙을 위해, 이 시점에서 한 매듭을 짓는 정리가 필요함을 우리는 느꼈다. '모방과 연결'이 호모 사피엔스의 특성임을 절실하게 체험하면서, 그리고 '21세기의 문맹'이 되지 않기 위해서 지난 몇 년을 우리 필자들은 열심히 살았다. 이 책은 그러한 과정을 정리한 것이다. 그래서 이 책에는 새로운 것이 없거나, 있더라도 '연결'을 통한 작은 '움 돋음' 같은 것이다. 그 연결에 필자들의 미래 인식과 희망과 지향하는 가치를 담아보려고 노력했다. 그리고, 이 책에 실린 많은 내용에는 필자들이 월간지 블록체인투데이, 블록체인어스, 온라인 기고, 외부 강연 등에서 언급한 이슈들이 포함되었다.

이 책은 각 부별로 다음과 같은 주요 내용을 제시하고 있다.

제1부에서는 시대별 디지털 경제 패러다임의 진화 과정을 비롯하여 인터넷 경제와 블록체인 경제의 차이점을 살펴보고, 경제 관점에서 가지고 있는 블록체인의 특성을 알아 본다. 또한 새로운 신뢰경제 시스템을 가능하게 하는 암호화폐의 역할과 내재 가치를 다룬다.

제2부에서는 블록체인 프로토콜의 가치와 P2P블록체인 구조의 잠재력을

통해 보여 주는 새로운 블록체인 경제원리를 제시한다.

제3부에서는 토큰의 기능과 토큰 경제 모델 설계 방법, 그리고 토큰 발행 메커니즘을 필자들의 현장 경험을 기반으로 제시하였으며, 블록체인 기술의 진화 단계에서 발전되고 있는 토큰 경제의 진화 과정을 다룬다.

제4부에서는 토큰 경제를 촉진하는 글로벌 비즈니스 사례와 메타버스에 의한 토큰 경제의 확산 가능성 및 NFT 적용의 중요성을 다룬다. 또한 이 책의 하이라이트가 되는 '삼면시장'에서는 중앙화된 양면시장의 모습과 탈중앙화 크립토 금융(DeFi)의 모습들을 담았다. 블록체인으로 이루는 이 삼면시장은 공급자, 사용자, 탈중앙화 크립토 금융 등 세 면으로 구성된다. 삼각형으로 형성된 이 세 면이 품고 싶은 것은 포용적인 경제로서 양극화가 훨씬 완화된 모습의 경제임을 설명하고 있다. 대표적인 예로 진정한 공유경제를 언급하였고 그 구현 사례도 제시한다.

제5부에서는 블록체인 경제의 또 다른 적용 사례로 데이터 경제를 다룬다. 데이터 경제가 구현되려면 블록체인에서 발생된 고품질 데이터가 필요하다. 이 책에서는 블록체인 경제에서 개인 데이터의 중요성과 경제적인 관점에서 개인 데이터가 소득으로 연결되는 과정을 제시한다.

이 책은 독자들에게 삼면시장에 대해 적극적인 이해를 돕고 블록체인 생태계의 확산을 위해 과감한 참여를 권유하고 있다. DeFi가 지향하는 시장과 암호화폐의 역할과 가치를 이해함으로써 개인에게 제공되는 혜택과 부의 이동을 경험해 보길 바란다. 이제 가상자산, 증강자산, 혼합자산의 토큰 이코노미를 넘어 진정한 확장현실 속의 토큰 이코노미를 구현할 메타노믹스 시대가 시작되고 있다. 이에 대한 관심도 가져 보길 권유한다. 미래가 어떻게 전개될지 확정할 수는 없다. 하지만, '미래는 과감한 사람에게 유리하다'는 말처럼, 블록체인으로 이루는 탈중앙화 크립토 금융, 진정한 공유경제를 이룰 삼면시장, 포용경제, 블록체인에 의해 가능해질 개인 데이터 금고와 그것에 연결될 개인 '브라우저 페르소나', 그리고 이러한 것들이 창출해 줄 개인의 UBI등을 우리 필자들도 '과감하게' 희망해 본다.

이 책을 우리 부부의 영원한 은사님이신 박영덕 교장선생님과 차진수 교장선생님께 바친다.

2021년 10월 25일
정희연 · 최영규

목차

제1부 – 디지털 경제와 블록체인 경제

제2부 — 블록체인 경제와 새로운 경제원리

제3부 — 블록체인과 토큰 경제

제4부 – 블록체인과 삼면시장

제5부 – 블록체인과 데이터 경제

블록체인 경제란 탈중앙화된 블록체인 네트워크 위에서 경제 주체들 간의 경제활동이 이루어지는 것을 의미한다. 이것은 인터넷 기반의 디지털 경제가 블록체인 기술과 만나 진화한 새로운 경제 패러다임이다. 경제주체들 간의 거래에 필수적인 신뢰가 블록체인 인프라에 의해서 프로토콜처럼 보장되므로 신뢰 보장을 위한 제3의 중개자 개입이 없이도 많은 경제행위가 가능하고 스마트 컨트랙트에 의해서 프로그래밍될 수도 있다. 이 새로운 경제 시스템에서는 블록체인과 암호화폐가 골격에서 작동한다. 이 부분이 양면시장 경제 시스템이라 부르는 플랫폼 경제에 제3의 면으로 추가되면, 블록체인 경제는 삼면시장 경제를 이루는 셈이다. 이 장에서는 블록체인 경제 생태계가 탄생하게 된 배경과 역사, 블록체인 경제와 관련된 기술들, 그리고 해당 기술들이 만드는 새로운 가치에 대해 조명한다.

제1부

디지털 경제와
블록체인 경제

1장

디지털 경제
패러다임의 진화

경제학은 한정된 자원으로 인간의 욕구를 충족시킬 수 있는 합리적인 선택을 연구하는 학문이다. 경제주체인 정부·기업·소비자가 시장에서 경제활동을 할 때 나타나는 현상을 연구하고, 상거래 과정에서 발생하는 시장의 기본 원칙과 시장에서 발생하는 문제를 해결하는 데 중점을 두고 있는 학문이다. 산업 시대의 경제 이론은 신고전파 경제학 및 케인즈 경제 이론을 바탕으로 경제활동을 연구하였지만 컴퓨터 기술의 발전 이후 3차 산업혁명 시대에서는 디지털 기술 기반의 정보와 지식이 가치를 창출하는 경제 시스템을 다루고 있다.

90년대에 디지털 경제가 출현한 이후 경제성장을 견인해 온 경제 이론이 무엇이고 새로운 경제 패러다임은 산업 분야와 우리 삶에 어떤 변화를 가져왔을까? 나아가 블록체인 기술과 암호화폐는 디지털 경제 시대에 어떤 영향과 변화를 주고 있는가? 우리는 이것을 경제 패러다임의 변화 속에서 해답을 찾아보고자 한다.

1. 디지털 경제 패러다임의 진화

개요

우리의 역사 속에서 새로운 혁신과 변화는 과학기술이 주도해 왔다고 해도 과언이 아니다. 과학기술의 발전으로 시장경제 패러다임은 지속적으로 변화되어 왔다. 1~2차 산업혁명으로 새로운 제조공정이 변화되었고, 전기·자동차·염료의 인공합성법 발견·장치의 혁신 등으로 대량생산이 가능해졌다. 정보통신기술의 발전과 인터넷 혁명으로 산업 분야에서 전기통신과 컴퓨터 기술이 융합되고 경제·사회·문화적 지각변동이 일어났다. 제조업은 물론 일상생활이 대부분 디지털화되면서 디지털 경제 시대가 지금까지 이어지고 있는 셈이다.

2010년 이래 인공지능·사물 인터넷·클라우드·빅데이터·로봇·드론·블록체인 등의 핵심기술은 사회는 물론 경제에 혁신과 변화의 동인으로 작용하면서 인류사회를 초연결 사회로 전환시키고 있다. 특히 주목해야 할 신기술은 비트코인의 출현을 가능케 한 블록체인 기술이다. 이 기술은 단순 암호자산과 정보기술을 뛰어넘어 경제 시스템 영역에 신뢰를 보장하고, 시장과 경제 주체의 파워가 분권화될 수 있는 새로운 블록체인 경제로의 변화를 시도하고 있음에 주목해야 한다.

새로운 기술에 의한 경제 변화는 몇 십년 간격으로 지속적으로 발생하는 것을 알 수 있다. 1990년 이후 우리의 비즈니스와 생활 영역이 디지털로 변화되면서 이전과는 다른 패턴과 스타일의 변화를 경험하고 있듯이 기존의 패러다임에서 다른 패러다임으로 전환될 때 사회·경제·문화·개인의 삶뿐 아니라 모든 산업과 서비스 그리고 우리의 삶에 이르기까지 다양한 영향을 미치고 있는 것이다. 이것을 우리는 디지털 경제 패러다임이라고 정의할 수 있다.

산업 시대의 경제 변화

산업 시대의 경제 분야에서는 거시경제와 미시경제를 중점적으로 다루었다. 이 분야는 교육과정에서도 교양과목으로 채택되리만큼 필수과목으로 그 중요성이 강조되어 왔다. 그 시대에는 소비자에게 만족과 효익을 주기 위해 주어진 '한정된 자원으로 어떻게 합리적인 선택을 할 것인가'에 중점을 둔 것이다. 경제적 가치가 있는 대상이 희소하고 이를 선택할 때에는 기회비용이 발생한다는 것을 기본적인 전제로 하고 있기 때문이다. 경제 주체들은 시장에 참여하여 재화와 용역을 통해 수요와 공급을 창출하고, 이 과정에서 자신들에게 이익이 되는 방향으로 경제활동이 이루어진 것이다.

공급자 측면에서는 생산·분배·판매 과정이라는 가치사슬에서 가치를 얻는 데 중점을 두고 있다. 산업 시대의 시장가격은 수요와 공급에 의해 시장에서 가격이 형성되며, 이것은 적정가격이 되고 경제 주체들은 이 가격에 따라 경제활동을 하였다. 수요가 증가하면 가격이 오르고 수요가 감소하면 판매가격이 내리는 시장경제가 대세를 이룬 시대이다.

산업 시대의 경제는 개인과 기업 같은 개별 경제 주체가 사용할 수 있는 자원의 양이 제약되어 있을 때, 개별 주체가 어떻게 최선의 선택을 하게 되는지에 관점이 집중되어 있었다. 그러다 보니 시장은 재화와 용역, 그리고 생산·분배·소비에 초점을 두었고, 경제 주체들이 자기 책임 하에 경제 문제를 해결하는 시장 중심의 자유경제체제가 발전하게 된 것이다.

인터넷 기반의 디지털 경제 변화

산업 시대에는 기업이 제품을 생산하고 소비자는 그것을 소비하는 단순한 경제활동을 보여준다. 1990년 인터넷이 보급되면서 생산요소가 정보와 지식으로 옮겨감에 따라 경제활동에서 정보의 가치를 활용하기 시작하였다. 대부분의 비즈니스는 디지털 정보에 의해 거래가 되고 시장은 온라인과 오프라인이 결합된 구조로 탈바꿈하게 된다.

이처럼 첨단기술의 발전은 산업 시대에 오랜 기간 유지해 온 오프라인 시장을 하루아침에 온라인 장터로 재탄생시켰으며 그들 간의 경계도 모호해지는 현상이 발생하고 있다. 특히 스마트폰이 일상화되고 유통업과 IT와 결합되면서 온라인 시장 규모는 더욱 커지게 되었다. 이것은 인터넷과 IT기술이 다양한 산업과 융합되면서 나타난 패러다임의 변화이다. 이는 기술혁신에 의한 경제 시스템의 변화가 지금까지 시장경제를 이끌고 있음을 뜻한다.

인터넷 경제가 떠오르는 초창기에는 산업 시대의 경제 이론과는 차원이 다른 변화가 나타난다. 이에 따라 경제학자들 간에도 전통적인 경제 이론을 부인하는 식의 주장은 옳지 않다는 부정적 견해(Krugman,1997)가 싹트곤 하였다. 이러한 견해를 표방하는 대표적인 미국의 경제학자들로는 Alan Blinder, Paul Krugman, David Gordon 등이 있다. 새로운 기술의 등장, 새로운 경제 모델의 출현은 기존의 경제 모델을 주장하는 경제학자 입장에서는 반대의 견해로 맞설 수밖에 없다. 그 이유는 기득권을 가지고 있는 세력은 새로운 세력이 진입하는 것을 그리 반가워하지 않기 때문이다.

그러나 세상은 그들 주장과 다르게 변해갔다. 노동생산성 증가, 업무의 효율성 등이 입증되면서 많은 기업들이 고비용을 투자하여 인터넷 기반의 새로운 정보 시스템을 도입·활용하였다. 디지털이라는 정보의 연결을 통해 새로운 신경망을 구축하면서 이 무렵에 많은 글로벌 기업이 탄생한다. 기존 비즈니스와는 달리 빠른 속도의 업무 처리와 생산성 증대가 이루어지면서 글로벌 비즈니스의 확대는 더욱 용이하게 된 것이다. 그러나 기업 간의 시장 경쟁은 더욱 치열해졌다.

디지털 경제는 지금의 세상을 만들었다. 인터넷 기술이 등장한 지 40년도 채 되지 않은 지금 우리는 정보와 지식경제 시대에 살고 있다. 기술진보로 기업에게는 지속적인 혁신이 요구될 뿐만 아니라 고객 니즈의 다양화로 인해 맞춤 생산에 관심을 둘 수밖에 없다. 디지털화로 인한 속도의 가속화로 치열해진 경쟁 속에서 IT 기술과 산업 간의 융합은 이제 보편화되고 있는 추세이다. 또한, 산업 시대의 순차적인 가치사슬로 이루어진 단순한 비즈니스 모델에서 파괴적인 산업 경제와 가치사슬의 붕괴 등에 따라 시장에서는 다양한 비즈니스 모델로의 변화를 요구하는 시대로 전환되고 있다. 이 시대에 학자들은 인터넷 기반의 경제에 대해 학문적 연구와 자원의 희소성에 따른 합리적인 선택보다는 경제활동 목적 상의 관계인 경제 자체를 연구하는 데 중점을 두었다. 이와 같은 변화는 산업 시대와는 사뭇 다른 경제 체제를 보이면서 경제학자들은 새로운 경제 원리의 연구에 보다 많은 관심을 갖게 된 것이다.

블록체인 혁명이 이끄는 새로운 변화

18세기 후반 이후 상업자본주의가 형성되면서 시장경제 체제가 완성되어갔다. 시장경제(市場經濟, market economy)는 각 경제주체들이 자기 책임하에 자유로운 영리활동을 통하여 기본적인 경제 문제를 해결하는 시장중심의 경제체제를 의미한다. 개인의 자유와 사유재산에 대한 권리를 중요한 요소로 하며, 시장의 공급과 수요를 통해 결정되는 가격을 중심으로 거래가 이루어지게 된다. 즉, 개인적인 소유를 바탕으로 생산자는 이윤 극대화를, 소비자는 효용 극대화를 각각 추구함에 따라 시장에서 서로 상호 작용을 통해 생산활동과 분배활동이 이루어지는 경제 시스템이 작동되었다.

그러나 자유경쟁체제는 사회에서 많은 문제를 야기시켰으며 사회적 갈등을 심화시켜 왔다. 자유경쟁 시장체제에서 나타나고 있는 대표적인 이슈는 다음과 같이 정리해볼 수 있다.

- 지나친 경쟁이 인간성을 파괴할 뿐만 아니라 인격의 존엄성을 파괴할 수 있다는 점이 시간이 가면서 나타나고 있다
- 자유경쟁이 계층 간·집단 간의 불평등을 심화시켜 사회통합을 가로막는다는 비판도 있다.

최근 블록체인 기술이 등장한 이후 지금까지 자본주의 시장경제 체제에

서 보여준 시스템과는 다른 경제 메커니즘을 보여주고 있다. 기업 중심·개인 중심의 자유경쟁체제에서 보다 합리적이고 신뢰할 수 있는 근본적인 경제 시스템의 구조 변화를 예고하고 있는 것이다. 디지털 경제 시대에서 우리는 인터넷이라는 플랫폼 위에 공급자와 소비자가 참여하는 양면시장에서 경제활동을 하고 있다. 이러한 디지털 경제에 블록체인 기술을 적용하게 된다면, 상거래에 있어서 중개기관(Intermediary)의 개입 없이 컴퓨터 간·기기 간의 거래가 자동화된 신뢰 기반이 가능해진다. 사물인터넷 기기들에 블록체인 기술을 적용하게 되면 기기와 장치 스스로가 블록체인의 노드가 됨으로써 중앙 서버가 불필요해진다. 보안성과 확장성도 높아진다. 또한, 지식재산권과 콘텐츠 같은 디지털 데이터의 가치를 합리적으로 산출해 개인 간 거래가 가능해지면서 데이터가 새로운 자원인 시대로 데이터 경제가 발전할 수 있다. 이와 함께 암호화폐(코인)가 포함되는 새로운 시장이 형성되는 경제 메커니즘에도 관심이 증가하고 있다.

아주경제지에 의하면, 국내 블록체인 시장이 향후 연평균 61.5%씩 크게 성장해 2022년에는 3500억원 규모에 도달할 것이란 조사결과가 나왔다. 블록체인 스타트업은 자사가 보유한 블록체인 기술을 판매하고, 토큰 이코노미(암호화폐 중심 IT 생태계)를 구현하기 위해 업체 간 제휴를 활발히 진행할 것으로 예상된다고 한다. 블록체인 스타트업은 댑(DApp, 분산형 앱)을 만드는 앱 서비스 기업, 활용도 높은 블록체인 기술을 발굴하려는 플랫폼 기업, 자체 메인넷을 개발해 이를 타사에 빌려주는 인프라 기업 등 크게 세 가지 형태로 구분되어 시장을 형성하고 있다.

미국 포춘 비즈니스 인사이트의 시장분석 보고서는 블록체인 기술 시장이 매년 38% 이상 성장할 것으로 예측하며, 오는 2025년에는 210억달러 규모에 이를 것으로 전망했다. 포춘 비즈니스 인사이트는 코로나19 확산에 따른 전 세계적 경기 침체에도 불구하고 기업의 블록체인 기술 부문에 대한 투자는 꾸준히 증가할 것으로 보고 있다

[그림 1-1] 글로벌 블록체인 기술의 시장 규모(백만 달러)

Global Blockchain Technology Market Size, 2015~2025(USD Million)

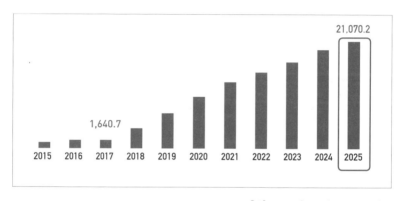

출처 : www.fortunebusinessinsights.com

이처럼 블록체인 시장 규모의 확대와 최근 몇 년 동안 전 세계에서 불고 있는 블록체인과 암호화폐 열기는 뜨겁기만 하다. 많은 글로벌 기업들이 블록체인을 4차 산업혁명의 핵심 기술 중 하나로 인식하고 있고, 금융권·공공기관·IoT·AI 및 전 산업 분야에서도 연구와 블록체인 기술 적용을 통해 경쟁우위 확보에 매진하고 있다. 이미 블록체인의 영향을 받는 경제는 도입기를 지나 성장기에 접어들면서 블록체인 기반의 경제 시스템을 새롭게 구축하고 있음을 부인할 수 없다. 블록체인과 암호화폐가 이끄는 비즈니스 생태

게는 사회적·경제직 파급효과뿐 아니라 신산업의 부상, 산업·기업·조직·소비자 및 시장의 변화를 일으킬 것으로 예측된다. 지금은 블록체인 경제가 초창기 시장을 열고 있지만 이와 관련된 기술과 비즈니스 모델이 발전하면서 새로운 경제 메커니즘으로 정립해갈 것이기 때문이다.

2. 경제 패러다임의 발전 과정

경제란 재화를 생산하고 소비하는 인간의 행위를 말한다. 보다 구체적으로 말하면 특정 국가 혹은 다른 나라의 생산·교환·분배 그리고 재화와 서비스의 소비와 관련된 인간의 모든 활동을 가리킨다. 인적·물적 자원의 보다 나은 배분(配分)에 관한 장기적이고 사회적인 배려에 관한 사항이다. 어떤 사회는 무엇 때문에, 무엇을 얼마만큼, 어떠한 방법으로, 누가 누구를 위하여 생산하고, 분배하고, 소비하느냐 하는 것을 경제의 기본적인 문제로서 해결해야 한다. 이 기본적인 문제 그 자체는 어떠한 시대, 어떠한 장소에서도 공통으로 존재하고 있는 영원한 과제인 것이다.

경제의 개념이 주어진 자원을 토대로 누굴 위해 생산·분배·소비하느냐에 중점을 두고 그 문제 해결에 집중하듯 시대별 경제 시스템은 이런 과제를 풀기 위해 그 시대의 신기술 적용과 더불어 사회적 환경 그리고 소비자들의 갈망에 의해 성장하고 발전되어 왔다. 산업 경제는 제조업과 생산자 중심의 대량생산 체제 하에서 공급망에 의해 시장이 작동된 선형 경제 구조였다. 인터넷 경제 시대는 인터넷 기술과 컴퓨터 응용기술이 기반이 되어 플랫폼 경제와 그에 따른 비즈니스 생태계가 대세를 이룬 경제 시스템이었다. 여기에 블록체인 기술과 암호화폐(비트코인)가 나타나 경제 시스템의 규칙을 재구조화시키는 블록체인 경제가 지금 태동의 막을 올린 것이다.

선형 경제

산업 경제 시대는 자유경쟁 시장체제가 대세였다. 자유시장경제는 우리의 편익을 증진시키는 데 초점을 두고 있다. 기업·정부·소비자 등 모든 경제 주체가 시장에서 자신의 이익을 극대화하려고 경쟁을 하게 된다. 그 결과 더 많은 생산이 이루어지며 경제성장은 촉진되기도 한다. 사람과 기업이 모두 자신의 이익만 추구하며 경쟁하다 보니 불평등과 상대적인 빈곤이 발생하는 문제점도 생긴다. 또한 생산 과정에서 나타난 능력과 보상의 분리, 분배 과정에서 인간 욕구의 무한함 때문에 나타나는 폐단 등도 부정할 수 없다.

기존의 산업 경제 체제에서는 경제가 성장하면 물가가 오르고 물가인상은 인플레이션을 초래함으로써 경제성장이 둔화될 수밖에 없는 순환 반복 구조가 일반적인 현상이었다. 이 시대는 생산자가 중심이 되었던 시기로 대량생산과 재고를 비축하여 판매와 유통이 이루어지는 선형 구조 경제 모델이 대세였다. 이 모델은 지금까지의 시장경제 성장 모델로 발전하면서 '채취 (take)-제조(make)-폐기(dispose)'라는 3단계로 이루어져 유용한 자원을 조달·가공·생산한 후 사용하면 버리는 선형 구조의 형태를 형성하고 있다. 산업 혁명이 시작되면서 대부분의 소비재는 대량생산이 가능해졌고, 우리는 물질적 풍요를 오랫동안 누리면서 살아왔다. 그러나 이 모델은 시간이 흐르면서 대량소비와 환경 파괴라는 문제를 낳고 말았다.

이 시기는 자본·설비·토지 등이 주요 생산요소로 작동하여 기업에게 핵심 가치를 제공하였고 공급자 파워가 소비자보다 크게 작용한 시대이다. 대부분의 제품 설계를 공급자가 담당하여 생산하면 시장에서 판매되는 '공급자 중심의 시장'이었다. 즉, 소비자 요구에 의한 맞춤생산이 아닌 공급자가 시장 상황에 따라 제품을 생산하면 팔리던 시대였다. 산업 시대 기업의 가치사슬은 기업 내부 자원인 인적자원, 물적자원(토지, 설비, 화폐 등)에 의해 성장과 확장이 가능한 시대였다. 고객으로부터 주문이 접수되거나 기업 내부에서 연·월 단위 생산계획 및 판매계획이 수립되면, 공장에서는 제품을 생산하여 출하하고 도매점과 소매점으로 유통하고 고객에게 판매하는 제조·유통 과정을 거쳤다. 원자재를 구매하여 공정에 투입하고 제품을 생산한 후 도·소매점에 유통하는 과정의 사이클이 존재한 것이다. 3단계 과정에서는 상품·정보·돈(수익)이 흘러가는 가치사슬의 경제 시스템이 작동된다. 이것은 사슬 사이에 가치가 흘러가는 경제 모형으로 가치사슬(공급망)이라고 일컫는다.

[그림1-2]에서 알 수 있듯이 산업 시대는 기업 내 일련의 선형적 가치사슬 단계를 순차적으로 적용하는 가치사슬 모델이 주류를 이룬다. 선형 회사는 가치(상품 또는 서비스)를 창출하여 판매하고 공급망 속에서 단계적으로 사슬을 형성해 연결하면서 기업은 성장하고 확장해나갔다. 이 과정에서 기업은 사슬을 소유하고 사슬 상에서 가치를 만들어 수익을 창출하였다. 이것은 공급자와 생산자가 시장에서 필요한 생산량을 예측하여 제품을 생산하고 그 상품을 소비자에게 공급하는 일방향 시장(one side market)을 형성한 것이다.

[그림 1-2] 산업 시대의 가치사슬 단계

➤ 기업내 선형적인 가치사슬을 순차적으로 적용하는 모델임.(전통적 Value Chain)
➤ 공급사슬 속에서 단계적으로 체인을 형성하여 연결되고 그들은 체인을 소유함.

공급업체   생산업체   유통/도매업체   소매업체   최종고객

원자재 구매에서 제품생산, 유통, 판매 단계마다
물자, 정보, 자금의 흐름을 관리

인터넷 경제

인터넷 경제(internet economy)는 주요 경제활동이 인터넷 상의 가상공간을 기반으로 이루어지는 경제로 좁은 의미에서는 디지털 경제 개념과 같다. 디지털 경제란 전 세계를 연결하는 인터넷을 통해 빛의 속도로 교환되는 정보가 최대한의 부가가치를 창출하는 새로운 경제 구조를 지칭한다. 디지털 경제는 재화와 서비스의 생산·분배·소비 등 주요 경제활동이 '디지털화되고 네트워크화된 정보와 지식'이라는 생산요소에 주로 의존하는 경제를 의미한다. 디지털 경제는 IT산업과 인터넷을 기반으로 하는 전자상거래의 역할을 중시하는 개념으로 해석되기도 한다.

디지털 경제의 주요 특징은 인터넷이라는 가상공간을 활용하여 인간의

지식과 정보를 최대한 활용하는 지식기반의 경제이다. 산업 시내의 공급자와 생산자 중심이었던 선형 경제와는 달리 시장을 움직이는 힘이 생산자(공급자)에서 소비자로 이전되는 시대이다. 소비자의 구매 교섭력이 커지면서 '고객 중심', '고객은 왕' 이라는 슬로건이 대부분의 기업 목표 달성의 한 부분으로 자리 잡게된다. 또한, 소비자의 의견을 제품설계에 반영하는 '소비자 중심'의 제품생산과 서비스로 변화된다. 기업 조직의 구조는 피라미드 수직 계열의 계층 구조에서 수평적 네트워크 조직으로 바뀌는 네트워크 경제가 대세를 이룬다. 인터넷 기반으로 전 세계를 상대로 기업의 비즈니스 활동과 소비 활동이 이루어지면서 글로벌 기업이 급성장하는 세계화 시대로 발전한 것이다.

디지털 경제는 인터넷이 등장하고 전 세계의 정보를 월드와이드웹(WWW)으로 연결하면서부터 시작되었다. 전 세계를 WWW로 연결하는 새로운 경제는 선형 모델인 산업 경제와는 다른 뚜렷한 차이점이 부각되기 시작한 것이다.

- 첫째 생산요소의 변화를 들 수 있다. 주요 생산요소가 노동, 자본에서 정보와 지식으로 변화되었다.

- 둘째 산업 시대의 경제에서는 토지, 자본 등에 바탕을 둔 수익창출에서 디지털 경제시대에는 0과 1로 구성된 디지털정보와 지식이 부를 창출하는 근원으로 변화된다. 지적재산권과 특허권이 기업 경쟁력의 원천으로 기술혁신에 경제적 유인을 제공하고 기업의 지속적인 성장을 견인하게 된다. 이러한 변화는 물질적인 요소에

비해 무형적인 지식의 요소가 경제성장에 더욱 중요해진 것이다.

• 셋째, 기업의 디지털 경제는 생산자가 중심이었던 대량생산에서 소비자가 중심이 되는 고객 중심의 판매체제로 변화되고, 인터넷을 통해 온라인 플랫폼이라는 비즈니스 모델이 새롭게 등장하면서 새로운 비즈니스 생태계가 형성되었다. 소비자가 중심이 될 수 있는 계기는 바로 인터넷 때문에 가능했다고 본다. 인터넷을 통해 소비자가 정보의 비대칭에서 벗어날 수 있었기 때문이다.

[그림 1-3] 인터넷 경제의 변화(사용자 측면)

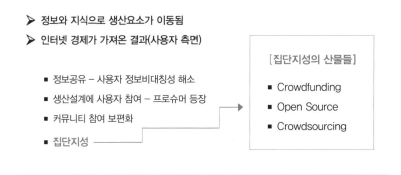

➤ 정보와 지식으로 생산요소가 이동됨
➤ 인터넷 경제가 가져온 결과(사용자 측면)

- 정보공유 – 사용자 정보비대칭성 해소
- 생산설계에 사용자 참여 – 프로슈머 등장
- 커뮤니티 참여 보편화
- 집단지성

[집단지성의 산물들]
- Crowdfunding
- Open Source
- Crowdsourcing

스마트폰의 등장으로 모바일 기반의 비즈니스가 성장하면서 인터넷 경제는 대부분 온라인에서 이루어지는 플랫폼 경제 모델을 탄생시켰다. 플랫폼 경제 모델은 재화를 생산, 판매하는 사업자들과 재화를 구매하는 두 그룹을 자사의 플랫폼 내부에서 거래를 유도하여 가치를 생성하고 이윤을 추구하는 모델이다. 이 모델은 수요자, 공급자 모두가 플랫폼이 지닌 네트워크 효과를 활용하여 거래하는 일련의 경제활동 및 생태계를 의미하는 것으로 플랫폼 장터에서 차별화된 제품과 서비스 공급을 통해 경쟁력을 확보해가는 경제 모델이다.

플랫폼 경제 모델의 가장 큰 특징은 중개인이 플랫폼을 제공하며 공급자와 사용자가 플랫폼상에서 상호작용을 통해 가치를 창출하는 구조이다. 공급자와 소비자인 이용자들은 플랫폼 안에서 원하는 상품을 구매하고 구전 또는 온라인 평점, 입소문에 의해 플랫폼 비즈니스 생태계가 활성되었다. 지금도 우리는 중개인들이 만들어 놓은 플랫폼에서 상품과 서비스를 구매하거나 공급하고 있다.

인터넷 경제는 제조업과 생산자 중심의 산업을 IT산업과 소비자 중심 위주로의 변화를 가져왔다. 그 과정에서 이들 분야의 부가가치 창출이 늘어나게 되고 기존 제조업 부문에도 자동화와 디지털화 시스템 구축으로 인한 생산성 증대와 기업의 고부가 가치에 따른 수익 창출이 이어지면서 산업 시대와는 다른 경제 패러다임을 경험하게 된다. 시장 구조도 생산자 중심에서 소비자 중심으로, 대량생산 체제에서 다품종 소량생산 체제로 바뀌었다. 특히 유통 단계에 전자상거래가 일반화되면서 중개인이 플랫폼의 중심이 되는 가치사슬에 일대 변화가 일어난 것이다.

산업 시대에는 수직적 계열화에 따라 생산자가 상품을 만들고 일방적으로 판매하는 모델이었다면, 인터넷 경제 비즈니스는 생산자와 소비자가 수평적 통합으로 거래가 이루어졌다. 대부분 플랫폼의 운영 규칙과 수익 구조를 보면 1차적으로 중개인에 의해 형성되는 서비스 구조가 대세를 이룬다는 의미다. 우리가 알고 있는 대표적인 기업으로는 MS·구글·페이스북·아마존·알리바바·우버·LinkedIn·카카오·네이버 등 다수의 글로벌 기업이 이에 해당되며 인터넷 시대에 이들 기업이 탄생하여 세계 경제를 움직이고 있다.

20세기 후반 이후의 세계 경제는 서비스 경제와 글로벌 경제로 특징지을 수 있다(Ohmae, 1990). 산업사회에서는 2차 산업이 중심을 이루었지만 정보사회에서는 3차 산업 혹은 서비스 산업이 확장되었다. 미국, 영국 등의 선진국에서는 이미 1990년에 서비스 부문의 취업자가 차지하는 비중이 2/3를 넘어섰고 우리나라도 1997년에 이를 뒤따랐다. 인터넷 경제는 이러한 서비스 산업과 어우러지면서 플랫폼 경제의 위상을 보다 더 강화시켰다

블록체인 경제

자본주의 세계 경제의 진화 과정을 살펴보면, 18세기 중반의 '산업혁명', 19세기 후반의 '대량생산 체제, 20세기 후반의 '최첨단 컴퓨터 및 정보통신 기술' 등 파괴적인 기술혁신의 국면들이 나타났다. 18세기부터 지금까지 사회·경제 전반에 커다란 파급력을 가진 범용 기술이 발명되어 왔으며 그 기술은 널리 확산되었다. 이들 기술들은 그 시대의 시장에서 가동되고 있는 경제 모델과 경제원리를 획기적으로 변화시켰다. 인터넷 등장이 신경제인 디지털 경제를 출현시켰듯이 2000년대 후반에 등장한 블록체인과 암호화폐는 탈중앙화된 새로운 경제 시스템의 시작을 예고하고 있는 것이다.

블록체인이 이끄는 새로운 경제 모델은 2008년 글로벌 금융위기와 2010년 일본 국채시장의 붕괴로 인한 위기에 대응하고자 또 다른 국제금융시장이 등장하게 된다. 국내뿐 아니라 전세계의 경제성장률은 급격하게 하락하고 기업들의 연쇄 도산이 발생하면서 가계경제를 어렵게 만든 엄청난 사건

이 발생한 것이다. 2008년 10월 31일 발표되었던 사토시 논문이 2009년 1월 마침내 처음으로 프로그램 소스코드로 구현되면서 비트코인이라는 암호화폐가 등장한 것이다. 사토시 나카모토의 논문이 말하고자 하는 주요 내용은 경제위기가 발생할 때마다 무분별한 화폐 발행으로 겪게 되는 경제위기를 차단하고, 기존 금융시스템에 대한 불만과 분노에서 한발 나아가 블록체인과 비트코인이라는 전자화폐 설계를 통해 탈중앙화된 금융 시스템을 구축함으로써 정부 주도의 무분별한 화폐 발행의 문제를 개선해 보자는 취지에서 시작된다.

여기서 빠뜨릴 수 없는 부분은 블록체인 네트워크 상에서 이루어지는 참여자들의 활동이다. 그들의 활동은 인터넷 경제에서 주도한 중앙화된 경제 모델과는 다른 탈중앙화된 경제 모델을 가능하게 만들 수 있는 계기가 되고 있다. 또한, 그들 스스로 시장의 감시자가 되어 거래의 검증자로서 활동을 할 수 있다. 사토시 나카모토는 이것의 기본원칙을 채굴 보상 알고리즘에 적용하였다. 이 원칙이 '블록체인 경제'라는 새로운 경제메커니즘을 탄생시키는 동력이 되었으며 지속적인 블록체인 기술의 발전으로 블록체인 생태계가 이어지고 있는 것이다.

비트코인은 블록체인 기술의 열매로 해석할 수 있다. 블록체인 경제는 암호화폐가 블록체인과 결합되어야 비로소 그 가치가 극대화되는 경제원리에 근거를 둔다. 그의 논문에서 등장한 비트코인의 기술적 개념과 기본원칙을 정리하면 다음과 같다.

- 순수 P2P 기반의 전자화폐, 금융기관 개입없이 온라인 대금 결제 가능

- 이중 지불을 저지할 제3자가 필요하지 않음
- 이중 지불이 발생할 경우 P2P 네트워크로 해결책을 제시
- 거래들의 해시값 기준으로 작업증명(POW) – 연쇄적인 체인 형상 기록
- 네크워크는 최소한의 구조를 갖추며 노드들은 네트워크에서 자유 롭게 참여 가능

　사토시 나카모토의 논문의 핵심은 (1)탈중앙화를 통해 분산화와 익명성을 보장하고 양도가 가능하며 (2)중복성을 방지하는 기술들을 사용한 점이고, 이를 통해 (3)탈중앙화된 새로운 비즈니스 생태계를 만들어 기존의 자본주의가 만들어온 경제체제의 문제점을 개선된 방향으로 변화시키고자 하는 데 있다. 그의 논문이 제공하는 철학과 사상, 즉 비트코인의 익명성과 분산화는 새로운 금융 시스템의 제도 개선과 변화를 예고하였다. 다시 말해 혁신적인 암호체계와 네트워크(P2P) 기술이 융합되어 개인 간의 직거래를 P2P 네크워크 상에서 가능하도록 하고 다수의 컴퓨터(참여자)가 동시에 기록·저장·검증하는 방법을 이용함으로써 새로운 개념의 경제 시스템을 태동시켰다고 볼 수 있다.

　세상의 모든 경제구조는 신뢰기관이라는 기본적인 경제주체를 가정한다. 그러나 역사적으로 신뢰기관으로 인해 많은 문제와 이슈들이 발생하여 왔다. 신뢰기관이 없는 경제구조는 불가능한가? 블록체인 등장 이전까지는 그랬다. 생산수단을 개인이 소유하는 자본주의 체제 하에서는 소비·생산·투자 등의 결정이 각 경제주체들에게 분산되어 있으며, 무수한 경제주체들의 이기적 결정에 의해 경제가 운용되어 왔다. 독립된 경제주체들이 서로 만나

고, 이들의 경제 활동이 자율적으로 조성되기 위해서는 시장이란 기구가 필요했다. 이를 조정·규제하기 위해 신뢰기관이 필요했던 것이다. 인류 역사상 이러한 근본적인 문제에 대해 통찰하고 해결점을 제시한 것이 블록체인 기술이다. 즉 블록체인 기술을 도입하면 신뢰기관 없이도 현재의 경제체제에서도 신뢰성을 확보할 수 있다는 것이다. 이것은 현재 모든 경제주체들의 위상을 파괴하고 새로운 경제주체들이 나타나게 된다는 것을 의미한다.

그렇다면 플랫폼이 중심이된 인터넷 기반의 경제 시스템과 다른 점을 산업영역별로 간략히 살펴보면 다음과 같다.

- 블록체인 기술이 공급사슬관리(Supply Chain Management, SCM)에 적용될 경우
  - 공급사슬의 가시성과 투명성을 제고할 수 있다. 블록체인 상의 기록을 통해 제조사, 제품을 구성하고 있는 원자재 등에 대한 정보 파악이 가능하다. 생산자는 공급사슬 상의 전 지점에서 제품 이력을 추적할 수 있고, 이를 통해 구매자별 구매 성향 등을 파악할 수 있다.
- 공공서비스 부문에 블록체인을 도입할 경우
  - 이미 전 세계 여러 국가에서 토지·주택·차량 관리, 선거 및 투표 관리, 의료정보 관리 등 다양한 공공서비스 영역에 블록체인 기술을 적용하기 시작했다.
- 블록체인을 예술산업 분야에 적용할 경우
  - 예술산업의 지식재산권 문제를 해결하는 데 유용한 플랫폼이 될 수 있다. 블록체인이 예술작품 출처의 정확성과 거래의 투명

성을 확보할 뿐 아니라 음원시장의 불합리한 유통·수익 구조를 개선해 공정한 거래 구조가 형성될 것으로 보인다.

블록체인 시장은 2019년에 846억원, 2020년에 1366억원 규모로 성장한 데 이어 2021년 2206억원, 2022년 3562억원으로 증가해 높은 성장세를 기록할 전망이다. 블록체인 기술이 발전하고 시장 수요가 늘어남에 따라 유관 기업의 사업에도 큰 변화가 있을 전망이다. 먼저 블록체인 스타트업은 자사가 보유한 블록체인 인프라(메인넷)를 판매하고, 토큰 이코노미(암호화폐 중심 IT 생태계)를 구현하기 위해 업체 간 제휴를 활발히 진행할 것으로 예상된다. 국내 SI업체, 전자·제조, 통신사 등 대기업은 기존에 보유하고 있는 비즈니스 역량을 기반으로 신성장동력 확보를 위해 새로운 비즈니스 탐색 및 블록체인을 변화 요소로 활용하고 있으며, 각종 산업 부문에 블록체인 기술을 활용하기 위한 기반 조성에 중점을 두어 추진하고 있다.

성장세가 커지고 있는 블록체인 시장 규모와 기업·정부·개인들의 관심은 기존의 경제 시스템 및 금융의 역사 관계에서 볼 때, 여러 전통적 지식과 관행이 붕괴될 수도 있는 대변혁이 일어날지도 모른다. 필자들은 광의의 관점에서 블록체인 기술과 암호화폐가 이끄는 비즈니스 생태계를 "블록체인 경제"라 부르고자 한다.

[그림 1-4] 경제 패러다임 진화과정

3. 디지털 경제 시대의 경제원리

디지털 경제는 1995년 니콜라스 네그로폰테가 물질 최소 처리 단위인 원자(atom)에서 정보 최소 처리 단위인 비트(bit)로 이전되는 양상을 설명하면서 등장한 용어이다. 이것은 디지털기술을 직접 생산하는 전자·정보·통신·인터넷·블록체인 등을 이용하여 경제활동을 하는 것을 의미한다. 이러한 기술들이 경제활동을 결정하는 데에는 기본 원칙과 원리가 존재하며, 디지털 경제는 그 기반을 변화시키는 경제 시스템으로 이해할 수 있다(박기홍 외, 2000).

경제활동을 하는 데 있어 기본 인프라 또는 촉매제로 사용되는 인터넷·

모바일·블록체인 등과 관련된 기술에 대해서는 단순히 IT기술 차원에서만 접근하지 말고 그 기술들이 제공하는 혁신적인 사상, 철학 그리고 내부에 숨어있는 개념 모델과 잠재력을 이해하는 것이 중요하다. 디지털 환경에서 이러한 기술 기반의 비즈니스 생태계를 이해하고 작동하는 기본원리를 이해한다면 다양한 산업에 응용할 수 있는 기회를 얻을 수 있을 것이다.

여기에서는 디지털 기술로 만들어진 제품과 서비스가 지닌 속성과 특성을 알아보고 정보재가 시장에 미치는 디지털 경제원리를 미시경제적 측면에서 살펴보고자 한다.

정보재 개념과 속성

정보는 데이터와는 다른 개념이다. 정보란 수신자에게 필요한 내용을 의미있는 형태로 제공되는 것이다. 정보가 추구하고 있는 궁극적인 목적은 수신자가 의사결정 과정에서 유용하게 사용될 수 있도록 하는 데이터들의 집합으로 정의할 수 있다. 디지털 기술은 기술적 속성들에 의해 제품과 서비스로 형성된다. 정보재는 0과 1로 구성되어 디지털화될 수 있는 모든 것을 의미한다. 즉, 정보와 지식이 디지털화되어 있는 것과 디지털화로 될 수 있는 모든 것을 지칭하는 용어이다. 1990년 이후 디지털 경제가 시작되면서 뉴스·정보·책·잡지·기업간 거래 등 디지털화된 제품이 등장했다. 즉 정보재는 상품화되어 디지털 시대가 등장하고 정보재 산업이 급부상하였다. 정보재가 지닌 속성으로 인해 기존의 산업경제 시스템에서 제공하던 상품의 종류와는 그 서비스 형태가 다른 다양한 상품군과 서비스가 플랫폼인 온라인

싱에서 거래되고 있다. 인터넷 기반의 디지털 정보 공유 및 교환이 보편화되면서 산업과 시장에서 새로운 경제 메커니즘이 등장하는 시대를 열었다.

정보재는 어떤 특성이 있을까? 기존 상품은 물리적으로 존재하기에 직접 만질 수 있고 외부의 손상으로 파괴될 수 있는 특징이 있다. 그러나 정보재는 디지털적인 특성으로 인하여 상품과 달리 비파괴성, 재생산성, 변환 용이성의 속성을 지닌다. 무형의 정보재는 물리적인 파괴가 될 수 없으며, 0과 1로 구성되어 한번 생산하고 나면 복제가 쉬우므로 재생산이 매우 용이하다. 또한 수정과 삭제, 변환이 용이하여 다른 형태의 내용을 쉽게 변화시킬 수 있다. 정보재의 재화적인 특징은 비배제성, 경험재, 비경합성 및 시스템 통합 등의 특성을 지닌다는 점이다. 비경합성은 수요 측면에서 특정 상품에 대해 다른 사람의 동일한 상품가치를 감소시키지 않는 특징이 존재하며. 비배제성은 공급 측면에서 한 개인이 특정 상품을 소비하는 것으로부터 배제될 수 없다는 의미가 된다.

[그림 1-5] 정보재의 특성

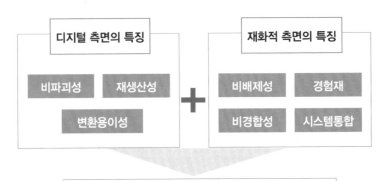

정보재의 재화적, 디지털적인 특성은 산업경제와는 다른 수확체증의 법칙과 네트워크 외부성이라는 새로운 경제원리를 등장시켰고 이것은 디지털 경제의 성장에 주요 성공 요인으로 작용하게 된다. 이와 같은 새로운 경제 메커니즘이 경제 분야에 적용되면서 기업의 생산방식, 소비 제품과 행태, 유통구조, 산업구조, 정부의 역할 등에 이르기까지 광범위한 변화를 가져 왔다. 인터넷과 전자상거래의 확산은 시장에서 기업간 경쟁을 촉진시키는 효과를 발생시켜 기업은 효율성 제고를 위한 가치사슬의 재편 및 경영혁신 노력으로 안정된 이윤을 확보할 수 있는 기업 모델을 창조해야만 했다. 하지만 정보재 시장의 등장으로 이어지는 디지털 경제 시대에서는 한치 앞의 미래를 예측하기 어려운 불확실성의 시대가 전개되면서 글로벌 무한경쟁 시대 속에서 공존하게 된 것이다

네트워크 외부성(수요 측면)

디지털 경제는 세계의 경제 주체들이 인터넷과 같은 글로벌 차원에서 정보의 네트워크를 통해 연결됨으로써 형성되고 발전되어 가고 있다. 네트워크 외부성은 디지털 경제를 이해하는 데 가장 중요한 경제원리이다. 소비자가 특정 제품을 사용함으로써 획득하는 효용은 이 제품과 호환적인 제품을 사용하는 소비자들이 많을수록 증가하게 되는데, 이를 네트워크 외부성(network externalities) 이라고 한다.

경제학에서 외부성 개념은 특별한 의미를 갖는다. 어느 한 경제주체가 자신에게 최선의 선택을 할, 사회적으로 다른 경제주체에게 경제적인 긍정

적 영향을 미치는 현상을 말한다. 따라서 네트워크 외부성은 경제활동에 참가하는 경제주체의 수에 따라 그 크기가 결정되는 것을 볼 수 있다. 네트워크 외부성은 '소비의 상호의존성' 이라는 용어로 표현되어 수요 측면인 소비 부문에서 나타나는 규모의 경제로 이해된다. 즉, 경제주체들의 소비가 독립적이지 않고 상호 연관되어 있다는 뜻으로 제품이나 서비스 자체보다는 얼마나 많은 사람이 구매하려는지가 더 중요하다는 뜻이다.

네크워크 외부성은 인터넷 경제에서 특징적인 현상으로 받아들여졌고, 이것은 규모의 경제를 만드는 데 중요한 요소로 작용하고 있다. 대표적인 상품군은 스마트폰과 관련 앱들, 전화기, 카카오톡, 게임, 메타버스, 블록체인 기반의 다양한 콘텐츠 및 토큰류(알트코인, DeFi, NFT) 등 다양한 소프트웨어가 주류를 이루는 정보재 제품군들이 네트워크 효과에 민감하게 작동되고 있다.

네트워크 외부성의 주요 특징은 다음과 같다.

첫째, 전환비용(Switching cost)이 발생한다. 전환비용은 한 제품에서 경쟁사의 다른 제품으로 전환하는 데 드는 비용을 말한다. 생산자나 소비자가 현재 사용하는 기술, 제품, 서비스에서 다른 기술, 제품, 서비스로 전환할 때 발생하며 소비자가 지불하는 비용을 말한다. 소비자가 상품이나 서비스를 교체하고자 할 경우, 네크워크 효과가 큰 상품인 경우에는 새로운 상품의 탐색이나 학습시간이 필요하며, 기존 네크워크 외부성에서 제공하는 가치를 포기해야 하는 비용도 전환비용으로 발생하는 셈이다. 따라서 소비자가 정보재 관련 상품을 구입할 때 전환비용을 추가로 확보하지 않은 상태에서는 다른 상품과 서비스로 쉽게 교체하려 하지 않는다. 대표적인 예로 아이폰을 구매하여 사용한 고객이 갤럭시 스마트폰으로 교체하고자 할 경우 그에 따른 전환비용 없이는 변경하지 않으려 한다는 것이다.

둘째, 경로 의존 현상이 발생한다. 정보재의 속성 중 하나가 경험재라는 점이다. 하나의 제품에 경험이 축적되면 다른 경로로 변경하는 것이 쉽지 않다. 아이폰 키보드와 앱 서비스에 익숙한 사용자는 갤럭시 스마트폰의 서비스로 쉽게 변경하지 않으려는 경향이 있다. 사용자는 기존 키보드 방식 또는 기존 스마트폰에서 제공하는 기능을 선호한다. 그 이유는 새로운 경험을 얻으려면 소비자는 더 많은 시간과 노력이 필요하기 때문에 새로운 경험의 제품과 서비스로 변경하고 싶지 않은 것이다.

셋째, 긍정적 피드백이 발생한다. 긍정적 피드백이란 수요와 공급에 따른 규모의 경제가 상승작용을 함으로써 생산비용의 하락(공급 측면)이 사용자들에게 더 매력적인 제품과 서비스를 제공하는 선순환 구조를 만드는 현상이다. 이와 같은 현상은 시장에서 선호하는 제품과 서비스는 판매가 증가할수록 생산 물량 또한 증가하여 규모의 경제가 작용한 결과, 공급자 측면에서는 시장을 선점하여 '승자독식 원칙(Winner takes all)'의 승자가 되는 경우가 많다. 규모의 경제로 인하여 공급자의 수익이 증가됨에 따라 그 이익금으로 제품의 기술개발 투자에 더욱 집중하게 된다. 사용자 측면에서는 사용자 편의성 제공, 다양한 서비스 등을 제공받는다. 따라서 긍정적 피드백으로 사용자와 공급자는 긍정적 순환과정을 경험하게 되는 것이다.

이처럼 상품과 서비스를 사용하는 고객수가 많으면 많을수록 그 상품을 사용함에 따라 사용자 입장에서는 편의성이 증가하고, 다양한 서비스를 저렴하거나 또는 무료로 제공받을 수 있을 뿐 아니라 규모의 경제가 형성된다. 또한 기업 입장에서는 추가적인 비용 투자나 노력 없이 제품의 가치가 증가하므로 많은 수익을 창출할 수 있는 기회를 얻게 된다.

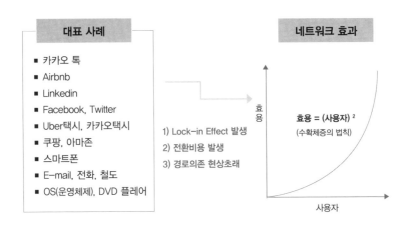

[그림 1-6] 네트워크 외부성에 의한 긍정적 효과

대표 사례

- 카카오 톡
- Airbnb
- Linkedin
- Facebook, Twitter
- Uber택시, 카카오택시
- 쿠팡, 아마존
- 스마트폰
- E-mail, 전화, 철도
- OS(운영체제), DVD 플레어

1) Lock-in Effect 발생
2) 전환비용 발생
3) 경로의존 현상초래

네트워크 효과

효용

효용 = (사용자)^2
(수확체증의 법칙)

사용자

수확체증의 법칙(공급 측면)

디지털 경제가 등장하면서 정보재 시장에서는 전통적 경제이론인 수확체감의 법칙이 붕괴되는 현상을 볼 수 있다. 수확체감의 법칙은 자본과 노동의 추가적인 투입에 따라 생산함수에서 수확체감을 가져오는 현상을 말한다. 자본과 노동 등 생산요소가 한 단위 추가될 때 이로 인해 늘어나는 한계생산량이 점차 감소하는 현상을 의미한다. 생산량이 일정한 수준으로 증가할 경우, 즉 생산요소를 추가적으로 계속 투입해 나갈 때 어느 시점이 지나면 새롭게 투입하는 요소로 인해 발생하는 수확의 증가량은 감소한다는 뜻이다. 여기에서 새롭게 투입하는 요소는 공장 부지, 설비, 생산인력 채용 등으로 고정비가 증가하여 실제 수익은 점차 줄어들게 된다는 의미이다. 이것이 수확체감의 법칙이다.

반면, 정보재 산업에서는 수확체증의 법칙이 적용된다. '수확체증의 법칙(Increasing Returns of Scale)'이란 투입된 생산요소가 늘어나면 늘어날수록 산출량이 기하급수적으로 증가하는 현상을 말한다. 수확체증의 법칙은 정보재의 특성과 네트워크 상에 연결되어 있는 사용자의 수가 증가할수록 규모의 경제가 형성되므로 기업 입장에서는 초기 투자비용 대비 급격한 성장과 수익을 얻게 되는 현상이다. 지금까지의 전통 산업경제에서 적용되어 왔던 '수확체감의 법칙(Diminishing Returns of Scale)'과는 상반되는 현상이다.

예를 들어, 블록체인 기반의 게임 프로그램을 개발한다고 가정해 보자. 개발 초기 단계에서는 개발 비용, 개발자 투입 비용 등 소프트웨어 개발과 제품 생산을 위해 많은 초기비용이 투입된다. 그러나 개발 이후 게임 제품을 재생산할 경우에는 정보재 특성인 재생산 용이성으로 인해 재생산 비용은 매우 낮아지게 된다. 이것은 생산량이 많을수록 평균투입비용은 계속 낮아지는 현상으로 미시경제학에서는 평균비용곡선이 우하향하는 곡선으로 나타난다. 이와 같은 현상을 '규모의 경제(Economies of Scale)'라고 한다. 이때 균형가격은 한계비용과 일치하게 되면서 한계비용이 거의 0에 가까워진다. 여기서 한계비용은 생산물 한 단위를 추가적으로 생산하기 위해 추가적으로 소요되는 비용이다. 생산량이 늘어감에 따라 평균생산비용이 더 낮아지는 현상이 일어나는 것이다.

정보재 상품을 판매하는 기업은 한계생산비용(margin cost)이 0에 가까운 규모의 경제를 얻어 시장 지배력을 얻게 되고 자연스럽게 시장을 선점하여 '승자독식의 원칙(Winner takes all)' 현상이 나타난다. 이런 현상은 수요 측면에서 네크워크의 구매자 집단의 크기가 크기 때문에 나타나는 결과이다. 따라서 수확체증의 법칙은 수요 측면의 네트워크 외부성에 의해 기업이 시장을 선점할 경우, 급격한 성장과 수익을 창출할 수 있다. 대표적인 사례로 아마존·구글·애플·알리바바·카카오·네이버 등에서 찾을 수 있는데 이들 기업은 수요와 공급 측면에서 디지털 경제원리가 적용되었기 때문에 글로벌 기업으로 급부상하게 된 것이다.

[그림 1-7] 수확체증의 법칙 효과

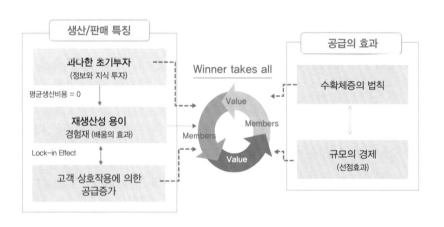

4. 디지털 시대의 새로운 경제 메커니즘

산업 경제 시대에는 수요와 공급의 법칙에 의해 시장의 균형가격이 형성되고 수확체감의 법칙이 적용되는 경제원리가 적용되었다. 하지만 인터넷의 등장에 따른 인터넷 경제 또는 플랫폼 경제에서는 네트워크 외부성과 수확체증의 법칙이 적용되는 새로운 경제원리가 적용되면서 디지털 경제 시대를 이끌어 오고 있다. 최근 등장한 블록체인 경제는 인터넷을 기반으로 디지털 경제 시대에 적용되고 있는 수확체증의 법칙과 네트워크 외부성이 적용되면서 블록체인 혁신기술과 암호화폐가 반영된 새로운 경제 메커니즘이 작동될 수 있는 가능성을 여러 프로젝트 사례를 통해 보여주고 있다. 왜 그들은 암호화폐가 반영된 블록체인 플랫폼에 열광하는 것일까? 그 이유는 사용자 측면에서 이전 경제 모델에서는 얻을 수 없는 공정한 수익과 가치가 제공되기 때문일 것이다.

지금까지는 기존의 경제학을 토대로 경제활동에서 나타나고 있는 수요와 공급 측면에서 일정한 원칙과 규칙을 강조하였다. 수요와 공급에 의해 형성되는 시장가격, 네트워크 상의 수요층의 확대가 주는 긍정적인 효과, 네트워크 효과에 의한 공급 측면의 수확체증의 법칙과 규모의 경제 등이 수요와 공급 관점에서 나타난 현상이라고 볼 수 있다.

그러나 블록체인 기반의 경제에서는 블록체인 기술과 작동원리가 수요와 공급 부분에만 국한된 것은 아니다. 블록체인 기술은 2008년 10월, Satoshi Nakamoto(2008)의 연구 'Bitcoin: A Peer-to-Peer Electronic Cash System'에서 제안된 것이다. 중앙의 중개기관에 의존적이었던 기존의 거래 방식에서 벗어나 개인간의 직접적인 온라인 거래 및 지불을 가능케 하는 '비트코인(Bitcoin)'이라는 새로운 화폐와 함께 등장한 혁신적인 기술의 결합을 뜻한다.

블록체인이 이끄는 경제 모델은 인터넷 경제시대와는 달리 상거래의 규칙과 조건, 원칙이 스마트 컨트랙트 영역에 반영되는 것이 가장 큰 차이점이다. 즉, 시장에서 공급자와 소비자 간의 상거래에서 믿고 구매할 수 있는 거래의 규칙과 일반적인 원칙이 컴퓨터 프로그래밍을 통해 스마트 컨트랙트에 반영된다. 이 프로그램이 실행되면서 블록체인 플랫폼 상에서 다수의 참여자들의 거래가 이루어지고 참여자들의 긍정적인 활동이 보상으로 이어지는 경제 메커니즘이 작동되는 것이다. 이 보상은 바로 코인이라는 암호화폐로 제공되고 있다. 이러한 부분이 인터넷 기반의 플랫폼 경제와 가장 큰 차이점이다.

이것은 경제활동에서 발생되는 수요와 공급 측면의 현상이 반영된 이론이 아닌 스마트 컨트랙트에서 경제 모델을 설계하고 디지털화시켜 컴퓨터 시스템을 통해 시장에서 비즈니스 생태계를 작동시킨다는 점에서 블록체인 경제에만 가능한 새로운 경제 시스템이 되고 있다. 다시 말해 탈중앙화 네트워크 시장에 참여한 참여자들의 집단지능을 통해 경제활동이 자율적으로 이루어진다는 뜻이다. 블록체인 기술이 새롭게 만들어가는 경제 시스템은 이제 막 시작되고 있다. 새로운 경제 모델로 등장하고 있는 블록체인 플랫폼은 경제활동에서 경제주체들 간의 가장 중요한 신뢰를 탈중앙화된 네트워크가 제공하는 시장이 될 것이다. 또한, 경제주체들에게 보다 더 나은 가치를 제공할 것이다. 그 가치는 암호화폐라는 인센티브로 네트워크에서 참여자들에게 제공되며, 이것은 중앙화된 기존 플랫폼의 양면시장 생태계와는 다른 탈중앙화된 '크립토 금융'이라는 또 한 면이 추가되어 삼면시장으로 발전할 것으로 예측된다

[표 1-1] 블록체인이 제공하는 경제적 가치

구분	수요 측면	공급 측면	가치 측면	
			소비자	공급자
산업경제	수요/공급의 법칙	수확체감의 법칙	보다 저렴한 구매	공급망에서 가치창출
인터넷 경제	네트워크 효과	수확체증의 법칙	구매교섭력 증가	규모의경제 Winner takes all
블록체인 경제	네트워크 효과	수확체증의 법칙	We와 소비자가 중심이된 가치창출 (참여자 모두 오너십 확보)	
	– 거래 신뢰, 암호화폐에 의한 인센티브 제도 – 프로그래밍에 의한 새로운 경제 모델 구현			

2장

블록체인
경제의 출현

1. 블록체인의 출현 배경

　앞서 살펴보았듯이 2008년 글로벌 금융위기와 2010년 일본 국채시장의 붕괴로 국제금융시장은 또 다른 위기에 봉착하게 된다. IMF와는 다른 상황으로 국내뿐 아니라 전 세계의 경제성장률은 급격하게 하락하고 기업들의 연쇄 도산이 발생하면서 가계 경제를 어렵게 만든 엄청난 사건이 발생한 것이다. 경제위기를 극복하기 위해 미국은 예전에도 그런 방식으로 해 왔듯이 유동성 확보 차원에서 달러를 무분별하게 발행한다. 미국의 양적 완화는 통화량의 증가, 달러가치 하락, 환율 상승, 미국 상품의 수출 경쟁력 상승 및 주택가격 폭등으로 이어졌다.

　우리는 이와 유사한 사례를 중세 시대 거대강국이었던 로마와 스페인의 몰락에서도 찾아볼 수 있다. 고대에는 정복전쟁이 곧 경제 행위였다. 정복을 통한 부의 수탈과 전쟁 포로로 유지되는 노예경제가 국가 경제의 버팀목이었다. 찬란했던 로마를 쇠퇴하게 만든 원인은 무엇일까? 그들은 군부 세력 강화를 위해 국민들로부터 더 많은 세금을 걷으려고 금화를 무차별하게 발행한다. 금과 은이 많지 않았던 그 시기에는 전쟁 군비로 바닥난 세금과 방만한 통화정책이 로마 전체의 생산성을 감소시켰다. 즉, 무분별한 화폐 발행은 화폐 가치를 떨어뜨리고, 물가가 상승하는 인플레이션의 유발로 그 거대한 제국은 결국 몰락의 길을 가고 말았다. 이는 결국 로마의 실물 경제가 성장할 수 있는 동력을 상실하게 만든 것이다.

16세기 스페인은 전 세계 금과 은 생산량의 83%를 생산하는 부국이었다. 영토 확장에 따라 멕시코, 볼리비아, 오스트리아, 독일, 이탈리아, 네덜란드 등 다수의 국가에 식민지를 갖게 되었고 그들 국가에서 대규모 은광이 발견되면서 경제력은 더욱 커지게 되었다. 넘치면 흘러내리듯이 이후 스페인은 방만한 팽창주의와 방만한 재정 관리로 '금융산업'이 붕괴하게 된다. 스페인은 붕괴하는 재정 회복을 위해 1개 상품에 거래시마다 '소비세'까지 부과하는 경제정책을 시도하지만 결국 식민지 국가의 파산과 전쟁에 따른 군인의 급료 증가로 인해 1596년 파산하게 된다.

로마와 스페인의 몰락의 역사는 무분별한 화폐 발행과 가짜 화폐로 세금을 거두었고, 전쟁이 중요하다 보니 경제 상황과 관계없이 세금을 걷기 위해 비정상적인 화폐정책을 쏟아부은 결과로서 우리에게 여러가지 측면에서 교훈을 주고 있다.

2008년 금융위기의 원인은 바로 금융 시스템의 문제에서 출발하고 있다. 시장경제의 중심에 위치한 금융기관의 권력은 자유경쟁 시장에서 엄청난 부와 이익을 얻고 있다는 주장이다. 블록체인 기술을 적용한 비트코인 발행은 불합리한 화폐 발행과 시장경제의 중심에 서 있는 금융기관에 대한 반격으로서 2008년 10월 사토시 나카모토라는 익명의 논문 발표로 시작된다.

그의 논문은 9페이지 분량으로 크립토그래픽 메일링 리스트에 등록되었지만 그 당시 어느 누구도 관심이 없었다. 유일하게 의견을 주고받는 이는 단 한사람, 암호전문가인 할피니(Hal Finney)만이 사토시 나카모토와 꾸준히 의견 교류를 통해 비트코인 시스템을 개선해 나간다. 2009년 1월 마침내 사토시 나카모토는 비트코인을 탄생시키고 드디어 비트코인 프로그램 소스가 공개된다. 최초의 노드인 자신의 컴퓨터에 '제네시스 블록'을 만든 것이다. 할 피니는 비트코인의 두 번째 노드가 되었고 사토시 나카모토에게 10개의 비트코인을 전송하게 된다. 이것이 비트코인의 최초 거래이고 비트코인을 블록체인 기술의 열매로 인식하는 것도 바로 이 점 때문이다.

비트코인의 탄생은 디지털 화폐로서 네크워크 사이에서 데이터로서만 존재하는 전자화폐였다. 전자화폐인 비트코인 거래에서 가장 중요한 것은 이미 사용된 화폐가 다시 사용되는 이중 지불(double-spending)을 막을 수 있다는 점이다. 기존의 전자화폐(도토리, 지역화폐 등)에서 이중 지불을 방지하려면, 중앙기관의 절차에 따라 시스템에서 검증이 필요하다. 사토시 나카모토는 컴퓨터의 프로그램을 통해 노드 참여자 모두에게 거래장부를 공유하게 하고 노드가 스스로 이중 장부를 검증하도록 분산원장 기술을 채택하였다. 즉, 중앙기관인 은행의 역할을 배제하고 네트워크에 참여하는 사용자가 중앙은행의 역할을 대신할 수 있다. 참여자들은 그들간의 거래에 대한 검증과 내·외부 참여자들의 부정적인 행동을 모니터링하는 시스템을 통해 수행한다. 이에 대한 활동 대가로 보상을 받게 되는데 이것을 채굴이라고 한다. 보상은 비트코인으로 제공하고 있다.

사토시 나카모토 논문에서 그가 만들어낸 암호화폐인 비트코인과 블록체인 기술은 금융위기의 원인이 된 중앙화된 금융시스템을 합리적으로 개선하는데 있으며 또한, 무분별한 화폐 발행을 막고, 쉽고 안전하게 거래를 할 수 있는 신개념의 경제메커니즘이 작동할 수 있는 가능성을 제공한 것이다.

2. 블록체인 경제의 의미와 특징

인터넷 기반의 디지털 경제는 서버와 클라이언트 간에 자율적으로 운영되는 오픈 시스템 내에서 경제주체인 기업, 소비자, 정부간의 경제활동이다. 본서에서 다루고 있는 블록체인 경제란 탈중화된 블록체인 네트워크 내에서 경제주체들 간의 경제활동이 이루어지는 것을 의미한다. 향후 시장경제는 중개인이 존재하고 있는 인터넷 기반의 플랫폼 경제와 중개인이 없는 블록체인 경제가 당분간 공존할 것으로 본다. 왜 블록체인과 암호화폐가 경제 시스템을 작동하는 근간이 되고 있는가? 이 부분은 제 2부 3장에서 구체적으로 설명하기로 하고 여기에서는 블록체인 기술의 주요 특성을 통해 경제제도 관점에서 블록체인과 암호화폐의 역할을 간략히 살펴보기로 한다.

블록체인 경제 의미

자본주의 시장경제는 중개자인 기업과 기관이 중심이 되는 시대이다. 블록체인과 암호화폐가 이끄는 새로운 경제는 중앙기관의 권력이 소비자에게 이양되는 인류 문명의 변화를 의미한다. 이것은 거스를 수 없는 변화로 산업혁명 시대의 자본과 기업은 무대 뒤로 물러나고 고객과 소비자가 무대의 주인공으로 서는 시대가 될 것으로 전망한다. 미래학자 또는 경제학자들은 그들이 생산자로 활동하면서 돈을 벌 수 있는 시대로 변화될 것으로 예견하고 있다. 또한, 네트워크 효과로 인하여 블록체인 네트워크에 참여한 참여자들의 사업 단위의 플랫폼으로 진화할 것으로 보고 있다. 여기서 사업 단위 플랫폼이란 메인넷 플랫폼 안에 포함된 비즈니스 유형의 사업으로 유통, 의료, 콘텐츠, 개인정보(마이데이터 활용과 보호) 등등의 여러 사업이 DApp 서비스 형태로 발전하고 있는 것을 의미한다.

기존의 사업은 제품을 잘 만들어 소비자에게 판매하여 수익을 얻는 것에 중점을 두었다. 자본주의 시대 사업의 목적은 이윤 창출에 초점을 두었다. 그러나 블록체인이 만드는 경제 메커니즘은 사업에서 돈을 버는 것이 아니라 사람을 얻는 행위에 초점을 두고 있다. 미래학자들은 인간을 사랑하는 진정성, 즉 인간 중심의 경제활동이 향후 부가가치를 창출하는 경제로 변화될 것으로 보고 있다. 블록체인 경제는 자본주의가 추구하는 목적으로부터 소비자인 참여자가 목적이 되는 인류 문명으로의 이동 가능성을 열어주고 있는 셈이다. 이런 가능성은 매년 증가하고 있는 블록체인 시장의 규모와 다양한 DApp 출현에 의한 비즈니스 생태계의 확산 및 암호화폐(코인)에 의한 금융 상품 확대 등에서 찾을 수 있다. 그렇다면 경제학 측면에서 블록체인 경제가 발전하게 될 가능성은 어디서 찾을 수 있을까?

첫째, 블록체인의 P2P 네트워크 구조는 경제의 기본 인프라를 제공한다. P2P(Peer-to-Peer)는 거래 블록으로 파일을 저장하고 공유할 수 있는 구조이다. 네트워크에 참여하는 노드(참여자)는 블록체인 정보를 가지고 있으며, 동일한 거래 내역이 분산 및 저장되어 관리되며, 거래가 이상 없음을 확인하는 분산 합의 제도가 적용되기 때문에 중개인이나 신용기관 없이도 안정적인 거래가 가능할 수 있는 경제를 말한다. 즉, 누구나 동시에 생산자이자 소비자("프로슈머")로서 중개인 없이 거래할 수 있는 경제 시스템을 의미한다. 최근의 기술적 발전으로 비용이 감소하고 편리성과 접근성이 증가하면서 이러한 형태의 거래가 훨씬 더 널리 보급될 것으로 전망한다. P2P구조는 거래의 투명성을 늘리고, 사기를 줄이고, 관리비를 절감하여 전반적인 운영 비용을 줄일 수 있는 장점도 지니고 있다.

따라서 블록체인 기술 기반의 암호화폐 적용은 글로벌 경제의 생태계 형성을 가능하게 한다. 암호화폐 거래소는 전 세계에 수천 개 이상 설립되어 비트코인, 이더리움, 리플 외 여러 유형의 알트코인들이 거래되고 있다. 블록체인 관련 기술의 성장에 따라 세계 블록체인 시장의 규모는 향후 5년 간 10배 이상 성장할 것으로 전망된다. 세계경제포럼에서는 2025년에 전 세계 총생산의 10%가 블록체인으로 저장될 것이라고 예측하였으며, 가트너의 보고서에 따르면 세계의 블록체인 관련 비즈니스 규모가 2022년 100억 달러, 2025년 1,760억 달러, 2030년 3조 1,600억 달러로 성장할 것으로 전망하였다. 이미 글로벌 경제 생태계가 구축되어 B2B, B2C 비즈니스 영역에서도 블록체인과 암호화폐가 작동되는 경제 시스템이 등장하고 있다.

둘째, 블록체인은 자체 자금 조달 능력을 가진 새로운 에코 시스템이다.

지금까지 기업은 주식을 공개할 때 IPO(Initial Public Offering)라는 제도에 의해 투자자들이 주식을 구매하여 참여하는 방법을 사용하여 왔다. 블록체인 경제에서는 초기 ICO(Initial Coin Offering) 또는 크라우드 펀딩 방식을 통해 해당 기업에 참여하고 있다. ICO 역사를 살펴보면, 처음 ICO 방식은 이더리움 개발자인 비탈릭 부테린이 백서를 공개하면서 비트코인을 받아 개발에 필요한 자금의 확보에서 출발한다. 이후 이더리움 블록체인을 기반으로 수많은 토큰이 나오고 있으며 플랫폼, 거래 지불, 게임, 거래소·교환, 상거래 등 다양한 비즈니스 영역에서 발행되고 있다.

[표 1-2] ICO vs IPO 비교 분석

구 분	ICO	IPO
발행대상	코인 또는 토큰	주식
수취	일반적으로 암호화폐로 자금 조달	현금으로 자금 조달
과정	재단에서 직접 자금 조달	증권사 개입 필요
투자자 보호	법적인 보호 없음	증권사, 거래소를 통한 초기 검증
특징	ICO 후 상장, 사업생태계구현 IPO에 비해 자금조달이 용이	IPO와 동시에 상장
공개범위 수익	전세계수익은 토큰가격 상승 및 차익	국내수익은 배당, 주식 매도시 차익

ICO를 통해 자금을 조달하는 방식은 최근보다 진화되고 있다. 제2세대 블록체인 시대에서 백서만 제시하고 투자금을 유치하는 ICO방식과는 달리 거래소와 ICO와 함께하는 자금 조달 방식으로 새롭게 부상하고 있는 IEO(Initial Exchange Offering)의 진행이 바로 그것이다. IEO는 MVP(Minimum

Visble Product)를 개발한 후 자금을 유치하기 때문에 최소한의 개발 자금만 확보한 후 거래소 상장 전에 Private Sale을 통해 자금을 확보하는 방식이다. 그 이후 암호화폐 거래소에 상장을 통해 공시를 하고 추가적인 소요 자금을 유치하는 방법이다. 이 방식은 투자자 입장에서는 IEO 기업이 비즈니스 생태계의 완성을 위해 어느 정도 필요한 기술, 인력, 조직체계 등을 가지고 있는지 여부를 검증할 수 있다. 따라서 블록체인 기업들은 ICO보다 투자에 대한 불안감이 줄어들 수 있는 IEO 방식을 투자 유치 방식으로 채택하는 경우가 증가하고 있다.

STO(Security Token Offering)는 토큰을 발행하는 기업 자산에 대한 소유권을 의미한다. 자산은 현물로서 증권, 다이아몬드, 금·은, 부동산, 그림 등 다양하다. 이들 현물을 토큰으로 만들어 크라우드 펀딩을 만드는 방식으로 국내에서도 그 사례가 있다. 주식과 비슷한 개념으로 ICO를 통해 얻는 토큰은 유틸리티 토큰이 대부분이지만 STO로 얻는 토큰은 토큰 발행 기업의 이윤 일부를 배당받거나 경영권 일부를 소유할 수도 있다. 또한 큰 금액의 현물 자산을 구매할 수 없는 소비자도 작은 금액으로 가치 있는 현물 자산을 토큰으로 구매할 수 있다. STO는 아직 초기시장이지만 블록체인 경제가 발전하게 되면 이 분야의 수요와 비즈니스 모델도 증가할 것으로 예측된다.

셋째, 암호화폐는 자산, 화폐, 금융상품으로 사용될 수 있다. 비트코인을 자산으로 인정한 판례가 영국, 국내, 미국 및 유럽 지역에서 찾아볼 수 있으며, 2021년 엘살바도르가 세계 최초로 비트코인을 자국의 법정화폐로 공식 발표하였다. 세계 최대 증권거래소 그룹의 자회사인 백트(Bakkt)는 암호화폐을 디지털 자산으로 인정하고 있다 백트앱 이용자들이 IOS용 스타벅스 앱에서 비트코인으로 커피값을 결제할 수 있다. 테슬라도 비트코인 결재를 시작했고 페이팔도 자사지갑에 보유한 암호화폐를 통해 상품결재를 할 수 있다. 금을 대표적인 자산으로 거래해 온 것과 같이 블록체인 기술과 암호화폐가 결합된 서비스 모델에서도 참여자들의 네크워크화로 인해 서비스 가치가 증가하면 암호화폐 코인의 가치가 오르는 비즈니스 서비스가 증가할 것으로 본다.

지금까지 블록체인이 경제로 발돋움할 수 있는 현상을 경제학 측면에서 알아보았다. 여기에 가세하고 있는 다음과 같은 변화는 블록체인 경제의 확산을 부추기고 있다.

중국의 글로벌 디지털 자산 금융 서비스 업체인 후오비는 2019년 이후로 블록체인 분야의 5대 트렌드로서 아래와 같은 변화가 일어나고 있다고 언급하였다.

- 증권형 토큰(STO) 발생의 확산
- 포트폴리오의 다변화를 위한 기관 투자자들의 유입
- 기업의 블록체인 적용 및 활용 확산
- 법정통화와 유사한 가치를 지닌 스테이블 코인의 발행증가
- 확장 솔루션 확보 - 비트코인 라이트닝 네트워크 등 다양한 솔루션 개발

블록체인은 P2P 네트워크에서 노드들 간에 암호화된 거래 정보를 공유함으로써 정보 보안 및 투명성을 개선함으로써 외부로부터의 위협과 해킹 차단이 용이하며 거래의 신뢰를 보다 강화할 수 있는 여건이 가능하다. 그로인해 금융, 비금융권 등의 다양한 비즈니스 분야에서 DApp에 대한 수요가

증가하고 있으며, 토큰 경제의 새로운 개념을 만들어 토큰 경제 기반의 비즈니스 생태계가 구축되고 있다. 블록체인은 향후 토큰 경제 수립을 위한 새로운 프로토콜을 가능하게 하는 핵심기술이 될 것으로 예상되며, 이는 새로운 경제 패러다임으로 이어질 것이다.

블록체인의 특징 및 핵심 기술

21세기에서 가장 두드러진 현상으로는 정보·통신 분야의 첨단기술 발전, 인터넷 경제의 가속화, 글로벌 시장경제의 확대 등을 들 수 있다. 기술혁신은 급격한 경제 변화를 일으킬 수 있는 힘을 지니고 있는 동인(enabler)으로 작동하고 있다. 디지털 경제를 창출해낸 인터넷은 다양한 산업 영역에서 여러 유형의 플랫폼 경제라는 비즈니스 생태계를 이끌어 왔다. 블록체인과 암호화폐가 등장한 이후 국내의 경우 암호화폐를 자산으로 인정하지 않고 부정적으로 인식하는 경우가 많다. 따라서 국내에서 적용되는 블록체인 기술은 앙꼬없는 진빵이 되는 경우가 있으며 블록체인 기술 발전에서도 글로벌 역량을 발휘하는 데 한계가 있다. "블록체인 기술의 활용도가 넓어지고, 필요성이 높아지고 있어 정부 차원에서도 연구개발(R&D)과 시범사업, 시장수요 등을 연계하여 블록체인 산업정책을 마련"하고 있지만 글로벌 기업에 비해 핵심 역량의 확보는 미진한 상황이다.

그러나 블록체인과 비트코인의 등장은 현재의 경제적 구조를 예사롭지 않은 형태로 전환하려는 시도가 시장에서 자주 목격되고 있는 것도 사실이다. 금융권과 비금융권의 다양한 산업에 걸쳐 수많은 글로벌 기업들이 블록체인의 철학과 기술을 연구하고 적용 중이며 그들만의 특화된 비즈니스 생태계를 형성하려고 한다. 예를 들어 호주와 일본, 엘살바도르가 비트코인을 화폐로 취급하기 시작하였으며 EU는 분산원장 기술 지원을 위한 노력을 확대 중이다. 20개 이상의 미국 주정부가 분산원장 기술과 관련한 법안을 통과시킴에 따라 다양한 산업 분야에서 블록체인의 도입에 탄력을 얻게 될 것이다.

ⓑ 블록체인 개념

IBM에 따르면, "블록체인은 비즈니스 네트워크의 참여자들이 가지고 있는 자산(디지털자산, 유·무형 자산)을 스마트 컨트랙트를 기반으로 참여자들의 거래를 투명하게 공유하는 기술이다"라고 정의하였다. ETRI의 미래전략연구소에서는 "블록체인은 거래정보를 기록한 원장(ledger)을 모든 구성원(node)들이 각자 분산 보관하고, 새로운 거래가 발생할 때마다 암호 방식으로 장부를 똑같이 업데이트함으로써 개념적으로는 익명성과 보안성이 강력한 디지털 공공장부 또는 분산원장"이라고 정의하고 있다. 맥킨지는 "블록체인은 속도, 보안성, 투명성, 편의성과 비용 측면에서 장점이 있으며, 결제, 금융자산 이전, 스마트 계약, 소유권 분할 및 공증 서비스와 같은 서비스에도 매우 적합할 것"이라고 하였다. 또한 딜로이트 보고서에 의하면 "블록체인의 특성은 신뢰성과 가용성, 투명성, 변경 및 취소 불가능성으로 설명되며 모든 문서는 코드로 작성된 디지털로 요약할 수 있다"고 풀이했다.

ⓑ 블록체인의 특징

블록체인에 대한 개념 정의는 조금씩 차이가 있으나 공통점은 아래와 같

[그림 1-8] 블록체인 개념도

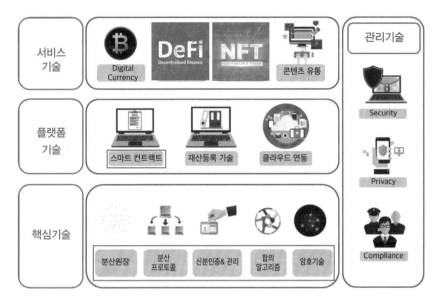

출처: TTA, ICT Standardization Strategy Map 참조

이 기술적인 특성으로 인해 거래와 계약에서의 신뢰의 문제를 해결함으로써 유·무형 자산뿐 아니라 디지털화 자산의 거래와 추적 관리를 촉진하여 경제적 기회를 확대하는 범용 기술(general purpose technology)로 정의할 수 있다. 가트너에 따르면 블록체인은 2030년까지 전 세계적으로 3조 1천억 달러의 새로운 비즈니스 가치를 창출할 것으로 예상되며, 기본 기술에는 암호화, 분산 컴퓨팅, P2P 네트워킹 및 메시징 등이 포함된다고 하였다.

또한 블록체인 토탈 솔루션은 배포, 암호화, 불변성, 토큰화 및 탈중앙화의 다섯 가지 요소를 모두 사용하여 블록체인의 완전한 가치 제안을 제공한다고 언급하였다. 블록체인의 가치 창출에 제시된 5가지 기술은 암호화 기술로서 위변조가 불가능하므로 신뢰성을 강화시키고, 탈중앙화 구조로 외부의 위협이 불가능하도록 보안성을 높이며 제2의 인터넷 기반 기술로서 다양한 용도로 그 활용 가능성이 확대될 것으로 기대된다. 즉 탈중개성(P2P 기반), 투명성(Transparent), 신속성(Instantaneous), 가용성 및 위변조 방지 등에 탁월한 구조와 보안성을 갖추고 있다. 이것은 블록체인 플랫폼에서 거래의 신뢰성과 투명성을 보장해 주는 핵심요소가 되고 있다. 블록체인과 암호화폐가 비즈니스에 적용될 수 있는 핵심 기술과 그에 따른 가치를 정리하면 아래와 같다.

[표 1-3] 블록체인 핵심 기술과 가치

핵심기술 영역	주요 내용	가치 영역
Shared Ledger (분산원장)	– 비즈니스 네트워크내에서 모든 거래가 기록. 공유됨	투명성, 신뢰성, 가용성 보장
Smart Contract (계약)	– 비즈니스 규칙과 로직이 포함되어 거래조건이 만족되면 거래(트랜잭션)가 실행됨	거래규칙, 거래조건포함
Consensus (합의알고리즘)	– 비즈니스 네트워크 참여자들의 검증된 트랜잭션에 대한 동의가 필요함	거래검증, 거래합의
Privacy & Security (개인정보보안)	– 원장은 공유되나 참여자 개인정보는 암호화되어 보호됨	거래정보 보안

3. 왜 블록체인을 경제 관점에서 바라보는가?

시장에서 공급자(판매자)와 소비자 간의 상거래가 형성되려면 무엇보다 상품과 서비스에 대한 믿음과 지불 및 유통 과정에서 사용하는 화폐에 대한 신뢰가 바탕이 되어야 한다. 일반적으로 소비자는 온라인 플랫폼에서 자신이 원하는 물건과 요구사항을 얻기를 원한다. 시장에서 공급자와 소비자 간에 경제활동에 대한 신뢰 영역을 블록체인 기술로 대체할 수 있다면 그것은 하나의 경제 시스템으로 작동될 수 있다는 의미와 같다. 박종현 교수는 '경제와 사회에 미칠 영향력이라는 측면에서, 비트코인보다는 그 핵심 기술인 블록체인의 가능성이 더 크다'라고 블록체인의 새로운 경제 가능성을 예고하였다.

다음은 블록체인을 기술적인 측면과 경제학적인 측면에서 살펴보고자 한다.

ICT 기술로서의 블록체인

새로운 신기술이 등장할 때는 언제나 그래 왔듯이 우리는 자기 관점에서 신기술을 정의하고 우려의 목소리와 함께 비판하곤 한다. 우리는 새로운 사안에 대해 긍정적인 면과 부정적인 면에 대해 서로 다른 의견을 주장하는 경향이 있다. 신기술의 등장은 단순한 기술에 그치는 것이 아니라 새로운 패러다임에 의해 출현하게 될 혁신을 포함하고 있다. 기존의 가치 판단 기준으로 신기술을 바라볼 경우 지금까지 경험하지 못한 영역이 존재하기 때문에 혼돈의 시기를 거치는 것은 일반적인 현상이다. 블록체인도 예외는 아니다. 블록체인의 등장 초기에는 특정인만 해당 기술을 이해할 수 있었다. 이후 시장에 이 기술이 적용되면서 우리는 적극적인 관심을 갖게 되었고 한편에서는 사기성 기술로 오해하는 이도 많았다. 잠시 등장하다가 사라질 가치 없는 기술이라고 주장하기도 하였다. 그러나 블록체인과 암호화폐에 대한 더 많은 부분을 이해하게 되면서 보다 나은 시장 거래를 합리적으로 적용할 수 있는 가능성을 발견할 수 있었던 것이다.

신기술이 등장할 무렵인 초기 시점에서는 이처럼 새로운 기술인 블록체인이 지니고 있는 사상과 암호화폐가 시장경제에서 서로 어떤 역할을 제공하고 있는지 또는 사회-경제 영역에 어떤 변화를 줄 수 있는지에 대해 정확히 이해하지 못하기 때문에 우리의 시각으로 판단할 수밖에 없다. 일반적으로 사람들은 기술과 삶에 대해 경험한 크기만큼, 알고 있는 지식의 범위만큼, 그리고 창의적인 생각에 몰두하려는 의지만큼 어떤 사안에 대해 자기 눈높이에서 바라보고 판단하게 된다. 이제 우리는 블록체인이 왜 경제의 새로운 모델이 될 수 있는지, 기존의 디지털 경제체제를 어떻게 강화하고 개선해 줄 것인지에 대해 관심을 가질 필요가 있다. 블록체인을 단순히 IT 기술의 범위에서 벗어나 새로운 패러다임을 만드는 특성이 무엇인가를 관찰해 보면 자기도 모르게 창업 아이템을 발견할 수도 있고, 새로운 직업군에 대한 관심과 연구가 가능할 뿐 아니라 부의 이동을 꿈꿀 수도 있을 것이다.

다음은 ICT 기술 관점에서 블록체인이 경제 제도를 확립하는 데 어떠한 역할을 수행하는지를 알아보려고 한다. 일반적으로 사람들은 블록체인을 ICT 기술로 인식하고 있다. 위에서 언급한 바와 같이 그것의 핵심 기술은 바로 아래 3가지로 정리할 수 있다. 이 기술은 단순한 기술이 아닌 경제 시스템이 유효하게 작동하도록 적극적으로 돕는 기술이다.

• 분산기록 및 저장기술

- 암호화 기술
- 합의 알고리즘 기술

첫째, 블록체인이 지닌 강력한 힘은 바로 신뢰성과 투명성이다. 분산 기록과 저장기술은 바로 이점을 뒷받침하고 있다. 일정한 거래 내역을 블록 단위로 저장하고 다수 참여자가 컴퓨터에 동일 데이터를 복사해 분산 저장하기 때문에 원본과 사본의 구분이 의미가 없다. 인터넷 기반의 웹시스템은 원본과 사본이 구분되어 있다. 대부분 사본이 인터넷 상에 존재하고 있기 때문에 가짜 정보인지 진짜 정보인지 여부를 판단하기 쉽지 않다. 그러나 블록체인의 분산, 저장 기술은 분산 환경에서 거래와 서비스 내용을 참여자 모두에게 원본을 저장하기 때문에 가짜 정보가 들어올 수도, 조작할 수도 없는 구조를 가지고 있다.

둘째, 보안 강화를 위해 사용자 인증과 암호화 기술이 적용된다. 데이터 구조(data structure)는 연결 리스트(linked list), 포인터(pointer) 및 해시 포인터(Hash Pointer)로 구성되어 있다. 머클트리(Merkle tree) 구조를 가지고 있어서 데이터의 값은 변경 불가능(immutable)하다는 특징이 있다. 암호기술은 해싱(hashing), 전자 서명(digital signature), 작업 증명(POW, Proof of Work), 영지식 증명(zero-knowledge proof) 등의 기법을 적용하고 있는데, 이 기술은 블록체인 경제을 구현하는 데 있어 데이터의 무결성과 보안 유지에 중요하게 적용된다.

셋째, 탈중앙화된 블록체인은 분산으로 거래 내역이 저장된다. 해당 거래가 제대로 작동되는지 '거래의 유효성'을 판단하기 위해 블록체인에서는 합의하는 기술이 필요하다. 합의 알고리즘은 경제 메커니즘에 대한 기본 규칙을 규정한 후, 그 규칙을 따르는 메커니즘으로 정의할 수 있다. 즉, 정해진 절차에 따라 경제활동이 이루어지도록 하는 기술이다. 블록체인 네크워크는 시스템 작동 방식을 결정하는 기본 규칙(프로토콜)을 위해 구축된다. 따라서 모든 참여자들이 기본 규칙(프로토콜)을 따라야 하는데 합의 알고리즘이 이것을 가능하게 만든다. 합의 알고리즘 기술은 경제활동의 기본 규칙을 준수하고 점검하는 역할을 수행한다고 볼 수 있다. 모든 거래 정보(트랜잭션)가 신뢰할 수 있는 방식으로 처리되고 있음을 보장하는 역할로서 P2P 분산 환경에서 참여자들의 합의와 검증을 위해 이 기술이 적용되고 있는 것이다.

제도적 기술로서의 블록체인

❸ 제도적 기술이란?

블록체인에서 제도적 기술이란 플랫폼에 참여하는 참여자들의 합의에 의한 검증 체계 및 승인 과정을 의미한 것으로 광의적 관점에서는 거버넌스 체계이다. 이것은 경제주체들간의 경제적인 행위 또는 거래를 위해 세부적인 정책·규정·법칙 등을 다루는 영역이다. 블록체인 네트워크 상의 참여자는 토큰(token)과 특권(privilege) 또는 보상(reward)과 처벌(punishment)이라는 2가지의 인센티브(incentive) 구조에 의해 행동한다. 인센티브 구조에 흔히 게임이론을 적용할 수 있기 때문에 참여자 입장에서는 수요와 공급 예측이 가능하고 참여자 모두가 경제 시스템이 어떻게 작동하는지 그 방식을 이해할 수 있다. 따라서 지금 적용되고 있는 경제 메커니즘과는 다른 새로운 경제 모델 설계가 가능하다.

제도적 기술은 사회적으로 인간 상호 작용을 형성하기 위해 인간이 고안해 온 규약이라고 정의되고 있다. 블록체인 네트워크 내에서 제도의 의미는 경제 시스템이 안정되고 원활히 작동될 수 있도록 하는 거버넌스 또는 전제 사항이다. 이 부분은 자본주의 시장에서 매우 중요한 영역이다. 그렇다면 자본시장에서는 왜 제도가 필요했을까? 상호 거래하는 이들 간에 신뢰와 합리적인 판단에 의해 상품 교환 및 거래가 발생할 수 있는데 굳이 사회 규약처럼 제도가 필요한 이유는 무엇일까? 그 해답을 정리해 보면 다음과 같다.

- 시장 내 협력사 간의 신뢰를 제공하고
- 재산권과 계약 시행을 보호하고
- 경제를 보다 확장하기 위해서 필요하게 되었다.

　자본주의 시장에서는 중개인이 위와 같은 거래에 대해 신뢰를 보장하고, 계약 상의 인증과 생태계 확산을 위해 대부분의 역할을 담당하고 있다. 또한, 그들은 상거래 과정에서 신뢰를 확보하기 위해 규약과 제도를 만들어 준수하도록 강요하거나 안내한다. 반면 블록체인은 이 부분을 블록체인 기술과 암호화폐를 보상 수단으로 하고 컴퓨터라는 시스템을 통해 자동화시켰다. 중개인 중심의 경제 메커니즘 작동에서 탈중앙화된 블록체인 스스로 경제 시스템을 작동하면서 신뢰를 보장하는 환경을 마련한 것이다. 다시 말해, 자본시장에서 요구하는 기본 원칙들이 블록체인 내부에 설계되어 자동화된 시스템을 통해 실행할 수 있다. 블록체인 온라인 플랫폼 안에서는 경제주체들간의 거래가 발생할 경우, 암호기술에 의해 경제활동이 보장받게 된다. 이 점이 거래 주체인 상호 간의 협의와 검증에 대한 보증을 가능하게 함으로써 신뢰와 투명한 시장경제를 만들 수 있는 기초가 될 것이다.

린딘대학교 경세학자인 Paolo 교수는 블록체인이 진정한 공유경제를 실현할 수 있는 동인(enabler)으로 보고 있다. 그는 블록체인의 제도적 기술을 다음과 같이 설명하고 있다.

- 자본주의 시장의 기초
- 기술의 사회적 메가 트렌드(Mega Socio-Techno Trends)
- 새로운 경제 패러다임의 출현
- 블록 체인은 진정한 공유 경제를 가능하게 만드는 촉매제

❸ 신뢰 메커니즘과 블록체인 기술

2016년 11월 6일자 이코노미스트는 '신뢰장치: 비트코인 기술이 세계를 어떻게 변화시킬 수 있는가?'를 표지 기사로 실었다. 이 기사에서는 "블록체인이 확신을 주는 거대한 체인"으로 소개되고 있다. 시장에서 경제활동을 하는 데 있어서 가장 중요한 요소가 상호 간의 신뢰이다. 거래가 성사되는 것, 계약을 체결하는 것, 상품 구매를 위해 사전 상품의 품질을 믿고 선지불한 후 물건을 받는 것 등, 이 모든 행위는 시장에서의 신뢰가 바탕이 되었을 때 가능하기 때문이다. 신뢰는 모든 유형의 상거래에서 중요하기 때문에 암호화폐 그 자체보다 블록체인 기술이 더 중요함을 강조하고 있는 것이다.

지금까지 경제주체들이 시장에서 경제활동을 하는 과정에서 가장 많은 시간과 비용이 소요되는 영역은 거래비용과 거래 단계마다 신뢰를 입증하기 위한 검증 절차였다. 이를 위해 계약서를 발행하고 승인 절차를 거치면서 주문한 상품의 품질이 정확한지, 주문에 대해 지불한 금액이 제대로 판매자에게 입금되고 있는지, 소비자의 니즈에 맞는 서비스가 제공되고 있는지

에 대한 신뢰를 끊임없이 요구하고 있다. 온라인 플랫폼 비즈니스가 성장하면서 시장은 공급자와 소비자의 상호작용이 이루어지는 양면시장이 대세를 이루고 있다. 양면시장은 온라인 플랫폼이라는 장터에 공급자와 소비자가 만나 거래 활동이 이루어지는 곳이다. 이 시장은 중재자(기업 또는 기관. 중개인 등)가 이들 간의 거래 정보를 관리하고 운영하는 특성을 지니고 있다. 플랫폼 중심의 양면시장에서 거래에 대한 신뢰 보장은 중재자가 역할을 담당해 온 것이다.

이제 암호화폐를 포함한 블록체인 경제에서 경제활동은 상호간 거래에 대한 신뢰와 지불(입금)에 대한 신뢰로 가능해진다. P2P 구조의 탈중앙화된 블록체인의 합의 알고리즘과 암호화 기술 그리고 프로그래밍이 가능한 스마트 컨트랙트가 이러한 신뢰 보장의 역할을 담당한다. 블록체인 기술에 의해 자동화된 시스템은 자본주의 병폐 중의 하나인 불신, 사기, 부정행위 등을 예방할 수 있으므로 신뢰사회를 앞당기는 계기가 될 것이다. 또한, 이것은 거래에 있어서 커다란 혁명을 이끌 것으로 전망한다.

3 | 장

암호화폐와
블록체인 경제

1. 화폐의 진화

화폐의 역사

인류사에서 화폐의 발명은 가장 중요한 사건 중의 하나이다. 부(富)를 원한다면 "화폐의 역사를 이해하라"는 주장이 있다. 화폐는 세계 경제와 인류발전의 근원이 되었다. 화폐를 통해 분업, 교환, 협력이 이루어져 왔고 문명이 발전해 왔다. 화폐의 발명은 특정 시대를 반영하면서 지속적으로 변화되어 왔으며 세상과 인류 문화의 변화와 함께 변천해 온 것이다. 화폐가 갖는 대표적 기능은 '교환 매개, 가치 척도, 가치 저장' 등이다. 상업과 교역이 발달하고 상품의 종류가 많아지자 교환 매개 기능 못지않게 가치 척도 기능이 중요해지면서 화폐의 진화가 일어났으며, IT 기술의 발전은 신용카드, 전자화폐, 암호화폐 등을 발명하기에 이르렀다. 인류의 역사에서 화폐는 어떻게 진화되어 왔는가?

BC 16세기에는 부의 획득을 위해 정복 전쟁이 자주 발생하였는데 이때 사용된 화폐는 '실물 화폐'였다. 실물 화폐로는 구석기·신석기·청동기 시대 등 문명의 발전에 따라 화살촉, 광석, 조개껍데기, 쌀, 보리, 비단 등 다양한 화폐들이 사용되어 왔다. 그 당시 화폐는 주로 물물과 서비스를 교환하기 위한 목적으로 사용되었는데 휴대하거나 저장하기에는 매우 불편하였다. 고대 한국에서는 주로 곡물, 비단 등 물품 화폐가 주요 경제재의 교환 수단으로 사용되었다.

BC 6세기부터 상업과 교역의 발달로 상품의 종류가 다양해지고, 거래가 복잡해짐에 따라 실물 교환 기능에 '가치 척도' 기능이 필요하게 되면서 금속화폐, 주조화폐, 지표 등이 사용되었다. 금속화폐(금, 은)는 가치 척도의 기준으로 사용되었으며, 특히 은화는 큰 거래에서 주로 사용되면서 금화, 은화, 동화 등 금속화폐가 발달하게 되었다. 그러나 교역 화폐의 발행에 한계를 느끼게 되면서 지폐가 만들어지게 된다. 지폐는 원료나 원가의 면에서 많은 이점이 있었으나, 발행이 쉬워 인플레이션의 발생 우려가 있었고 이는 국가의 약체화로 이어지기도 했다.

1971년 닉슨 쇼크로 미국은 금과 지폐와의 관계를 끊었다. 그 후 '신뢰'를 토대로 한 지금의 달러가 탄생하였는데, 이른바 신용화폐라는 화폐혁명이 일어난 것이다. 신용화폐(credit money)는 수표나 어음 등의 거래자 상호 신용으로 유통되었다. 지금은 신용카드와 모바일페이 등을 사용하는 세상이 되었다. 하지만 신뢰를 기반으로 했던 화폐가 정부나 중앙은행에 의해 남발되면서 인플레이션을 불러와 국민들이 소유한 화폐의 가치 저장 기능을 빼앗아가곤 했다.

디지털 전자·암호화폐

20세기 후반부터 컴퓨터 기술의 발달로 인해 지금까지 IC카드, 인터넷 캐시(cyber cash), E-캐시, 삼성페이, 페이팔, 네이버페이, 체크카드 등 다양한 종류의 전자화폐가 통용되고 있다. 전자금융거래법에 의하면, 전자화폐는 현금 또는 예금과 동일한 가치로 교환되어 발행한다고 한다. 즉 거래금액이 0과 1인 디지털로 처리되고 법적으로 인정하고 있는 화폐로 현금과 같다.

전자화폐는 1951년 미국 뉴욕에서 프랭크 맥나마라 등이 설립한 '다이너스 클럽'의 신용카드가 사용되면서, 현금을 항상 휴대할 필요 없이 소액 및 고액 결제가 가능한 전자화폐 시대가 열리게 되었다. 특히 고액 결제의 경우, 소지·보관 및 휴대의 어려움이 없이 결제가 가능한 환경이다. 그러나 전자화폐의 발행 주체가 은행, 카드회사, 전자금융업자 등으로 중개인이 신뢰를 보장하는 역할을 담당하고 있다. 이와 함께 카드 분실, 카드 번호 누출 및 높은 거래 수수료 등의 부담도 크다.

최초의 암호화폐는 이캐시(E-cash)로 '암호학의 아버지' 데이비드 차움이 만들었다. 디지캐시(Digicash)회사를 통해 1995년부터 1998년까지 한 미국은행에서 소액 결제 시스템으로 사용되었으나 상거래가 번창했음에도 불구하고 신용카드로 인해 결국 사라지게 되었다.

그후 2008년 10월 31일에 공개된 논문 'Bitcoin: A Peer-to-Peer

Electronic Cash System'을 바탕으로 2009년 1월 3일에 첫 블록이 만들어지면서 암호화폐 또는 가상화폐라는 용어로 새로운 디지털 암호화폐(Cryptocurrency)인 비트코인이 등장하였다. 비트코인으로 촉발된 암호화폐 시장은 기존의 E-cash와 전자화폐와는 특성에 차이가 있으며, 무엇보다 공간 지향이 아닌 가치 지향적 암호화 화폐가 탄생한 것이다.

디지털 암호화폐(Cryptocurrency)는 가치가 고정되어 있지 않으며 DEX(Decentralized Exchange) 환경과 중앙화된 거래소에서 거래가 이루어진다. 디지털로 통용되고 있는 전자화폐의 위험 요인은 중앙집중화 이슈와 데이터 위변조, 해킹, 개인정보 유출 등으로 인한 보안성 문제에 있다. 그러나 암호화폐는 암호화 기술과 탈중앙 구조에서 거래에 대한 합의와 검증에 의해 보안성을 더욱 높여 주기에 전자화폐보다 안전성에서 우수하다. 뿐만 아니라 달러의 그늘에서 태동했던 암호화폐는 패권을 추구하지 않고 분권을 지향하며 자유와 창의가 그 가치를 제공한다는 것이다.

인류의 진화 과정과 더불어 화폐혁명이 일어났듯이 암호화폐는 '가치 지향적 디지털 암호화폐'로서 인류 역사상 경제 패러다임을 획기적으로 변화시키는 화폐혁명이다. 즉 디지털 화폐이므로 컴퓨터 데이터로 존재하면서 발행 또는 거래 승인 시에 암호화 기술이 적용되고 신뢰를 위한 비용이 필요하지 않으며, 기관과 관리도 필요없이 사용하는 모두가 주인이 될 수 있는 화폐로 진화할 것이다.

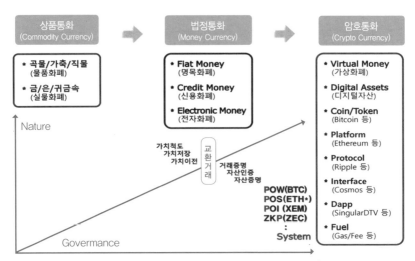

[그림 1-9] 화폐의 진화 과정

출처 : 임용환, 블록체인 기술과 경제, ETRI, 2020년 4월

2. 암호학과 ICT 융합의 경제

하버드 비즈니스 리뷰에 의하면, "블록체인은 경제학의 기본 이론을 반영할 수 있는 새로운 경제 및 사회 시스템을 창출할 잠재력을 지니고 있다"고 하였다. 김종승 교수는 "블록체인 경제학은 오히려 새로운 종류의 플랫폼과 애플리케이션을 기획할 때, 암호학 도구와 경제적 디자인 모델을 활용해 새로운 네트워크의 경제 시스템을 설계하는 실용 학문이다" 라고 정의하였다. 암호경제가 기반 기술인 암호 기술과 학문적인 융합 영역에 대해 보다 구체적으로 알아보자.

암호화 기술

암호는 BC 3000년 전부터 다른 문자를 치환하거나 위치 변환 등으로 사용되었다. 근대 암호는 컴퓨터 기술의 발달로 수학적 암호로 정교하게 사용되어 왔으며 비트코인 암호화폐의 주요 기술은 30년 전 개발한 E-cash에서 유래하고 있다. 데이비드 차움이 만든 E-cash는 미국 은행에서 한동안 소액결제 시스템으로 사용되었다. 차움은 1982년 한 신문에 익명의 전자화폐 관련 아이디어를 실었다. RSA(Rivest Shamir Adleman)는 퍼블릭 키와 프라이빗 키를 세트로 만들어서 암호화와 복호화를 하는 인터넷 암호화 및 인증 시스템인데, 그것의 블라인드 서명은 인출과 송금의 거래를 해결했다. 1990년 차움은 Moni Naor와 함께 첫 번째 블라인드 서명을 기반으로 한 오프라인 이캐시 시스템을 제안했다.

블록체인 상의 암호화 기술은 2가지 기법을 사용한다. 첫째, 전자서명 기술이 사용된다. 암호화폐를 주고받으려면 은행에서 계좌이체와 비슷한 절차로 화폐의 지불 승인을 위한 전자서명 기술이 필요하다. 디지털 문서의 인증과 부인 방지를 목적으로 공개키 암호화 기술을 사용한다. 비트코인을 주고받을 때는 전자서명(digital signature)이라는 공개키 기반의 암호기술을 이용하여 자신의 개인키(private key)로 본인 인증이 가능하도록 하였다. 여기에서 사용되는 공개키는 타인으로 부터 코인을 전송받을 때의 수취인의 지갑 주소이며 개인키는 내 지갑에 담김 내용물(암호화폐 또는 콘텐츠)를 열 수 있는 (복호화)열쇠이다.

둘째, 해시(hash) 암호기술을 사용한다. 거래 내역을 블록화하여 분산 저장하는 분산 장부 기술로 거래의 블록을 생성할 때, 해시는 해당 블록에 포함된 데이터와 이전 블록의 해시를 기반으로 생성된다. 이러한 해시 식별자는 블록체인 보안과 불변성을 유지하는 데 중요한 역할을 수행한다. 여기서 해시는 해시함수를 의미하는데 다양한 길이의 문장을 입력값으로 제공하더라도 함수의 출력값은 항상 일정한 길이를 갖는 일방향 함수이다. 해시함수는 암호화폐 거래 내역이 기록된 블록에 적용되고 블록체인을 연결하는 과정에서 프로토콜로 정의하고 있다. 예를 들어 비트코인의 경우, SHA-256 암호 해시 알고리즘을 사용하여 '작업(work)'증명을 한다. 일방향 해시 암호 알고리즘으로 비트코인이 작동하는 것을 알 수 있다.

블록체인에서 사용되는 암호기술의 역할은 3가지로 요약해 볼 수 있다.

- 디지털화폐의 지불과 교환에 필요한 전자서명 기술
- 거래내역과 블록의 무결성을 유지
- 그밖의 외부 침입자로부터 위험을 예방하기 위한 플랫폼 보안관리

학문 간 융합의 산물

블록체인 기술과 암호화폐는 수학, 과학, 소프트웨어 공학 등의 원리를 경제학 분야에 도입하여 디지털 암호화폐 시스템을 만들었다. 블록체인 생태계를 구축한다는 것은 암호학과 경제적 디자인 모델을 활용하여 새로운 네트워크의 경제 시스템을 설계하는 매우 복잡한 단계를 거치게 된다. 그래서 블록체인을 암호학과 경제학 그리고 소프트웨어가 융합된 산물이라고 한다. 블록체인은 사회과학 이슈를 다루는 영역으로 '통화정책, 미시경제학, 게임

이론, 행동경제학, 분배정책'뿐 아니라 이것을 암호학과 소프트웨어 공학 이론을 기반으로 구현하는 융합 학문이다.

전통적인 미시경제학과 거시경제학에서 다루고 있는 화폐이론, 투자이론, 재정정책이론 등으로 암호자산 시장을 분석하고자 하는 학문도 아니므로 무분별한 화폐 발행을 다루지도 않는다. 암호화폐는 거버넌스 체계 수립 후 사전 디자인된 코인 발행 정책을 적용하여 컴퓨터 시스템을 통해 자동으로 발행된다. 디지털 화폐인 암호화폐가 발행될 경우, 참여자들 간의 합의를 이루는 수고에 대한 인센티브에는 게임이론과 행동경제학이 적용되기도 한다. 그외의 보상 시스템은 코인의 분배정책에 의해 경제 시스템을 재구성할 수 있다.

블록체인 기반으로 구축된 경제 메커니즘은 게임이론과 관련된 모델을 적용한다. 게임이론은 '합리적인 의사 결정자들 사이에서 벌어지는 분쟁과 협동을 수학적 모델로 연구하는 분야'이다.

사토시의 비트코인 블록체인은 '비잔틴 장군 문제'라는 게임이론에 근간을 두고 있다. 사전에 정해진 규칙과 보상이 있는 상황에서 이성적인 행위자들에 대한 의사 결정을 수학적으로 모형화하는 연구 분야와 관련이 있다. 비잔틴 장군은 공격작전을 거짓으로 알리는 소수의 비윤리적 장군들의 행위를 막는 것을 여러 장군들의 합의를 통해 문제를 해결하려는 역사적 사건이다. 이 부분을 블록체인 플랫폼 상의 거래에서 요구하는 신뢰를 검증하는 부분에 적용시켰다. 하나의 거래를 검증하고 그 유효성의 확보를 위해 검증 시간을 제한하며 완전한 거래 성사를 위해 참여자들의 합의를 이끌어 내기 위한 보상이라는 개념을 적용한 것이다. 이것이 바로 게임이론의 적용이다.

우현 아톰릭스컨설팅 대표는 "블록체인을 이루는 학문적 기반은 암호경제학이다"라고 주장하였다. 앞서 언급했듯이 현재 암호경제학은 아직 초기적인 단계로 오히려 새로운 종류의 플랫폼과 애플리케이션을 기획할 때, 암호학 도구와 경제적 디자인 모델을 활용해 새로운 경제 시스템을 설계하는 실용 학문이라 할 수 있다. 블록체인 전문기업 L4의 공동 설립자 중 한 명인 조쉬 스타크(Josh Stark)는 "암호경제학이란 경제적 메커니즘을 사용해 분산 시스템을 만들기 위한 응용과학"이라고 주장하였다. 이때 분산 시스템의 주요한 속성들은 재무적 인센티브에 의해 보장받고, 경제적 메커니즘은 암호학에 의해 보장받는다고 하였다.

블록체인에서 소프트웨어 공학은 경제학과 암호학이 제시한 개념과 이론을 제대로 작동시키도록 지원하는 해결 수단이다. 이 기술(enabler)은 블록체인의 뼈대를 형성하고 설계한 경제 시스템이 원활하게 실행되도록 프로그래밍을 통해 자동화시키는 역할을 담당한다. P2P 네트워크 거래를 위해 사용자 등록, 계좌 개설, 거래 트랜잭션, 분산원장 저장, 합의 알고리즘 작동, 거래 데이터 암호화, 디지털 암호화폐 발행, 거래 플랫폼 개발, 성능 확보, 확장성 확보 등 모든 일련의 활동들은 프로그래밍을 통해 개발된다. 프로그래밍한다는 것은 소프트웨어 공학의 원리가 반드시 뒷받침되어야 하며, 블록체인 프로젝트는 블록체인 기술 적용의 특성을 고려한 구축 방법론을 준비하여 프로그램을 개발하고 하드웨어, 네트워크 및 외부 시스템과의 연계 등의 융합 과정을 거쳐 구축된다.

개발자의 등급이 낮은 경우에는 블록체인 기술을 적용하여 우리가 원하는 경제 시스템을 구축하기 어렵다. 따라서 역량 있는 개발자, 아키텍트, 경제 모델 설계자(Concept designer) 등의 투입이 성공요인 중 하나이다. 즉 개발과 비즈니스 모델을 통합하여 구현할 수 있는 조직 체계와 우수한 소프트웨어 공학 전문가 집단이 블록체인 프로젝트에 투입되어야 한다. 이와 같은 접근은 블록체인 프로젝트의 실패 확률을 낮추고 나아가서는 블록체인 시스템의 완전성과 데이터의 신뢰성 향상을 돕는다. 이처럼 블록체인 경제는 여러 학문 간의 융합을 통해 구현된다고 볼 수 있기 때문에 고난도의 기술과 다양한 분야의 전문성이 요구되는 인력이 투입되어야 한다. 블록체인 플랫폼을 구축한다는 것은 결코 쉬운 일이 아니다.

[그림 1-10] 다양한 학문이 융합된 블록체인 기술

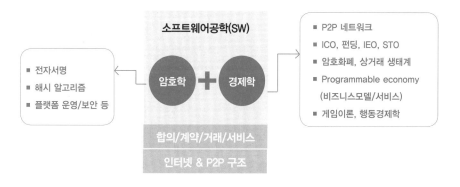

3. 암호화폐가 만드는 새로운 경제 시스템

블록체인을 거론할 때 암호화폐를 빼놓을 수 없다. 일부 지식인들은 암호화폐가 사기성 가상화폐라고 주장하고 있으나, 블록체인의 원조가 비트코인에 의해 출현하였듯이 암호화폐가 지닌 특성과 경제 시스템을 작동시키는 잠재력에 대해 이해할 필요가 있다. 암호화폐는 컴퓨터 데이터로 존재하는 특성을 지닌다. 이것은 분산 원장과 합의 증명의 블록체인 기술을 이용하여 생성된 통화로 디지털 통화의 범주에서는 가상 통화라고 부른다. 암호화폐의 발행 또는 거래 승인 시 해시 및 전자서명 등의 암호화 기술이 적용되고, P2P 네트워크 상에서 암호화 기술, 해시, 작업 증명 등 블록체인 기술이 적용된다. 따라서 암호화폐는 다음과 같은 특성을 지닌다.

- 특정국가에 속박되지 않음
- 임의로 화폐량을 증가 또는 감소시킬 수 없음
  (사전 정해진 규칙대로 적용함)
- 컴퓨터, 인터넷만 있으면 누구나 활용 가능
- 정부가 개입하기 어려움

블록체인에 의한 비트코인의 출현은 정부와 중앙은행에 대한 불신에서 시작되었다. 초기에 블록체인의 가치를 가장 크게 부인한 분야는 금융권이었으나 이제는 금융 분야에서 그 가치가 인정받기 시작하고 있다. 블록체인 등장 10년이 지난 지금 비금융 분야에서도 블록체인 기술의 도입과 암호화폐 발행이 계속 이어지고 있다. 또한 다양한 비즈니스 생태계의 구축이 증가하고 있으며, 서비스 표준화 작업을 위해 국제적 협력 사례도 늘어나고 있는 추세이다. 미래의 혁명적인 기술로 인정받고 있는 블록체인 기술은 산업의 비즈니스 생태계에 다양한 변화를 보여주고 있으며, 프로토콜 경제를 이룸으로써 보다 효율적인 시장경제 시스템을 만들어 갈 수 있을 것으로 전망한다.

암호화폐가 만드는 경제적 혁명

블록체인 기능 중 하나는 암호화폐를 발행할 수 있다는 점이다. 비트코인을 비롯한 암호화폐는 사회의 기본적인 구조를 크게 변화시킬 파워를 가지고 있다. 일본의 경제학 권위자인 노구치 유키오는 '가상통화 혁명'에서 암호화폐가 달러나 엔화를 밀어내고 온라인 결제나 송금 등 국내외 지급 수단으로 활용될 가능성이 충분하다고 전망하였다. 하버드비즈니스 리뷰에 따르면, 블록체인이 과거 TCP/IP처럼 기반(Foundational) 기술로서 경제 및 사회 제도를 위한 새로운 기반을 창조할 가능성을 지니고 있다고 제시한 바 있다.

1990년 대에 디지털 경제가 시작된 이후 신기술의 적용은 비즈니스 혁신을 주도해 왔다. 특히 신기술이 비즈니스 생태계의 변화를 도모할 경우, 확실한 효과가 나타나려면 상당한 시간이 소요된다. 이것은 일반 상품 제조와는 달리 정보재의 특성으로 인해 초기 투자 비용과 특화된 제품이 완성되기까지 목표하고자 하는 성과를 얻기 위해서는 인내와 부가적인 노력과 함께 투자가 지속적으로 필요할 수밖에 없기 때문이다. 그러나 그 결과에 따른 파급력은 기대 이상으로 크다는 것을 우리는 경험해 왔다.

아래 그림에서 알 수 있듯이 새로운 기술이 등장하면 시장과 사회에서 5단계 과정을 거치면서 변화를 겪게 된다. 가트너는 이 모형을 하이프 사이클(Hype Cycle)이라고 정의하였다. 우리는 신기술 등장 이후 기술의 성숙도를 표현하기 위한 시각적 도구로 이 모형을 사용한다. 여기서 5단계는 기술 촉발 단계(Technology Trigger), 부풀려진 기대의 정점 단계(Peak of Inflated Expectations), 환멸 단계(Trough of Disillusionment), 계몽의 단계(Slope of Enlightenment), 생산성 안정기(Plateau of Productivity)의 단계를 말한다. 즉, 신기술이 등장하면 초기 1

닌은 열광하다가 2-3년이 흐른 어느 순간 환멸의 계곡으로 빠지면서 침체기를 거치다가 기술의 성숙도 수준이 올라가는 시점에 성과가 나타나는 과정을 곡선으로 보여 준다. 아마 지금이 네 번째인 계몽 단계가 아닐까?

이 모형에서 알 수 있듯이 블록체인 신기술 역시 재조명기(Slope of Enlightenment)를 거쳐 안정기에 이르기까지 어느 정도 시간이 필요하다. 블록체인 기술의 성숙도가 높아지는 시점부터는 보다 많은 사업 성과가 나타날 수 있다는 의미가 된다. 이 시기는 지금부터 호환성과 상호 운용성이 기술적으로 자연스럽게 이루어지는 4세대 블록체인 시대에 이르러야 비로소 가능하지 않을까 조심스레 예측해 본다. 또한, 필자들은 블록체인이 지니고 있는 기술에 대한 효과뿐 아니라 암호화폐와 함께 결합되었을 때 가상자산이 품고 있는 잠재성이 최대로 발현되는 시기가 올 것으로 보고 있으며, 이때 파괴적 기술(Disruptive Technology)로 거듭날 것으로 전망한다.

[그림 1-11] 블록체인의 하이프사이클 곡선

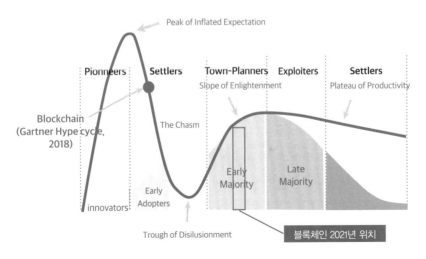

그렇다면 암호화폐는 경제 시스템에 어떤 영향을 미칠 수 있을까?

첫째, 사토시 나카모토는 비트코인 총 발행량을 2100만 개로 제한하여 무분별한 법정화폐의 발행에 따른 가치 하락을 방지할 수 있도록 희소성에 중점을 두었다. 여기서 희소성이란 용어의 의미는 인간의 무한한 욕망을 충족시켜 줄 재화나 용역의 양은 항상 일정하거나 부족하므로 무한한 인간의 욕망은 유한한 경제 자원에 의해 제약을 받는 문제에 봉착하게 된다는 것이다. 즉, 가장 합리적인 선택을 위해 기회비용을 최소화하는 방법을 찾는 경제 활동인 바로 희소성 때문이다.

그는 지나친 화폐 발행에 대한 개선책으로 희소성을 고려한 것이다. 비트코인의 경우, 총 공급량은 이미 정해져 있다. 달러처럼 상황에 따라 공급량이 달라지지 않는다. 특이한 점은 약 10분마다 블록이 생성되고 이때 채굴자는 비트코인으로 보상을 받는다. 비트코인은 반감기가 있어 4년마다 주기적으로 반감기를 접하는데 그때마다 보상이 절반으로 줄어든다. 이런 사이클로 볼 때, 2030년 쯤 99% 채굴이 완료되고 2140년이 되면 채굴이 중지되어 비트코인 채굴량은 0으로 고갈될 전망이다. 따라서 유통량과 다르게 비트코인은 희소성이 존재한다고 볼 수 있다.

둘째, 암호화폐는 위·변조가 불가능한 디지털 화폐 시스템의 구현이 가능하다. 사토시는 이중 지불 문제를 비트코인 발행을 통해 처음으로 해결함으로써 거래의 신뢰를 보장하는 디지털 경제 환경을 마련하였다.

셋째, 법정화폐는 반드시 국가의 개입이 필요하다. 그러나 암호화폐는 정부의 통제 없이 발행이 가능하다. 정부뿐 아니라 특정 기관의 통제 없이 발행되는 것이 암호화폐이다. 즉 법정화폐와 암호화폐는 발행 주체가 서로 다르다. 법정화폐는 중앙은행이 발행하고 보증하나 암호화폐는 블록체인 네트워크에서 발행하고 거래소를 통한 개인 간에 거래가 이루어진다. 그러나 암호화폐가 디지털 자산으로 법제화되면 납세의 의무를 피하기 어려우며 정부의 개입을 피하기 어려울 것이다.

마지막으로, 암호화폐는 글로벌 경제 시스템의 작동을 가능하게 하고 있다. 이러한 힘은 비즈니스 생태계에 큰 변화를 가져올 것이다. 특히 금융산업에 심각한 위협과 경쟁 상대가 되고 있다. IMF 총재에 따르면 "암호화폐가 중앙은행과 국제은행 시스템을 대체할 수도 있다"는 말은 매우 주목할 만하다. 블록체인은 인터넷 기반의 글로벌 네트워크에서 움직이고 있기 때문에 한번 작동하기 시작하면 개별 국가나 권력 기관들이 네트워크를 임의로 중단시키거나 통제하는 것이 사실상 불가능하다. 그래서 캔턴 박사는 "미래의 상업은 암호화폐 공급망으로 재편될 것이다"라고 말했다.

어느덧 암호화폐가 글로벌 시장의 비즈니스 생태계를 활성화시키고 스마트 컨트랙으로 경제메커니즘이 자동화함으로써 진정한 글로벌 경제 생태계의 확장이 용이하게 되었다. 미래학자들은 인터넷이란 디지털 신경제가 출현된 이후 급속한 변화에 신속하게 대응한 기업과 그렇지 못한 기업을 언급하면서 암호화폐가 가져올 비즈니스 트렌드를 예측하고 신속하게 대응해야 변화 속에서 살아님을 것으로 강조하고 있다.

시장에서 암호화폐의 역할

그렇다면 시장에서의 암호화폐는 어떤 역할을 담당하고 있는가? 암호화폐는 금융 분야에서 크게 자금 거래와 자산 거래로 이용할 수 있고, 비금융 분야에서는 비즈니스 생태계를 촉진시키는 역할을 담당한다. 기존의 플랫폼 기반의 양면시장을 공급자, 소비자 및 암호 금융이라는 삼면시장으로 시장구조 자체를 바꿀 수 있는 파워를 지니고 있다. 이 삼면시장에 대해서는 제4부에서 집중적으로 살펴보게 된다.

첫째, 암호화폐는 일반적인 화폐의 기능을 수행한다. 글로벌 차원에서 블록체인 기반의 지급 결제 사례가 늘어나고 있다. 2021년 엘살바도로는 비트코인을 법정화폐로 공식 인정하였으며, 비자는 스테이블 코인 USDC 발행사인 서클과 함께 USDC로 결제할 수 있도록 2021년 법인용 신용카드를 발행할 예정이다. 스위스 루체른 대학의 등록금 결제, 영국의 금거래소 사프 팍슬리도 비트코인 결제를 도입하였다. 페이팔이 2021년부터 BTC, BCH, LTC와 같은 가상화폐 결제를 허용할 것으로 발표한 이후 암호화폐의 가격 등락 폭이 커지고 있다.

화폐의 주요 3대 기능은 가치 척도 기능, 가치 저장 기능, 저장된 가치를 상품 또는 서비스로 교환하는 매개 기능이다. 현재의 암호화폐는 교환 기능보다는 가치 저장 수단으로 기능을 담당하고 있다. 암호화폐의 변동성 때문에 가치 척도 측면의 교환 수단으로는 아직 부족하다. 그러나 암호화폐의 가격 급등락 위험성을 예방하기 위해 스테이블 코인이 달러와 고정된 교환 매개 역할을 일부 담당하고 있다. 이제 암호화폐는 시장경제에서 통용될 수 있는 디지털 화폐로 발전하고 있음을 보여 주고 있는 것이다. 비록 고수익을 목적으로 암호화폐에 투자하는 사람들이 증가하고 있으나 향후 디지털 화폐의 역할은 더욱 견고해질 것으로 보인다.

둘째, 암호화폐는 대부분의 통화보다는 자산의 성격이 더 강하다. 최근 테슬라의 일론 머스크도 자산의 다각화와 현금 수익 극대화를 위해 비트코인을 15억 달러 사들였다고 한다. 일부 암호화폐는 기존에 주류를 이루어 왔던 채권, 부동산, 상품, 주식 등 자산들과 전혀 공통점이 없는 완전히 새로운 다른 자산이다. 암호화폐로 모든 자산을 토큰화하여 글로벌하게 유통시킬 수 있다. 흔히 자산은 유형과 무형으로 구분한다. 산업 시대는 토지, 건물, 부동산 등 유형자산이 경제활동에 근간이었다. 정보화 시대에는 정보재를 형성하는 정보와 지식이 무형자산으로 그 가치가 유형자산보다 높은 경우가 많다. 특허권과 지식재산권 그리고 응용 소프트웨어가 대표적인 사례이다.

그러나 암호화폐는 눈으로 보이는 금, 은, 부동산, 고가의 미술품뿐 아니라 지식재산권, 콘텐츠, 게임, 증권 등 보이지 않는 자산에 이르기까지 블록체인 네트워크에서 운영할 수 있는 우수한 자산으로서의 적용이 가능하다. 유형자산을 무형화하여 거래할 수 있고 일반인도 소유권(지분) 보유가 가능해진다는 뜻이다. 이것을 우리는 STO(증권형 토큰)이라고 부른다. 암호화폐는 오히려 금보다도 '사용 편의성, 보관성, 안정성' 측면에서 뛰어나 향후 금의 대체가 가능하다. 최근 부유층을 중심으로 현금의 가치 하락과 인플레이션으로 인하여 금과 암호화폐에 분산 투자가 증가하는 것도 이와 같은 이유이다. 향후 비트코인을 포함한 우수한 생태계를 만드는 코인은 금보다 훨씬 더 나은 안전자산으로 평가되어 그 사용성이 변화될 것으로 예측하고 있다. 이제 누구나 고가의 자산을 디지털화하여 암호화폐 코인으로 거래가 가능할 수 있는 날이 멀지 않은 것 같다.

셋째, 암호화폐는 블록체인 경제의 크립토파이낸스 측면을 형성하여 삼면시장을 가능하게 한다. 삼면시장은 크립토파이낸스 영역으로 비즈니스 생태계를 지금보다 활성화시켜 블록체인 경제를 촉진할 수 있는 잠재력을 지니고 있으며 최근 급부상하고 있다. 기존의 B2C, B2B, G2B 비즈니스 모델뿐 아니라 기업의 엔터프라이즈 적용에서도 암호화폐는 자산으로서 화폐의 성격과 다른 비즈니스의 서비스 가치를 향상시킬 수 있는 용도로 활용이 가능하다. 이것은 블록체인이 새로운 삼면시장의 핵심 역할을 담당한다고 말할 수 있는 이유이다.

블록체인 생태계에서는 블록체인 알고리즘에서 지분 증명(POS)과 같은 합의와 검증에 사용될 수 있다. 이것은 비트코인 채굴처럼 마이닝 성격으로 거래를 검증하는 행위에 권한을 부여할 수 있음을 뜻한다. 또한, 화폐 발행량을 조절하는 코인경제 모델을 만들 수 있고, 적극적으로 블록을 생성하는 데 보상의 개념으로 코인을 제공하여 블록체인 플랫폼의 가치를 향상시키는 데 사용될 수도 있다.

암호화폐의 내재 가치

암호화폐의 내재 가치를 논하기 전에 가치의 개념을 사전적으로 정리해 보자. 가치란 인간의 욕구나 관심을 충족시키는 속성으로서 일반적으로 우리가 기대한 이상의 결과를 얻었을 때 나타나는 현상으로 볼 수 있다. 예를 들어 경제적 가치가 있다는 것은 우리가 어떤 제품이나 기술, 서비스를 접할 때 그것이 우리가 기대한 욕구를 충족하는 데 어떤 만족을 주는가에 따라 그 가치 척도가 달라질 것이다. 그렇다면 내재 가치란 어떤 의미가 되는가? 사전적 의미로 내재 가치란 기업이 미래에 창출할 수 있는 이익의 합을 현 시점에서 환산한 값을 말한다. 내재 가치는 고정된 값이 아닌 기업의 현 수준의 영업이익과 성장성, 확장성 등이 모두 포함되어 분석한 수치라고 볼 수 있다. 역사상 가장 위대한 투자가인 워런 버핏이 주장하는 기업의 내재 가치(Intrinsic Value)란 투자 기회와 비즈니스의 상대적인 매력도를 평가하는 논리적인 접근법을 제공하는 개념으로 정확한 숫자가 아니라 추산된 값이며, 금리가 변하거나 미래 현금 흐름이 바뀐다면 그에 따라 수시로 바뀌어야만 하는 추정치라고 하였다.

암호화폐의 내재 가치는 존재하는가? 암호화폐의 내재 가치에 대해 의견은 두 그룹으로 나뉜다. 비트코인에 대해 일부의 기존 투자자 또는 경제학자들은 내재 가치가 제로라는 극단적인 부정을 하는 축이 있는 반면, 다른 그룹은 기존의 화폐 시스템을 근본적으로 바꿀 혁명적 대안으로 인식하면서 이에 열광한다. 또한 블록체인 기술과 암호화폐가 인터넷 등장 이후 경제 시스템의 대변혁을 예상하는 미래학자나 전문가들이 많다.

전자의 그룹이 주장하는 내재 가치는 제로에도 불구하고 암호화폐의 가격 급등과 블록체인 시장의 참여자 수는 급격하게 증가하고 있다. 이런 현상은 암호화폐에 내재 가치가 존재하기에 나타난 현상이 아닐까 필자들은 보고 있다. 후자의 그룹은 장기적으로 안정적인 영업 이익을 창출할 수 있는지를 분석하는 내재 가치 분석 방법론을 동원하여 매년 발생하는 수익 규모와 성장성을 추정해 현재 가치로 환산하여 암호화폐의 내재 가치를 산정한다. 그러나 내재 가치의 계산된 수치가 항상 정확하다고는 볼 수 없다. 즉 사람에 따라 해석이 다를 수 있다는 의미다.

암호화폐로 물건을 구매할 수 있는 기회는 증가하고 있지만 여전히 제한적이다. 현재 암호화폐와 관련된 활용은 대부분 파생상품, 주식 등을 비롯해 상품처럼 통화 그 자체에 투자하거나 해당 블록체인 플래폼 상에서 제공하는 서비스 이용의 대가로 지불하는 유틸리티 코인에 불과할지 모른다. 그러나 우리는 자본주의에서 인간이 느끼는 불만과 갈망하는 욕구를 블록체인과 암호화폐를 통해 자아 실현으로 승화시켜 보고자 한다. 경제적 자유를 성취한다는 것은 우리 인생에서 가장 중요한 목표 중의 하나이기 때문이다. 전 세계적으로 블록체인 프로젝트와 암호화폐 급등락에 열광하고 있는 이들이 존재하는 한 좋은 기술과 제품은 생산될 것이며, 이것은 블록체인 경제에 커다란 영향을 미쳐 새로운 경제 패러다임으로 전환시킬 수 있을 것으로 전망해 본다.

이처럼 암호화폐가 화폐, 자산, 생태계를 이끌 수 있는 것은 암호화폐(코인)가 소프트웨어로 개발되어 발행되기 때문에 가능하다. 앞으로 블록체인이 주도하는 암호화폐가 이끄는 코인경제는 공급자, 소비자 및 암호자산의 3개 영역이 만드는 새로운 시장에서 탈중앙화된 경제 시스템이 작동될 것으로 필자들은 보고 있다. 지혜를 가진 수많은 사람들이 이 길에 함께 동참하는 한 암호화폐의 내재 가치는 인간 스스로가 만들어낼 것이다. 결국 내재 가치란 "사람들의 신뢰"에 의해 만들어질 수 있는 가치이다.

제 2부에서는 블록체인이 왜 제2의 인터넷이 될 수 있는지에 대해 프로토콜 서비스 영역을 중심으로 살펴보고, P2P 구조의 잠재력을 경제와 기술 관점에서 각각 제공하고 있는 주요 기능과 영향에 대해 알아보기로 한다.

디지털 경제 시대에 등장한 새로운 경제원리인 네트워크 외부성 및 수확체증의 법칙 이외에 블록체인 경제에서 등장한 새로운 경제원리를 신뢰, 인센티브, 프로그램 가능 경제 관점에서 제시하였다. 또한, 이 경제원리가 블록체인 네트워크에서 어떻게 작동되고 비즈니스 생태계의 형성에 어떤 영향을 미치고 있는지, 그리고 우리의 경제활동 과정에서 주는 혜택에 대해 경제주체인 참여자들 관점에서 관련 내용을 언급하였다.

제2부

블록체인 경제와
새로운 경제원리

1 | 장

왜 블록체인이
제2의 인터넷인가?

비트코인의 기반기술인 블록체인은 네트워크 내에서 참여자들 간의 거래 데이터를 검증하고 기록·저장하여 제3자의 개입없이 데이터의 무결성과 거래의 완결성을 확보할 수 있는 기술로 알려져 있다. 이러한 이유로 미래학자나 전문가들은 블록체인이 향후 세계 경제의 변화를 주도할 것으로 전망하고 있다. 돈 탭스콧(Don Tapscott) 역시 테드(TED) 강연을 통해 "블록체인은 미래에 금융과 산업을 통틀어 바꿀 것"이라고 블록체인을 높이 평가하였다. 세계경제포럼(World Economy Forum)이 블록체인을 12대 유망기술 중 하나로 선정한 이유도 인터넷이 정보공유와 연결의 혁신을 이루었듯이 블록체인은 새로운 경제 시스템을 창출하는 가치 전달의 혁신으로 보고 있기 때문이다.

최근 대형 금융 기관 중 골드만삭스와 체이스 모건, BNY멜론 등이 2021년 암호화폐 서비스의 개시를 발표하면서 Fidelity, CitiBank 등 여러 기관에서도 블록체인의 잠재성을 높이 평가하고 있다. 특히 CitiBank는 세계 최대 외화거래은행으로 2021년 3월 비트코인 연구 리포트에서 "비트코인이 국제 무역에 적합한 통화가 되기 위해 최적의 위치에 있을지도 모른다"라고 평가했다.

최근 들어 기관투자자, 기업의 CEO 등 업계에서는 블록체인과 암호화폐의 위상이 변화됨에 따라 거래, 대출, 커스터드 서비스 등 다양한 서비스가 출시되고 있다. 암호화폐의 블록체인 시장은 이제 시작에 불과하다. 블록체인이 갖고 있는 기술적 측면의 잠재력과 이를 기반으로 만드는 혁신적인 비즈니스의 창출 및 변화는 앞으로 무궁무진할 것으로 보인다.

2008년 10월 31일은 새로운 디지털 트랜스포메이션을 예고한 역사적인 날이다. 블록체인이 차세대 인터넷이라는 새로운 신뢰 네트워크로 출현했기 때문이다. 돈 탭스콧(Tapscott & Tapscott)은 그의 저서 《블록체인 혁명(Blockchain Revolution)》에서 블록체인 기술이 창출하는 정보의 투명성과 신뢰성 향상이라는 가치가 기존의 '정보의 인터넷(Internet of Information)'에서 '가치의 인터넷(Internet of Value)' 시대로의 변화를 선도할 것으로 예측한 바 있다. 그 의미는 블록체인이 '확장된 인터넷 프로토콜'로 인터넷 상의 WWW 위에 "새로운 경제 층(Economic Layer)"을 형성하는 '경제 모델'임을 암시하고 있다는 것이다. "제2의 인터넷 프로토콜"이라는 블록체인은 기존의 인터넷 프로토콜과 달리 어떤 기능과 가치를 담고 있을까?

1. 인터넷 프로토콜

1974년 12월 빈튼서프(Vintoncerf)와 로버트 칸(Robert Kahan)은 혁신적인 전송제어 프로토콜/인터넷 프로토콜(Transmission Control/Internet Protocol)을 설계한다. 이 프로토콜이 국제표준이 된 이후 디지털 경제 시대가 열리게 되었고 전세계 많은 사람들이 이용할 수 있는 공용 인프라가 되었다. 인터넷을 중심으로 새롭고 혁신적인 비즈니스 방식을 도입함으로써 경제패러다임을 근본적으로 바꾸는 계기가 되었으며, 다양한 비즈니스 모델 창출 및 상품과 서비스의 거래방식에 엄청난 변화를 가져다주었다. 즉 디지털 기술이 비즈니스의 모든 영역에 통합되어 운영 방식을 근본적으로 변화시키면서 고객에게는 새로운 가치를 제공하는 디지털 트랜스포메이션 시대가 열린 것이다.

인터넷은 네트워크 기술 중 하나로 OSI 7Layer 중 3층(TCP)과 4층(IP)에 위치하는 TCP/IP 국제표준 프로토콜이다. INTER와 NET가 합쳐진 합성어로 서버와 클라이언트가 자율적으로 서비스하는 오픈시스템이다. 인터넷은 프로토콜의 한 종류이다. 그러나 정보의 공유와 연결을 확대시켜 준 기술은 HTML(Hyper Text Markup Language)이나. 이 언어는 월느와이드웹 문서를 작성할 수 있는 마크업(markup) 언어이기도 하다. 월드와이드웹(WorldWideWeb)은 HTTP 프로토콜, 하이퍼텍스트(HYPERTEXT), HTML형식 등을 사용하여 그림과 문자를 교환하는 전송방식이다. 이때 인터넷의 핵심은 바로 HYPERTEXT이며 이것은 인터넷을 움직이는 기술로서 누구나 인터넷을 쉽게 사용할 수 있는 기술이 되었다.

이처럼 인터넷은 프로토콜(TCP/IP)이라는 표준화된 기술적 특성과 월드와이드웹이라는 언어가 서로 결합되어 새로운 경제 모델인 인터넷 경제를 탄생시킨 것이다. 1990년 인터넷이 전세계로 확산되어 e-비즈니스의 생태계를 만들 수 있었던 이유도 바로 월드와이드웹(WWW)이 개발되어 상용화되었기 때문이다. 이처럼 인터넷 프로토콜은 지금도 디지털 경제를 주도하는 중심 축이 되고 있다.

2. 블록체인 프로토콜

개요

미래학자인 돈 탭스코는 '블록체인을 제2의 인터넷'이라고 말한다. 블록체인이 P2P 구조를 가지고 태어났듯이 인터넷도 중앙 통제 없이 네트워크 상에서 개인들 간에 연결되어 P2P상의 정보를 공유하고 통신이 가능하다. 이미 오래 전부터 인터넷 상에서 중개자 없이 개인 간(P2P)의 거래가 이루어진 것이다. 그러나 인터넷의 핵심 중 하나는 중앙기관, 정보, 기업이 주도적으로 정보를 운영하고 있다. 반면 블록체인 경제에서는 사용자에게 정보의 주도권을 넘겨주고 정보를 교환하도록 권력을 이양하고 있다. 즉 인터넷의 HTTP에서 넘쳐나는 정보 보관과 정보 활용이 어려운 사용자에게 정보교환의 주도권을 넘겨준 셈이다. 이것은 블록체인의 핵심 기술인 P2P구조와 합의 알고리즘, 분산저장기술 등의 결합이 만든 결과라고 볼 수 있다.

블록체인 프로토콜의 개념

인터넷 프로토콜은 서로 다른 지역의 노드를 연결하고 메시지를 패킷화하여 전송하는 국제표준 통신규약으로 정의하고 있다. 인터넷은 오픈 프로토콜이기 때문에 누구나 플랫폼에 참여하여 사용할 수 있다. 인터넷 프로토콜로 인해 정보와 서비스를 제공받을 수 있고 상거래가 이루어지는 자유시장 창출이 가능하다. 이와 같은 시장 생태계가 만들어질 수 있었던 근간은 바로 인터넷이 표준화된 오픈 프로토콜이기 때문에 가능하였다. 인터넷의 TCP/IP와 HTML이 국제 표준화기구 OSI와 W3C에서 표준화가 되지않았다면 인터넷 경제와 글로벌 경제발전은 기대한 시점보다 매우 늦어졌을 것으로 판단된다. 이처럼 인터넷은 우리가 전세계 어디에 있어도 정보를 공유하고 상호간의 정보 연결을 원하면 웹개발을 위해 적용할 수 있는 표준 프로토콜이 되었다.

우리는 블록체인을 프로토콜 또는 프로토콜 경제라고 말한다. 왜 블록체인을 프로토콜이라고 정의할까? 일반적으로 프로토콜은 통신규약으로 이해하고 있다. 그러나 여기서 말하는 블록체인 프로토콜이란 경제 시스템에 적용되는 모든 규칙(protocol)이 프로그램을 통해 작동되는 것을 의미한다. 상거래에 필요한 제도, 원칙, 거래방법, 거래주체, 지불방식, 거래조건 등은 블록체인 프로토콜에서 적용되는 규칙으로서 블록체인의 핵심범용기술에 담기게 된다. 이러한 범용기술은 현실세계의 비즈니스 로직을 쉽게 설계하여 적용할 수 있다.

블록체인을 프로토콜이라고 강조할 수 있는 계기는 바로 이더리움에서 스마트계약이 등장한 이후 블록체인 비즈니스 생태계가 형성되면서 시작된다. 전세계가 인터넷 기반의 비즈니스를 수행할 수 있었던 것은 인터넷 프로토콜의 국제표준화 작업과 오픈 소스화가 제공되었기 때문이다. 블록체인이 진정한 프로토콜이 되기 위해서는 국제표준화 단체에서 이에 대한 지속적인 연구와 산학연 협업이 이루어져 프로토콜 표준화 및 오픈화가 이루어져야 할 것이다.

블록체인 프로토콜은 인터넷 프로토콜과 달리 아직 국제표준화 기구를 통해 공식적으로 표준화 작업이 이루어지지 않은 상태이다. 다만 자체 메인넷을 운영하고 있는 이더리움, 이오에스, 폴카닷 등은 해당 네트워크 생태계 내에서 표준 기술을 제공하고 있다. 블록체인 프로토콜이 국제표준화가 이루어진다면 블록체인 경제는 지금보다 더욱 빠른 속도로 비즈니스 생태계가 확산되고 관련 기술도 발전할 것으로 예측하고 있다.

인터넷 프로토콜과 블록체인 프로토콜의 레이어를 비교해보자. [그림 2-1]에서 알 수 있듯이 블록체인 프로토콜의 범위는 인터넷의 프로토콜 범위보다 더 넓게 느껴진다. 그 이유는 인터넷은 정보 공유를 위해 노드간 연결과 데이터 전송을 담당하는 역할을 수행하는 반면, 블록체인은 참여자의 노드에서 거래한 데이터를 저장하고 권한을 관리하며, 거래의 완성을 위해 노드들 간의 합의 기능 등을 포함하고 있다. 블록체인 프로토콜 영역에서 작동되는 기능이 인터넷 프로토콜 기능보다 많다는 것을 짐작할 수 있다. 블록체인은 경제 시스템의 규약을 처리하기 때문에 이처럼 다양한 기능을 반영하고 있어 인터넷 레이어 층의 역할에 비해 프로토콜 층의 두께가 더 두터워 보인다.

[그림 2-1] 인터넷 프로토콜과 블록체인 프로토콜 비교

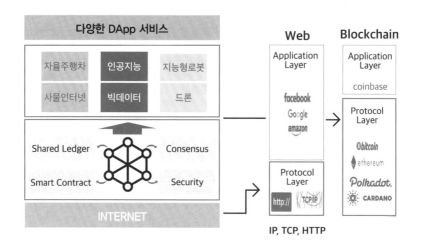

좀더 구체적으로 설명하면, [그림 2-1]의 왼쪽은 인터넷 위에서 작동하는 블록체인의 핵심기술로 경제 메커니즘을 실행할 수 있는 분산원장, 합의, 스마트 컨트랙트 및 암호화 기술이 반영된 보안 등 4가지 유형의 기술이 상호 연결성을 가지고 작동된다. 이 기술을 적용하여 여러가지 비즈니스 모델을 구축할 수 있으며 IoT, AI, 빅데이터 등 4차 산업기술과도 결합하여 많은 DApp(Decentralized Application) 서비스를 만들 수 있다. DApp 서비스는 우리가 블록체인 플랫폼 상에서 만날 수 있는 서비스로 금융거래, 상품거래, 콘텐츠 거래 및 음악, 영화 감상 등 다양한 서비스가 제공될 수 있다. 기존의 인터넷 웹 프로토콜(Web Protocol)은 위 그림과 같이 두께가 얇으나 블록체인 프로토콜은 이 보다 두터운 것을 알 수 있다.

그만큼 블록체인 프로토콜의 범위가 넓어진다는 뜻이다. 프로토콜은 공공재로 사용할 수 있는 영역으로 비즈니스의 핵심 서비스와 기능을 제공하

게 될 것이다. 따라서 블록체인 생태계를 구축하는 기업과 개발자 입장에서는 블록체인 DApp서비스 개발이 보다 용이해질 수 있고 풍성한 기능을 사용할 수 있다. 인터넷 프로토콜 적용 시대에는 응용 층(application layer)의 핵심기능과 서비스를 모두 개발하였지만, 블록체인 프로토콜이 표준화되면 공짜로 활용할 기능이 그만큼 많아져 응용 층 영역에만 집중하면 될 것으로 예측된다.

블록체인 프로토콜의 가치

그렇다면 인터넷과 블록체인 프로토콜의 가치는 무엇일까? 인터넷이 일으킨 변화는 정보의 연결과 융합에 있다. 모든 사람들을 연결하고 국가 간의 경계를 무너뜨려 산업구조를 변화시키면서 글로벌 경제를 가속화해 왔다. 한 특정인에게만 귀속된 비대칭적인 정보를 누구나 함께 나누고 공유할 수 있는 정보의 민주화를 제공한 것이다. 반면, 블록체인 프로토콜은 플랫폼 상에서 상거래를 하거나 암호화폐라는 지불 또는 금융거래를 할 경우, 거래에 따른 신뢰를 유지해야한다. 즉 참여자나 구성원 모두 동의하는 규약이 필요하다. 참여자들이 규약 준수를 위해 인센티브인 암호화폐를 발행하고 중개인 없이 사회적 신뢰문제를 해결하도록 합의 알고리즘을 블록체인 프로토콜이 제공한다.

블록체인 프로토콜은 분산원장과 신뢰의 프로토콜로 가치의 대부분을 차지하고 있다. 또한 웹 전성시대에 벤더사의 독점화된 기능과 데이터베이스의 가치를 표준화된 블록체인 프로토콜로 이전하면서 새로운 경제 모델을 설계히여 비즈니스 생태계의 실현을 ("Fat Protocol") 가능하게 할 수 있다. 다시 말해 인터넷과 블록체인이 결합하여 개인이 경제 모델을 실행하는 주체로 변모할 수 있는 기회가 주어진다 뜻이다. 블록체인과 암호화폐의 등장으로 그 동안 기업 또는 중개인 중심의 비즈니스에서 이제 개인이 중심이 되어 비즈니스 모델을 구축하는 시대가 가능해질 것이다. 현재 수백 개가 넘는 글로벌 블록체인 프로젝트가 진행 중이고 개인를 포함한 많은 기관들이 암호화폐(코인)에 투자하기 위해 해당 프로젝트를 이해하고 주변에 소개와 참여를 독려하면서 열광하는 이유가 여기에 있다.

[그림 2-2]는 블록체인 경제에서 프로토콜의 가치 영역을 보여주고 있다. 전 중소벤처기업부 박영선 장관은 블록체인 기술 기반의 프로토콜 경제가 중앙집권화를 분권화로 전환하면서 데이터 독점을 방지하고 폐쇄성을 해결할 수 있다는 설명과 함께 프로토콜 경제가 플랫폼 경제의 독과점 문제를 보완할 수 있다고 주장했다. 인터넷 경제에서는 대부분의 가치는 응용 층에서 제공하였다. 즉 응용 층의 가치는 중앙화 된 데이터베이스가 차지하였기 때문이다. 그래서 RDB 데이터베이스를 판매한 벤더사들은 많은 수익을 얻게 되었다. 그러나 블록체인 경제가 성장하면서 과거에 응용 층에 집중된 주요 데이터와 가치는 프로토콜 층으로 이동하는 것을 볼 수 있다. 따라서 프로토콜에 의해 발행되는 토큰(암호화폐)의 가치는 아래 그림처럼 더욱 커질 것으로 예측된다. 따라서 그 혜택은 블록체인 네트워크를 생성하고 참여하는 사람들에게 귀결될 것이다.

[그림 2-2] 블록체인 프로토콜의 가치

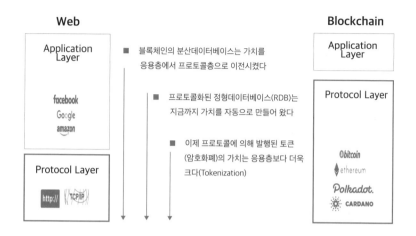

블록체인의 핵심은 세상의 모든 거래를 개인(peer)의 컴퓨터에 분산하여 기록하고 저장하는 분산화, 즉 탈중앙화 구조를 가지고 있다. 인터넷의 핵심 알고리즘이 하이퍼텍스트로써 정보가 개인에게 주도권이 이양되었다면, 블록체인은 참여자들(Peer) 간의 자율적인 조직 구성으로 중개인 중심의 권력 구조에서 벗어나 개개인인 우리에게 경제 시스템의 운영권과 주도권을 이양하는 메커니즘을 제공한다.

따라서 블록체인 프로토콜은 누구나 블록체인 기술을 사용할 수 있고 비즈니스 생태계를 구축하는 과정에서 배제될 수 없다. 블록체인 프로토콜 층의 기능을 누구나 사용 가능하기 때문에 자신의 아이디어로 경제 모델의 설계가 가능하며 이 모델을 프로그래밍화(개발)하여 현실세계인 시장에서 적용할 수 있다. 인터넷이 세계를 규약 없이 하나로 연결할 수 있는 거미줄이라면 블록체인 프로토콜은 현지 국가의 제도, 세법, 법규 등에 관계없이 참

여자를 네드워크로 연결하여 각자의 경세 시스템을 작동시킬 수 있는 웹의
지능화를 실현하는 집단지능을 가진 '제2의 인터넷'으로 부상될 것이다. 또
한 블록체인 프로토콜이 공개된 오픈소스를 사용하고 있기 때문에 보다 견
고한 DApp을 만들 수 있으며 블록체인 비즈니스 생태계를 더욱 강화시킬
수 있다. 비트코인, 이더리움, 오리진, 에이다, 폴카닷 등의 프로토콜 역시
오픈 소스로 공개되었기에 블록체인 생태계의 확산 속도는 더 빨라질 수밖
에 없다.

[표2-1] 인터넷과 블록체인 비교

구분	인터넷(Internet)	블록체인(Blockchain)
혁명	- 3차 산업혁명 핵심 인프라	- 4차 산업혁명 핵심 인프라
작동 원리	- TCP/IP 프로토콜 - WEB(WWW), 하이퍼텍스트 - WBE 2.0 적용(양방향 참여)	- 인터넷과 DApp 서비스 중간 위치 - Distributed Ledger - WEB 3.0 개념 적용:지능화된 집단지성
특징	- 개인간 정보교환, 연결(P2P) - 개인에게 정보의 주도권 이양	- 탈중앙화 구조로 연결(P2P) - 참여자 개개인에게 자율적 조직 형성
긍정적인 변화	- 집단지성 확산(오픈소스/위키피디아) - 정보의 비대칭 해소 - 소비자 교섭력 증대	- 중개인 불필요 - 분산된 자율적 조직 운영(DAO) - 삼면시장 형성(모든 참여자 파워 증대)
경제 변화	- 인터넷 경제, 디지털 경제 확산 - 산업 전분야 디지털 전환 - 플랫폼경제, 공유경제 탄생	- 진정한 공유경제 리더 - 사회구조의 신뢰, 투명, 보안성 강화 - 인공지능, 사물인터넷, 빅데이터와 결합 에 의한 시너지 창출

[표 2-1]의 블록체인에 의한 경제 변화 중 인공지능, IoT 등과의 결합에
서 블록체인 기술의 역할은 디바이스 간에 돈이나 데이터 등과 같은 자산의
일부를 직접 전송할 수 있는 인프라를 제공한다. 이것은 블록체인이 기본적

으로 안전하고 신뢰할 수 있는 구조를 가지고 있기에 가능하다. 그래서 블록체인을 "신뢰 머신"이라고 부른다. 경제학자이자 MIT 교수인 크리스천 카탈리니에 의하면, 블록체인은 "생태계 관점"을 사용해 사물 인터넷을 포함한 모든 거래에서 "인증과 네트워킹의 비용"을 극적으로 줄여주며, 블록체인이 사물 인터넷을 지원하는 기반 요소로 활용하는 장점을 가지고 있다고 언급하였다. 이미 관련업체들은 IoT와 블록체인의 연결을 다각도에서 추진하고 있다. 이들 기술 간의 융합은 상호 보완관계를 유지하면서 신뢰 구축, 비용 절감, 무결성 데이터 교환 및 개인정보를 포함한 거래정보의 보안성 확대 등의 시너지가 창출될 수 있다. 이와 같은 시너지는 4차 산업혁명을 더욱 가속화시킬 것이다.

2장

블록체인
네트워크의 잠재력

1. P2P(Peer-to-Peer) 개념

비트코인은 블록체인 기술 안에서 거래내역을 기록하고 채굴에 따른 보상 개념으로 가상화폐가 발행된다. 또한 비트코인은 채굴자에게 제공되는 암호화폐이다. 사토시 나카모토는 거래정보를 숨기지 않고 모든 사람에게 정보를 공유하여 데이터를 변조하지 못하도록 시스템의 구조를 고안하였다. 그것이 블록체인의 P2P구조이다.

Client-Server 구조

데이터 또는 정보를 전달하기 위한 전통적인 방식은 중앙에 서버가 존재하고 클라이언트가 연결된 Client-Server 구조였다. 1990년대 이후 메인프레임 정보공유 방식에서 클라이언트-서버 방식으로 정보교환 및 공유방식이 전환되면서 서버는 서비스 제공자 역할을 담당하였다. 이 방식은 서버에 연결된 클라이언트들이 필요한 정보를 서버에 요청하는 구조로 자원을 공유하는 분산처리 기법을 사용한다. 이 방식은 인터넷 기반의 비즈니스 업무 처리를 위해 사용되어 왔다. 주로 전자상거래, 기업의 업무 처리, 전자정부 업무 처리 등에서 이 방식을 적용하고 있다.

그러나 Client-Server 구조방식은 집중화된 구조이므로 자원의 병목현상과 해킹에 취약하여 신속한 대처가 어렵다. 이러한 클라이언트-서버 구조 자체를 보완하려면 시스템의 복잡성 때문에 고비용의 문제가 발생하고 많은 자원이 요구된다. 따라서 외부 위협으로부터 익명성 보장 및 해킹에 대한 대처 능력이 어렵다는 단점이 있다. 그럼에도 불구하고 클라이언트-서버 구조와 HTTP는 인터넷을 매우 신뢰할 수 있는 대상으로 만들었다.

P2P 구조

P2P구조는 PC를 포함한 모든 컴퓨터가 클라이언트로 작동하면서 필요에 따라 서버의 역할을 수행할 수 있다. 이것은 다수의 단말 간에 통신할 때의 아키텍처의 하나로, 동등한 사람들간의 서로 통신이 가능하다. 이 구조

는 클라이언트-서버 구조와 달리 서버 없이 인터넷에서 사용자들끼리 정보를 주고 받을 수 있다. 이 P2P는 인터넷 서비스의 새로운 구조로 중개인이 없는 동시에 네트워크에 접속해 있는 모든 컴퓨터가 질서 있게 동등한 동료(peer)이며, 수많은 동료가 평등하게 작업을 수행하는 새로운 인터넷 환경으로 볼 수 있다.

[그림 2-3] Client-Server와 P2P 거래방식 비교

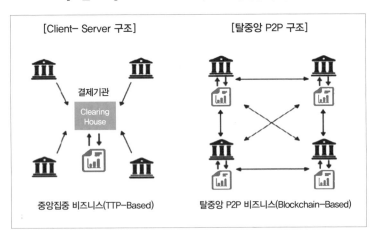

출처 : The Fintech 2.0 Paper, Santander, 2015년

그러나 P2P 시스템은 분산 및 자율구성 구조를 통해 확장성, 보안성 및 신뢰성을 가능하게 하고, 네트워크 환경에서 분산자원 공유를 목적으로 모든 노드가 동등한 자격을 가질 수 있는 자율시스템이다. P2P가 지니고 있는 가장 중요한 기술적 의미는 자원의 분산에 있다. 이전에는 파일을 공유하려면 특정 서버에 파일을 올리고 모든 사용자들이 이 서버에서 다운로드를 한 후

사용해야 한다. 이러한 구조는 한 개의 서버에 필요 이상의 부하를 주기 때문에 상당히 비효율적이다. 그러나 P2P 구조는 서로가 서로에게서 필요한 파일을 다운로드 할 수 있기 때문에 부하가 분산되어 매우 효율적이다. 그러나 많은 사용자가 서로 연결되어 정보를 공유하거나 교환함에 있어 서로 신뢰하는 문제에는 한계가 있다. 예를 들어 의도하지 않은 정보유출의 가능성, 공유한 데이터가 삭제되거나 변조될 가능성을 배제할 수 없는 단점이 있다.

2. 블록체인의 네트워크 구조

모든 암호화폐의 발행은 대부분 인터넷을 기반으로 P2P 네트워크에서 이루어진다. 즉, 블록체인 기술은 '탈중앙화 분산형 데이터 저장기술로, 데이터가 P2P 네트워크 상에서 거래정보를 기록하고 검증하며 관리되는 기술'이다. 블록체인 기술이 큰 주목을 받는 이유는 바로 P2P를 기반으로 한 공유 플랫폼을 제공하기 때문이다. P2P는 위에서 언급한 바와 같이 새로운 기술이 아닌 기존 기술로 블록체인과 비트코인에서 위·변조 방지를 위해 기존 P2P 구조에 해시 알고리즘을 이용한 '원장 비교' 기술이 더해지면서 블록체인 혁신기술을 만들었다. 과거에는 단순한 파일 공유기술에 적용했던 P2P 기술이 블록체인 혁신기술이 추가되면서 새로운 블록체인 경제 패러다임으로 전환하는 인프라가 되고 있다.

블록체인 P2P 구조의 특징

블록체인 네트워크는 노드가 존재하며 각 노드들은 네트워크의 일원으로 자격을 부여받는다. 이 노드들은 서로 직접 연결되어 중앙통제 방식이 아닌 분산처리 기법이 실행되는 구조이다. 이것은 분산시스템이므로 시스템을 통제하거나 조정하지 않고 네트워크로 연결된 구조를 형성하고 있다. 블록체인 기술에서는 분산시스템을 하나의 노드(node)로 부른다. 즉, 모든 노드가 중앙시스템에 의해 직접적으로 연결되지는 않으나 모든 노드는 간접적으로 연결되어 있다. 블록체인은 이와 같이 간접적으로 모든 노드가 연결되어 처리되는 P2P 구조이다.

P2P의 구조적 특징으로 볼 때 분산시스템 구조는 중앙에서 업무를 처리하고 연산하는 속도보다 계산 능력이 빠르다. 또한 외부로부터 해킹 위협이나 예상치 못한 시스템의 오류 및 장애가 발생할 경우에 보다 안정적으로 작동될 수 있다. 그러므로 보다 강력한 시스템이 필요하거나 하나의 노드를 추가할 경우 확장성이 매우 용이하다. 반면, 네트워크에 의해 모든 노드가 연결됨에 따라 통신장애나 전송시 오류가 발생될 수 있다. 인터넷에서는 대부분의 데이터 전송이 패킷(packet)으로 이루어지기 때문에 통신장애 또는 전송 시 오류 발생이 존재하기 마련이다. 그만큼 네트워크 의존도가 높기에 네트워크 구성원들(PEER)의 안정성이 중요하다.

블록체인 P2P 구조의 강점

이처럼 P2P 구조 자체가 지닌 단점을 보완하기 위해 사토시 나카모토는 비트코인을 발행할 때 중앙집중적인 서버나 관리자 없이 시스템 자체적으로 거래에 대한 신뢰를 보장할 수 있는 작업증명을 고안한 것이다. 즉, 합의 알고리즘인 작업증명을 통해 P2P의 위·변조 및 외부 침입 가능성 문제를 해결한 셈이다. 참여자의 50% 이상이 거래정보 합의 과제를 해결하는 POW(Proof of Work)체계를 제공한 것이다.

P2P구조의 블록체인 플랫폼은 기존의 중개인이 중앙에서 관리하는 클라이언트-서버 구조에서 중개인 없이 탈중앙화된 구조에서 개인 간 또는 노드 간의 거래나 서비스를 이용할 수 있다. P2P의 가치는 탈중앙화로 거래비용 감소, 거래처리 단축, 상거래의 편리성과 효율성을 증대할 뿐만 아니라 외부 해킹의 위협으로부터 데이터의 무결성을 유지하는 기반기술이 된다는 점에 있다. 따라서 블록체인 P2P 구조는 궁극적으로 서버-클라이언트에서 발생하고 있는 서버의 과도한 부하 집중에 따른 문제점을 탈피할 수 있다. 또한, 탈중앙화 P2P 구조가 존재하기 때문에 거래정보에 대한 합의 검증이 가능하다. 블록체인 P2P 구조 없이는 블록체인은 더 이상 구성될 수도 없으며 블록체인의 진정한 가치를 가질 수도 없다. 한마디로 탈중앙은 P2P구조이며 이 의미는 서버에 종속관계가 없는 모든 노드(peer)가 동등한 계층 관계를 형성하기에 동등 계층 간의 합의가 가능하다.

3. 블록체인 P2P 구조가 보여주는 놀라운 변화

블록체인의 P2P 구조가 보여주는 잠재력은 경제 시스템을 새롭게 만들 수 있다는 점이다. 신뢰의 근간이 되고 데이터 정합성의 기반이 되는 블록체인 P2P구조가 경제 시스템 관점에서 어떤 변화를 줄 수 있는지를 알아보자.

첫째, 경제 시스템 측면에서의 변화는 블록체인 네트워크에서 노드의 증가를 가져오며, 이는 사용자의 증가로 이어지고 이것은 네트워크 효과로 인한 네트워크 가치로 귀결된다. 즉 중앙통제자가 배제됨으로써 거래비용이 감소하고 사용자의 편리성과 접근성이 증가하면서 거래가 훨씬 더 널리 확산될 수 있다. 이미 언급한 바와 같이 블록체인의 P2P구조는 중앙에 서버가 존재하지 않는 탈중앙화된 구조이며 개별 컴퓨터(노드)로 구성된 P2P 분산 시스템이다. 이 시스템은 중앙 노드의 통제 없이 네트워크 내의 모든 구성원들에게 동등한 권리와 역할을 부여한다. 즉 모든 노드가 자원의 공급자인 동시에 소비자가 된다.

특히 네트워크에 노드가 증가할 경우, 이것은 디지털 경제원리에서 언급한 사용자의 파워인 네트워크 외부성 효과가 발생하므로 블록체인 플랫폼 상의 DApp서비스를 사용하게 되고, 그 결과 시스템은 보다 성장하여 서비스의 가치 또한 증가하게 된다. 블록체인 플랫폼에 참여하는 참여자들은 디지털 경제원리의 하나인 네트워크 외부성이라는 혜택을 누리게 됨으로써 서비스 품질의 개선, 제품과 서비스의 가격인하, 무료 부가 서비스 등의 긍정적인 효과를 얻게 된다.

둘째, 기술적 측면에서 P2P구조는 분산처리 기법을 사용하므로 시스템의 안전성과 무결성을 유지하게 해준다. 안전성은 블록체인 플랫폼 상에서 가동되는 DApp 서비스의 기능이 오류 없이 사용자 요구에 맞도록 작동하는 것을 의미하며 보안성은 해킹 위협으로부터 보호되는 것을 말한다. 정보재의 특성이 시스템 통합 측면을 포함하고 있으므로 네트워크, 하드웨어, 소프트웨어 등의 유·무형 기술들이 제대로 통합되어 실행될 경우에만 블록체인 시스템의 안전성은 확보될 수 있다.

데이터 무결성은 DApp 서비스가 실행되는 과정에서 처리되는 값 또는 결과값으로 기능의 완전성이 확보되지 않는다면 데이터의 정확도 역시 담보할 수 없으며 데이터의 무결성은 유지하기 어렵다. 이 의미는 데이터의 변형과 데이터 값의 오류가 존재하지 않아야 블록체인 플랫폼의 가동은 지속될 수 있다는 뜻이다. 따라서 P2P 구조는 시스템 기능의 완전성과 데이터의 무결성을 유지할 수 있는 기본 인프라로 매우 중요한 역할을 담당하고 있다. 데이터 무결성이 유지되어야 서비스에 대한 신뢰 형성이 가능하다.

그 밖의 탈중앙화(P2P) 블록체인 인프라 구조는 민주성, 투명성 및 신뢰성이라는 가치를 제공하고 있다. 참여자 모두에게 동일한 거래정보를 저장하게 하여 서로를 속일 수 없는 환경을 제공함에 따라 데이터의 신뢰성과 거래의 투명성 확보가 가능해진다.

- 블록체인은 모든 정보를 공유하기 때문에 '민주성'이라는 특징을 지닌다.
- 기록한 정보의 위·변조를 어렵게 하는 '조작방지'의 가치를 제공한다
- 또한, 모든 정보를 공유하고 있기 때문에 투명성을 제공한다.

블록체인 P2P구조의 잠재력은 기술적인 특성과 제도적인 특성이 합쳐져 신뢰 기반의 블록체인 생태계를 만드는 인프라로 정리할 수 있다.

첫째, 디지털 암호화폐가 거래, 교환, 저장될 수 있는 것도 이중지불을 방지할 수 있는 P2P 네트워크 역할이므로 거래정보의 보안성 강화를 돕는다. 둘째, 이는 별도의 중재기관 또는 신뢰기관의 불필요성에 대해 블록체인의 P2P구조와 그 역할을 입증한 셈이다. 이중지불에 따른 문제를 해결하기 위해 기존의 금융거래는 중앙에 금융기관을 두고 그 금융기관을 믿고 거래를 해온 것을 이 P2P구조가 대체하는 셈이다.

그러나 블록체인은 이와 같은 중재기관이 없기에 새로운 거래가 발생할 때마다 P2P 네트워크에 참여하는 참여자들 간의 합의와 검증이 이루어진다. 블록체인 P2P는 상업용 건축물과 비교해 볼 때 건물의 기둥 및 여러 자동 시스템으로 볼 수 있다. 건물이 제 역할을 하기 위해서는 튼튼한 기둥 위에 세워져서, 여러 자동 시스템이 잘 가동되어야 한다. 즉, 건물의 이용자들이 건물에서 각자가 원하는 비즈니스 활동을 하도록 기반을 제공하는 것과 같다. 어떤 사업이 입점하든지 해당 건물이 안전하고 사용하는 데 믿을 수 있다면 많은 입점자들이 몰려들 것이다. 입점한 사업은 블록체인에서는 DApp에 해당한다.

3 | 장

블록체인이 만드는 새로운 경제원리

1. 자본주의 경제와 블록체인의 시장경제

자본주의 시장경제

산업 시대 이래 최첨단 컴퓨터 기술의 발전으로 시장의 경제원리는 진화되어 왔다. 자본주의가 추구하는 시장경제는 사회구성원들이 시장경제 체제를 유지하는 데 필요한 도덕. 문화적 태도, 자질 등을 요구하고 있으며, 이 부분이 갖추어졌을 때 합리적인 시장경제가 가능하다. 즉 시장경제 체제는 물리적인 부분과 정신적인 소프트웨어 부분이 조화를 이루어질 때 비로소 자본주의가 추구하는 경제주체들의 영리활동과 기본적인 경제문제를 해결할 수 있다. 그 동안 자본주의 시장은 자본시장(Capital Market)으로서 산업자금의 수요와 공급이 이루어지는 시장경제를 이끌어 온 것이다.

그래서 흔히 시장경제 체제는 자본주의의 시작과 더불어 출발하였다고한다. 여기서 말하는 시장경제는 경제주체들이 장터에서 만나 자유로운 경쟁에 의해 시장에서 형성되는 가격을 기준으로 경제활동을 전개하는 것을의미한다. 자본시장의 기원을 살펴보면, 17세기부터 도입되어 18세기에 동인도회사(East India Company)가 설립되면서 현대 기업의 기원이 시작되었다. 자본시장이 형성되면서 재화의 생산보다는 재화의 교환, 판매를 통해 이윤을 추구하는 경제가 발전하기 시작한 것이다.

기업은 자사의 제품이나 서비스를 어떤 경로를 통해 표적 시장을 찾고 고객에게 어떻게 제공할 것인가를 결정하는 것에 중점을 두었다. 이것은 새로운 시장기회와 고객 가치를 창출하는데 유통에 초점을 둔 것이다. 유통은생산과 소비를 잇는 경제활동으로 제품이 공급업체로부터 최종 소비자에게도달함으로써 새로운 가치와 소비를 창출하는 토대를 마련하는 활동이다. 이 점은 자본주의 경제체제에서 가장 큰 특징이며 이것으로 자본가들은 자신들의 부를 쌓기에 분주했을 것이다.

자본주의 시장에서 기업의 역할과 가치

시장경제 체제는 개인의 능력을 극대화시키는 것을 목표로 한다. 이러한개인의 능력을 높이기 위해서는 정당한 대가를 보장해야 한다. 즉 시장경제가 원활히 움직여야 하는데, 이를 위해 제도적 뒷받침이 필수적이다. 따라서시장경제 체제를 뒷받침하기 위해 기업의 역할이 필요하였다. 우리가 정의한 사회법적 계약에 의하면, 기업의 존재는 적절한 자격이 주어진 개인들의 집단이 서로 협력하여 일하기로 동의하고 필요한 합법적 활동을 하면서 유지될 수 있다고 한다. 기업 활동은 적절한 자격요건을 갖춘 기업 구성원들이 주어진 권한 내에서 주어진 의무를 행할 때 가능하다. 기존의 자본주의 시장경제에서 기업은 자본의 할당, 위험의 공유, 시장경제의 확장성 및 노동의 문화와 조직화를 위해 존재하였다. 또한, 시장에서 발생하고 있는 거래의 복잡성과 이를 지원하고 관리하는 데 드는 거래비용이 존재하였기에 기업은 보다 더 큰 수익을 얻기 위해 기업의 목표가 설정되고 그것을 달성하려는 방향으로 기업활동이 이어져 온 것이다.

이처럼 지금까지 기업의 가치는 누가 경영하고 어떤 전략을 수립하여 실행하느냐에 영향을 받아왔으며, 기업의 성장률과 자본비용에 따라 기업가치가 결정되어 왔다. 2000년 이후부터 기업가치는 브랜드 가치로부터 기업의 신뢰성이 강조되기 시작한다. 브랜드 가치(brand value)는 브랜드가 가지고 있는 무형의 자산으로, 시중에 상표를 판매할 때 받을 수 있는 추정가치로 정의한다. 브랜드의 지명도만으로 현재 또는 미래에 거둘 수 있는 이익을 금액으로 환산한 것이다.

과거 기업의 브랜드는 제품과 마케팅에서 제공하였다면, 지금은 시장점유율, 소비자의 브랜드 인지도, 가격 결정 능력, 매출과 순익 추이, 광고 규모 및 법적 보호 여부 등 여러 항목을 기준으로 브랜드 가치를 평가하여 지수화한다. 디지털 시대에 기업은 경제활동에서 얻은 실적과 성장 가능성 측면에서 고객에게 브랜드 가치를 제공하고 있다. 이제 브랜드는 시장가격을 결정하는 주요 요인이 되었고 소비자는 이러한 브랜드를 신뢰하면서 구매를 통한 만족감과 가치를 얻고 있다.

브랜드는 기업과 제품의 얼굴이 되었고 경쟁사보다 차별화시키기 위해 이름, 상표, 로고를 디자인하여 소비자에게 홍보함으로써 기업가치를 제공해 온 셈이다. 기업의 가치는 이러한 마케팅이라는 활동에 의해 수익창출이 만들어지고 소비자의 가치는 브랜드 선택이라는 만족감에 대한 가치를 얻는 데서 찾을 수 있다. 자본주의 시장에서 가장 큰 장점은 개인이 자유로운 경제활동을 위해 의사결정을 내리고 자신(기업, 개인)들의 경제적 이익 추구를 제도적으로 보장하면서 개인의 역량 발휘를 통해 인센티브가 지급되는 환경이다. 이것은 개인의 이윤 추구에 집중된 접근방법이다. 그러나 개인주의적 접근에 의한 시장경제는 빈익빈 부익부라는 빈부의 격차를 심화시키고 있고, 시장실패가 발생될 수 있는 가능성을 수시로 제공한다는 단점을 지닌다.

또한, 인터넷이 자본주의 시장경제의 발전에 있어서 많은 혜택을 가져왔지만 플랫폼이라는 중앙집중 구조로 인해 사용자 대부분의 정보와 데이터가 통제 받는 구조에서 개인은 외부 해킹으로부터 위협을 받고 있다. 중앙집중 구조에서는 기업과 정부, 기관이 거래에 대한 신뢰를 보장하고 우리의 개인정보를 지켜줄 것으로 믿고 있다. 그러나 우리의 정보는 중앙기관의 내부자들의 소행으로 유출되고 있고 시장의 신뢰 규정도 중앙기관의 이득을 위해 때론 수시로 변경·통제·조정되는 것을 경험하고 있다.

블록체인 기반의 시장경제

그러나 블록체인 기반의 새로운 경제체제는 자본주의 시장에서 기업과 자본이 중심이 되고 소비자가 브랜드를 통해 상품과 서비스에 대한 가치를 느끼는 것과 차원이 다른 자율조직에 의해 신뢰가 형성되는 경제이다. 자율조직에 의한 신뢰는 인간 개개인이 중심이 되고 경제활동의 주도권 또는 소유권이 기업이나 정부에서 비즈니스 생태계의 참여자에게로 이동하는 다른 경제체제의 변화를 보여주고 있다. 즉 소유권과 재산권이 개인 또는 기업의 사유로 인식된 제도에서 생태계에 참여하는 참여자들에게 공정하게 이윤을 분배하고 정보를 공유하는 방향으로 이동이 가능하다. 또한 나의 개인정보를 플랫폼의 중앙에서 통제·관장하는 것이 아닌 자신의 정보를 스스로 관리할 수 있는 체계가 가능해진다. 이러한 변화는 새로운 경제패러다임의 시작이 될 것이다.

이제까지 정부 또는 기업은 시장의 경제체제와 생태계에 관여하면서 상황에 따라 시장경제를 통제하고 조정해 왔다. 하지만 블록체인 경제가 형성되면서 블록체인 플랫폼 내의 자율 조직인 거버넌스가 제시하는 원칙과 규율대로 참여자들이 의사결정에 참여하고 생태계가 운영되는 경제체제가 시작된 것이다. 블록체인 경제에서는 참여자들이 비즈니스 생태계에 참여하도록 동기를 유발하는 것 자체가 경제적 유인책이므로 자본시장과 다르다는 것을 알 수 있다. 자본시장에서는 기업이 정한 가격 또는 제도에서 정의한 보너스를 인센티브제도 하에서 제공하였다면, 블록체인 기반의 시장에서는 인센티브가 사용자 스스로가 블록체인 네트워크에 적극적으로 참여하는 경제적 유인체계이자 생태계를 활성화시키는 수단으로 사용된다. 이처럼 참여자들에게 인센티브인 암호화폐를 제공함으로써 참여하는 사용자에게 긍정적인 네트워크 효과를 가져와 블록체인 플랫폼의 가치는 더욱 향상될 수 있는 가능성이 커진 셈이다.

다음 [표 2-2]는 자본주의 경제제제와 블록체인이 추구하는 경제제제를 비교한 내용이다

[표 2-2] 자본주의 시장경제와 블록체인 시장경제의 비교

구분	자본주의 시장경제	블록체인 시장경제
추구목적	- 개인주의 극치, 이익 극대화,	- 협력적 경제, 장점의 극대화
소유권 재산권	- 경제주체 별 소유 또는 사유	- 참여자들 모두가 소유(공유) 또는 투명하고 공정한 수익 분배
통제 조정	- 개별 경제주체(기업, 정부, 개인)	- 블록체인 거버넌스 체계 (자율 조직 운영)
경제유인 체계	- 기업이 정한 가격 내 구매 유인 - 기업이 정한 제도 내 인센티브 지급	- 적극적인 참여와 생태계에 기여한 참여자들 모두에게 공정한 인센티브(암호화폐=코인) 부여

블록체인 경제와 시장의 발전 방향

산업혁명 이후 자본주의 시장은 대부분 생산성 향상과 기업의 이윤추구에 초점을 두면서 부(富)의 불평등이 지속적으로 이어져 왔다. 비록 자본주의가 세계 시장의 발전에 혁혁한 공로를 세워 지금까지 지속적으로 발전되어 왔으나 경제주체 중심의 이익 극대화와 개인주의에 몰입된 결과는 다양한 병폐와 문제를 낳고 있는 것이 현실이다. 블록체인은 이와 같은 문제점을 해결하고자 구성원의 자율성과 다양성, 중앙집권화 조직에서 분권화를 통한 경제 시스템을 작동시킴으로써 그 동안 경험해온 자본주의의 단점을 치유하고자 하는데 중점을 두고 있다.

기존시장에서는 중개자의 개입을 통해 경제활동에 대한 신뢰를 제공하였지만, 중개자 개입 없이 공급자와 구매자가 탈중앙화 플랫폼에서 만나 직거래가 가능한 생태계가 점차 확산될 것으로 예상된다. 디지털 경제가 등장하면서 중개자가 개입된 B2B 모델, B2C 모델은 블록체인 경제로 서서히 전환되면서 C2C 직거래 플랫폼이 증가하게 되었다. 경제 유인 체계의 동인인 암호화폐가 디지털 머니로서 중심이 되고 디지털 자산이 대두되면서 모든 자산이 디지털 코드화되는 세상을 맞이하는 '디지털 자산의 가치사슬'이 시장경제의 중심이 될 것으로 전망한다. 이 시기가 얼마나 빨리 오느냐는 지금까지 이끌어온 경제 시스템을 원활히 대체할 수 있는 블록체인 기술 발전의 지속성 여부에 달려 있다. 법·제도의 정립과 패러다임의 변화를 예측하고 미래의 발전 방향을 전망해보는 시야를 가질 때 이는 더욱 가속화될 것이다. 블록체인 경제가 가져올 변화는 한마디로 정보와 참여의 민주화이자 자율성에 바탕을 둔 거버넌스가 주축이 될 것이다.

2. 블록체인 경제원리

블록체인은 데이터에 대한 투명성, 불변성, 신뢰성 등의 가치를 부여할 수 있는 특징을 지니고 있다. 그렇다면 블록체인 기술에서 새로운 시장경제를 이끄는 원동력은 무엇일까? 그것은 블록체인 기술과 암호화폐에 의한 다음과 같은 3가지 새로운 경제원리에서 찾을 수 있을 것이다.

1) 신뢰 머신

₿ 개요

〈이코노미스트〉는 블록체인에 대해 "블록체인을 통해 서로를 모르거나 신뢰할 수 없는 사람들이 누가 무엇을 소유하는지에 모든 당사자가 동의해야 하는 기록을 생성할 방법을 찾을 수 있다. 진정한 혁신은 디지털 동전 자체가 아니라 그것을 만들어낸 신뢰장치에 있다"라고 언급하고 있다. 이 의미는 인간사회에서 컴퓨터 기계가 신뢰를 대신할 수 있다는 '가능성'을 보여준 놀라운 사건이다. 기계가 사회와 경제 시스템의 신뢰를 가능케 함에 따라 중앙에서 사회제도, 시스템, 규칙 등을 관장했던 권력이 참여자 개개인에게 새로운 형태로 이동된다는 점을 말해주고 있다. 이 부분은 블록체인 기반 기술이 새로운 경제 메커니즘을 창출하는 대목이다.

자본주의 시장경제는 시장의 공급과 수요를 통해 결정되는 가격을 중심으로 거래가 이루어졌듯이 인터넷 기반의 플랫폼 경제에서는 수요측면은 네트워크 효과가, 공급 측면은 수확체증의 법칙이 각각 작용하여 소비자와 공급자, 그리고 기업에게 가치를 제공한다. 또한 우리가 사용하는 화폐는 신뢰가 생명이므로 시장에서 거래되는 데이터와 공유하는 정보도 신뢰가 보장될 때 비로소 생태계가 작동된다. 이와 같은 신뢰를 보장하기 위해 그 동안 법과 제도, 규칙 등 다양한 방법이 고안되고 적용되어 왔다. 그러나 블록체인은 신뢰의 문제를 시스템 내부에서 해결하기 위한 기술로 경제 시스템에서 작용한다. 거래상의 신뢰는 암호화 기술과 합의 기술에 의해 이루어지며, 네트워크의 신뢰는 P2P 구조 기반의 거버넌스가 기반이 되어 작동하는 것이다.

₿ 신뢰 머신- 합의 기술

블록체인과 게임이론은 서로 연결고리를 갖고 있다. 탈중앙화 블록체인 네트워크에서 는 신뢰가 컴퓨터 시스템에 의해 자동으로 유지되어야 한다. 이 부분이 자동으로 유지되려면 암호기술을 포함한 복잡한 합의 알고리즘 이 필요하다. 그리고 스마트 계약이 가능하도록 로직이 구성되어야 한다. 합 의를 위한 기술로는 '게임의 룰'을 적용하여 새로운 경제 모델을 만들 수 있 다. 게임의 룰이란 개인 또는 기업이 어떠한 행위를 하였을 때, 그 결과가 게 임에서와 같이 자신뿐만 아니라 다른 참가자의 행동에 의해서도 결정되는 상황에서 자신의 최대 이익에 부합하는 행동을 추구한다는 수학적 이론을 말한다.

새로운 게임의 룰이란 사회학이나 경제학에서 활용되는 응용수학의 분야 로 경제활동에 있어서 기존과는 다른 신뢰의 메커니즘이 적용된다는 의미 다. 참가자들이 상호작용하면서 변화해가는 상황을 이해하고, 그 상호작용 이 어떻게 전개될 것인지, 매 순간 어떻게 행동할 것인가를 결정하는 개념이 다. 블록체인 경제에서 신뢰는 이와 같이 게임의 룰이 적용되는 합의 알고리 즘과 암호기술에 의해 스마트 컨트랙트가 작동하는 것을 의미한다. 게임의 룰이 블록체인에서 작동되려면, 우선 탈중앙화된 P2P구조에서 위·변조 없 이 거래의 목적이 완벽하게 가동되어야 하는데 이를 위해 블록체인은 여러 기술과 제도의 설계를 통해 다음과 같이 신뢰 메커니즘을 제공하고 있다

블록체인은 P2P구조에서 다수 참여자가 동일 원장을 공유하는 특징이 있 다. 이 원장이 신뢰성을 유지하기 위해 합의 알고리즘(consensus algorithm)이라 는 로직을 구현하여 적용한다. 합의 알고리즘은 게임이론에서 출발하고 있 는데 분산 환경에서 노드들 간의 단합 또는 데이터의 임의적인 조작을 막아

주는 블록체인의 핵심기술이다. 일부 노드가 장애로 인해 실패하여도 시스템의 모든 노드가 단일 시스템에서 실행되는 것처럼 합의할 수 있도록 가동하는 것을 의미하며, BFT(Byzantine Fault Tolerance)로 표현한다. BFT는 블록체인 합의 알고리즘에 대한 아키텍처 설계에서 기본이 되고 있다.

합의 알고리즘은 거래의 신뢰성을 확보하기 위해 블록체인 네트워크에서 일반적인 장애가 발생할 경우, 노드에 악의적인 위협이 일어날 경우, 이중지불 문제가 발생할 경우, 또는 해킹이 발생될 경우에도 사용된다. 비잔틴 장애 허용을 이겨낼 수 있는 힘은 합의 알고리즘이 얼마나 강력한 메커니즘으로 설계되었느냐에 따라 달라진다. 강력한 합의 알고리즘은 블록체인 기반의 거래를 더욱 신뢰하도록 만들 수 있다. 채굴자, 블록체인 네트워크 참여자, 토큰 보유자 등 모든 참여자들은 게임 참여자로 부를 수 있다. 이들은 중앙에서 통제 없이 자신의 보상을 극대화시키기 위해 그들만의 목표점을 향해 행동한다. 블록체인 게임 룰은 바로 블록체인 네트워크 신뢰를 더욱 강화시켜 게임 참여자들의 바람직한 행동을 유도하기 위해 설계하고 적용하고 있다.

'합의 알고리즘'은 블록체인 경제에서 가장 중요한 신뢰를 뒷받침해줄 수 있는 기술이자 신뢰의 메커니즘이다. P2P네트워크 상에서도 제3자 통제시스템 없이 거래 데이터의 오류와 무결성을 보장한다. 데이터의 무결성은 결국 P2P네트워크에서 다수의 노드들이 합의를 통해 하나의 블록을 유지하는데 매우 핵심적인 부분이다. 이때의 합의 알고리즘은 노드가 새 트랜잭션 데이터와 블록을 어떻게 처리할지를 통제하는 방법이며, 탈중앙화 네트워크 상에 있는 다양한 문제들을 해결하기 위해 적용되고 있다. 합의 알고리즘은 블록 생성 권한 분배 방식, 블록생성 및 검증 방식 등에 따라 다양한 형태로 등장하고 있다. 네트워크의 강건성 확보를 위해 보다 효율적인 합의와 높은 보안성, 탈중앙화를 갖춘 강력한 합의 알고리즘은 블록체인이 신뢰의 머신으로 우뚝 설 수 있는 기둥인 셈이다. 대표적인 합의 알고리즘으로 초창기 POW, POS에 이어 DPOS, DDPOS, 그리고 IBM의 하이퍼레저에 탑재되어 있는 PBFT(Practical Byzantine Fault Tolerance) 등의 다양한 합의 알고리즘이 사용되고 있으며, 비즈니스 생태계에 적합한 합의 알고리즘이 연구되고 개발 중에 있어 향후 보다 우수한 합의 알고리즘이 등장할 것으로 예상한다.

❸ 신뢰 머신-암호화 기술

블록체인 경제에서 신뢰 메커니즘을 형성하는 데 또 하나의 기술은 암호화 기술이다. 암호기술은 블록체인의 불변성과 투명성 그리고 데이터의 무결성을 제공하는 데 사용된다. 대표적인 암호기술은 해시함수와 전자서명 기술을 사용한다.

• 해시함수(Hash Function)

암호학적 해시함수는 암호 알고리즘의 일종으로 긴 길이의 데이터를 압축하여 일정 길이(256비트, 512비트 등)의 고유의 값을 출력한다. 암호학적 해시함수는 입력 데이터에서 비트(bit) 변화가 조금만 발생하여도 해시값이 완전히 다른 값으로 출력되므로 거래정보의 무결성 검증에 사용된다. 무결성은 특정한 데이터를 보호해서 데이터의 실제 값을 정상적인 상태로 유지하는 것으로 어느 누구도 거래장부를 변조할 수 없다는 뜻이 된다.

블록체인에서 데이터의 무결성과 불변성을 위해 해시함수는 언제 사용될까? 먼저 합의 알고리즘 방식을 사용할 경우, 해시값을 이용하여 채굴 문제를 먼저 해결한 채굴자에게 채굴 권한과 보상을 제공한다. 이때 채굴사가 거래정보를 블록화시켜 블록으로 만든 정보를 체인으로 연결되도록 하는 과정에서 해시값이 사용된다. 즉 해시 알고리즘은 명확한 거래를 위한 감시, 모니터링 그리고 거래가 완료되었음을 입증하는 데 사용된다.

[그림 2-4] 전자서명 개념도

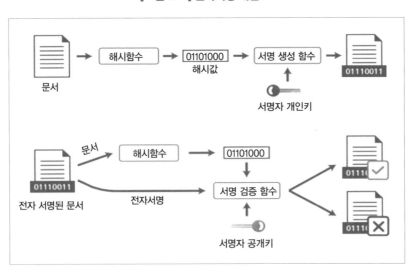

출처 : 블록체인 암호기술 가이드라인, 2020년 12월 국가정보원

• 전자서명

전자서명은 블록체인 구현의 핵심적인 역할을 수행한다. 전자서명은 사람의 손으로 쓴 서명, 음성 인쇄 또는 전자 이미지 형식의 기호로 나타낸다. 디지털 형태의 메시지를 송·수신하는 과정에서 거래정보를 저장하는 문서에 서명을 보증하기 위해 사용한다. 서명 시 메시지와 개인키를 입력 받아 전자 서명을 생성하는 기능을 수행하고 서명을 검증하는 함수는 메시지, 전

자서명, 공개키를 입력 받아 메시지에 대한 전자서명의 유효성 (validity)을 검증하는 기능을 수행한다. 이 방식은 블록체인 내 데이터의 출처와 유효성 검증 및 부인 방지에 사용된다.

신뢰 머신-거버넌스 체계

블록체인은 매우 복잡한 기술과 학문적 이론으로 결합되어 있다. 블록체인 생태계를 구축하기 위해서는 경제 시스템과 소프트웨어 공학적 설계가 필요하고 심지어 법령, 인간의 심리, 인문사회적인 기본 이론 등이 융합되어 블록체인 프로젝트가 완성된다. 블록체인 플랫폼이 정상적으로 가동하고 지속적인 성장과 혁신이 가능하게 하려면 주변 환경과 참여자들의 눈높이에 맞게 블록체인 프로토콜이 작동해야 한다. 또한 꾸준한 기술 발전과 더불어 고도화되어야 그 생태계는 살아 움직일 수 있다. 그래야 참여자들이 원하는 적정 수준의 암호화폐나 코인의 가격 유지가 가능할 것이다. 단지 블록체인 기술과 백서 작성만으로 블록체인 프로젝트를 수행하기란 대단히 어려운 일이며 이런 코인들이 거래소에 상장하더라도 코인의 가치는 급격하게 추락할 수 있다. 모든 새로운 생명체가 탄생하기 위해서는 일정한 시간과 관심이 필요하듯이 생명체가 건강하게 태어날 수 있게 지속적인 투자와 노력이 필요하다. 블록체인 생태계의 구축도 이와 유사하다.

네트워크 상에서 경제활동에 대한 신뢰를 유지하기 위해서는 중재기관의 역할(신뢰의 입증과 제도, 규칙 제공 등) 대신 블록체인 거버넌스 체계에서 조직화하여 블록체인 시스템에 반영할 수 있어야 한다. 즉 경제 시스템이 정상적으로 작동되기 위해서는 누구나 수용할 수 있는 합리적인 운영전략, 거래성책, 기본방침, 규정 또는 약관 등이 필요하다. 그래야만 그 시스템에 대한 신뢰와 믿음을 얻을 수 있다. 이를 위해 블록체인에서는 거버넌스 체계를 강조하고 있다.

블록체인 네트워크는 누군가의 개입 없이 경제 시스템이 작동되기 때문에 네트워크에 참여하는 구성원들의 의사결정이 중요해질 수밖에 없다. 시스템과 생태계에서 발생되는 주요 안건에 대해 서로 다른 참여자의 의견을 모아 의사를 결정하려면 거버넌스 체계가 반드시 필요하다. 또한, 거버넌스는 수시로 발생되는 블록체인 네트워크 상의 문제에 대해 시스템적으로 대처할 수 있도록 도와준다. 즉 상거래 과정에서 소비자에게 중요한 신뢰 부분을 블록체인에서는 거버넌스에서 조직화하여 시스템에 반영하고 상황에 따라 이를 실행하는 것이다.

신뢰 부분을 다룸에 있어 거버넌스에서 어떤 내용을 고려하고 반영하면 될까?

- 거버넌스는 시스템내부의 알고리즘으로 처리되어야 한다
- 신뢰는 합의의 결과물이다. 따라서 신뢰할 수 없는 구성원들이 신뢰의 목표를 달성하도록 시스템에서 알고리즘 로직에 반영하여 사람들의 개입 없이 자동으로 처리되어야 한다.
- 알고리즘을 합리적으로 변경할 수 있어야 한다
  처음 출시된 거버넌스 체계가 담긴 알고리즘은 생태계가 형성되면서 주변 환경 또는 참여자들의 목소리에 의해 변경될 수 있다.

그렇다면 소스코드를 변경해야 하는데 변경절차, 변경승인 방법, 변경기준 및 변경범위와 조건 등이 거버넌스에 상세히 반영되어야 한다.

- 그 밖에도 거버넌스에 반영되어야 할 항목으로는 거래 수수료를 얼마로 책정할 것인가를 비롯하여 코인 발행량, 수수료 인상, 노드 축소 또는 확정 여부 결정, 블록체인 시스템의 파라메타와 코드소스 변경 룰, 신규과제(새로운 DApp을 올릴 경우)에 대한 자금 지원 등 다양하며 이 부분은 해당 블록체인의 성격과 비전에 맞게 채택하여 적용할 수 있다.

[표 2-3]에는 경제 모델과 기술적 측면에서 블록체인의 속성인 신뢰의 머신이 보여주는 내용과 변화의 모습을 정리하였다.

[표 2-3] 블록체인 경제에서 새로운 신뢰 메커니즘의 변화

구분	신뢰의 메커니즘	놀라운 변화모습
경제 모델 측면	- P2P 구조(탈중앙화) - 거래내역의 분산 저장 - 참여자들의 합의와 검증 - 거버넌스 체계(자율조직 운영)	- 중개인 배제 - 참여자 모두가 오너십 확보 가능 - 거래 위·변조 방지, 부인 방지 - 블록체인 생태계 성장 촉진
기술적 측면	- 디지털 데이터 무결성, 유효성 유지 - 시스템 완전성 확보 (System Redundancy)	- 거래 상세정보의 신뢰성 유지 - 거래 완료 및 거래 입증(오작동시 안전한 설계)

블록체인은 투명성과 조작 방지라는 '신뢰성'의 가치를 지니고 있다. 이 부분은 자본주의 시장이 제공하는 신뢰 메커니즘의 한계를 극복하도록 돕는다. 정보가 위·변조되지 않고 참여자 모두가 보는 앞에서 정보를 공유하

기 때문이다. 블록체인이 '경제 민주화'로 볼 수 있는 짐도 바로 강력한 신뢰성 때문일 것이다. 블록체인의 민주성이 경제적으로 가치를 제공할 때 비로소 경제 민주화 기술로 거듭날 수 있다. 그렇다면 블록체인은 신뢰를 더욱더 강화함으로써 경제성과 신뢰 인증에 필요한 처리 비용을 감소시킬 수 있는 기술이 될 것이다.

2) 인센티브 머신

₿ 인센티브의 개요

비트코인은 블록체인 기술을 기반으로 만들어진 디지털 암호화폐이다. 비트코인의 화폐 는 중앙은행이 없이 전 세계적 범위에서 P2P 방식으로 개인들 간에 자유롭게 송금 등의 금융거래를 할 수 있게 설계된 새로운 화폐 발행 방식에 의해 생성되었다. 또 중앙은행을 거치지 않아 수수료 부담이 적다. 거래장부는 블록체인 기술을 바탕으로 전 세계적인 범위에서 여러 사용자들의 서버에 분산하여 저장하기 때문에 해킹이 불가능하다. 이때 SHA-256 기반의 암호 해시함수를 사용한다. 이것은 대중적으로 사용되는 첫 번째 화폐를 만드는 엄청난 결과를 가져왔으며, 이후 탈중앙화된 경제 시스템을 만들고 비즈니스를 재구성하는 계기를 마련하였다. 그렇다면 여기서 경제 시스템을 움직이는 엔진은 무엇일까? 우리 몸 속의 혈액과 비슷한 암호화폐(코인)이다. 이 코인이 어떻게 생산되고 어떤 활동을 통해 획득할 수 있는지에 따라 블록체인 경제 생태계가 무엇을 가장 중요하게 다루고 있는지를 알 수 있다.

사토시 나카모토는 채굴자들이 네트워크를 안정적으로 운영하기 위해 인센티브 제도를 부여했다. 악의적인 시도를 하는 공격자에겐 손실이 발생하도록 프로토콜 영역에서부터 적용하였다. 이것은 채굴자, 사용자, 개발자 등 모든 이해관계자들에게 게임이론을 적용함으로써 합리적이고 공평하게 인센티브를 제공하도록 설계되었다. 탈 중앙화된 시스템에는 중개자가 없으니 중개 역할과 검증 활동은 분산된 환경에서 다수(노드)가 처리해야 한다. 또한 이들이 자발적으로 참여할 수 있도록 경제적 유인체계가 필요하다. 즉 그들에겐 금전적 동기가 필요한 것이다. 이것은 채굴(mining)을 통해 지급되고 이것을 우리는 인센티브 구조라고 부른다.

블록체인의 혁신성은 네트워크 참여자들이 익명의 타인과 상호 합의를 통해 신뢰 네트워크를 유지하도록 하는 경제적 인센티브 구조에서 나온다. 비트코인의 경우 네트워크 참여자, 즉 채굴자들이 신뢰 네트워크를 유지하도록 비트코인 보상이라는 강력한 유인책이 제공되고 있다. 한편 네트워크를 공격하거나 조작하고자 할 경우에는 신뢰 메커니즘 아래 거래정책이라는 프로토콜 기능에 의해 시스템의 중앙화, 중개인 중심의 운영, 집중화 등을 막을 수 있다.

블록체인의 효용은 보상과 패널티 제도에서 얻을 수 있다. 이것은 암호화폐라는 코인의 발행으로 보다 정교화되고 체계화시킬 수 있다. 블록체인 네트워크 내에서 보상이란 채굴과 참여자들의 평가에 대한 결과로 표현된다. 채굴은 블록체인이라 불리는 비트코인의 공공 원장에 거래 기록을 추가하는 과정을 의미한다. 채굴의 존재 이유는 모든 거래의 정확성을 확인하고 네트워크 상에 있는 모든 참여자들이 이 원장을 열람할 수 있도록 하는 데 목적이 있다. 이는 합리적인 비트코인 거래와 다른 곳에서 사용한 돈을 다시

지출하는 깃과 구별하기 위해 사용된다.

• 보상체계

채굴은 분산원장 시스템이라는 광산에서 합의 알고리즘이라는 작업을 통해 코인을 소유하는 것을 표현한 용어이다. 작업 증명(POW)방식의 합의 알고리즘은 비트코인에서 사용되는 것으로 어떤 트랜잭션이 발생할 경우, 해당 거래가 유효한 거래인지 여부를 합의방법으로 검증한다. 여기서 트랜잭션은 컴퓨터 상에서 처리되는 최소의 작업 단위로서 금융 또는 블록체인 시장에서는 거래내역으로 통용되는 용어이다. 합의 방법은 많은 채굴자가 주어진 문제를 풀기 위해 참여하지만 더 많은 일을 하여 먼저 문제를 해결한 참여자에게 더 많은 보상이 주어지는 방식이다.

이때 먼저 문제를 푸는 사람에게 그에 따른 보상으로 암호화폐가 주어지며 블록체인의 새로운 블록이 체인으로 연결되어 추가된다. 새로운 블록은 특정 컴퓨터 연산 작업을 통해 만들어지게 된다. 블록체인에서 보상체계인 채굴이 제공되는 목적은 네트워크 상에서 일어나는 거래 기록을 보호하기 위해서이다. 앞에서 언급하였듯이 노드의 증가, 즉 채굴자들이 많아진다는 것은 블록을 검증하는 참여자들이 많아진다는 뜻이고 이는 해킹 위험으로부터 보안성을 강화시킬 수 있다는 의미이다. 다른 차원에서는 보상(채굴)으로 받는 암호화폐를 시장에 유통시키기도 하고 암호화폐 수급을 조절해 암호화폐의 가격을 방어하는 기능도 가지고 있다.

채굴과 다른 차원의 보상은 평가와 댓글 참여에 따른 노력을 비롯하여 네트워크 내에서의 기여 활동을 들 수 있다. 이러한 활동은 블록체인 생태계에서는 매우 중요한 의미를 갖는다. 그 이유는 블록체인 플랫폼의 가치를 향상시키고 생태계를 활성화하여 참여자들의 부(富)를 높일 수 있는 기회를 제공하기 때문이다. 이와 관련된 사례로서 '스팀' 생태계는 자체에서 발행한 코인이라는 보상을 통하여 생산적인 컨텐츠 창작을 유도하고 있다. 단순히 인센티브를 주는 것이 아니라 토큰을 줌으로써 사람들이 특정한 행동을 하도록 유도하는 경제적 유인책을 적용한다.

국내에서 안정된 블록체인 생태계를 유지하고 있는 'KOK 코인'의 경우 비트코인, 이더리움 또는 USDT로 코인을 예치하여 네트워크 확산을 위한 홍보에 전념한 결과, 수십만 회원이 KOK 네트워크에서 활발히 활동하고 있다. USDT로 환산되어 예치된 것은 매일 KOK 코인으로 채굴되어 참여자들에게 보상으로 제공한다. 전세계 140여 개 국가에서 수십만 명의 회원이 KOK 네트워크에 참여하고 있다. 또 다른 사례로, 메타버스 세계를 만드는 'Second Earth'를 지향하는 비전을 가지고 탄생한 'SET COIN'도 메인넷이 출시 되기 이전 상태에서 이미 토큰 이코노미가 작동했다. 이 코인은 USDT를 입금하여 그 시점의 SET COIN을 구매하여 예치하고, 매일 모종의 쉬운 임무에 참여함으로써 SET 코인을 보상받는 토큰 경제 시스템이 가동하고 있다. 참여 활동 중의 한 예로서, Second Earth 시스템 개발과 생태계 확산에 필요한 지구의 모습이 담긴 주변 사진들을 참여자들이 업로드하게 하고, 그에 대한 보상을 주는 방식이다. 이것이 바로 참여자의 기여에 의한 블록체인의 인센티브 시스템이다.

참여자들의 활동과 기여에 의해 특정 토큰이라는 인센티브가 제공되는 생태계는 다음과 같은 공통점이 있다.

- 블록체인 프로젝트에 필요한 펀딩을 위해 예치금을 넣어 참여한다.
- 참여자들의 네트워크 효과를 위해 광고, 네트워크 마케팅 등의 홍보활동을 한다.
- 매일 보상을 얻기 위해 해당 블록체인 프로젝트의 미션과 관련된 활동을 수행한다.

❸ 페널티 체계

페널티(penalty)는 특정 노드의 부정 행위로부터 블록체인 네트워크를 보호하기 위한 목적으로 적용된다. 특정 노드가 악의적인 목적으로 잘못된 메시지를 송신하면 이를 받은 각 노드들은 해당 노드에게 페널티를 부여한다. 컨소시엄 블록체인은 기술적 방법으로 거래를 승인하고 위·변조를 방지하는 작업 증명(PoW), 지분 증명(PoS) 및 중요도 증명(PoI)* 방식과는 달리 참여자의 동의를 통해서 블록체인의 거래를 승인하는 방식이다. 여기서 동의에 의한 승인 구조는 어느 특정인이나 그룹이 블록체인 네트워크를 독점하는 것을 막기 위한 체계이다.

정확한 거래내역이 담긴 블록을 승인해 줄 경우에는 보상을 해 주고 그렇지 않은 경우에는 보증금을 돌려받지 못하는 페널티를 준다. 이런 규정과 정책은 참가자가 거래원장(블록)을 올바르게 승인할 수 있게 하는 유인책으로 사용된다. 또한 올바른 블록을 많이 승인한 참가자일수록 신뢰할 수 있는 참가자로 간주함으로써 거래의 타당성을 보장할 수 있다. 페널티 부여는 결과적으로 나쁜 행위를 하는 자 또는 게으른 참여자에게 암호화폐의 일정량을

---

* PoI(Proof of Importance)방식이란 블록체인 네트워크에서 활동량이 많을수록 더 큰 의사결정 권한을 주는 합의 알고리즘이다.

지분으로 고정시킨 코인을 빼앗는 작업이 될 수 있다. 이 방법은 네트워크에 참여하여 코인을 확보할 수 있는 기회를 차단시키는 수단이기도 하다.

블록체인의 인센티브 체계는 네트워크 참여자가 수행해야 할 작업을 정의하여 좀더 많은 사용자가 참여하도록 활동하는 경우에 코인이라는 암호화폐를 제공함으로써 생태계 확산과 경제 시스템 발전을 촉진하는 매우 중요한 경제원리를 담당하고 있다. 이처럼 블록체인 경제가 추구하는 목적은 기존의 자본 중심 경제와는 다른 인간 중심의 경제로 공급자, 소비자, 그밖의 참여자들 모두에게 참여를 통해 주인의식을 제공함으로써 스스로 경제활동과 발전에 기여하도록 하는 데 있다. 암호화폐는 그 자체로 글로벌 네트워크 위에 존재하며 사용자들의 적극적인 참여와 기여 활동을 만드는 원동력으로 작용한다. 인센티브체계는 디지털 경제 시대의 네트워크 효과와 수확체증의 법칙에 의한 규모의 경제를 형성할 뿐만 아니라 블록체인 생태계의 가치를 향상시키는 엔진으로서 중요한 역할을 담당하는 빠질 수 없는 요소이다.

3) 프로그램 가능 경제 머신

Ⓑ 개요

기존의 경제 구조에서 새로운 경제 모델을 설계하고 실행하는 것은 그리 쉬운 일이 아니었다. 경제정책을 바꾸는 것은 정치권력이 교체되지 않으면 거의 불가능한 일이다. 사실상 경제 시스템에서 작동하고 있는 룰이 정해져 있는 상황에서는 그 룰의 구체적인 집행기준을 변경하는 것은 매우 어려운 일이다. 대담하게 경제 모델을 수정하거나 또는 완전히 새로운 경제 모델을 실험하는 것은 거의 불가능한 일이다.

기존의 경제 시스템은 한번 만들어진 이후 작동되면 해당 경제 시스템을 단기간에 바꾸는 것은 쉽지 않다. 다시 말해 유연성이 매우 부족하다는 뜻이다. 예를 들면, 최근 부동산 거래에 포함되는 종부세, 양도세 및 취득세와 관련된 세금과 거래조건을 시뮬레이션 없이 갑자기 바꾸면 시장은 대혼란을 일으키고 예상하지 못한 부작용이 일어난다. 이런 현상을 우리는 과거에도 경험하였다. 새로운 모델이 시장에 도입되기 전, 변화된 제도나 경제정책을 충분히 시험하지 못하고 급하게 서둘러 만든 신개념일수록 부작용은 더욱 크다. 그 부작용은 세금을 납부해야 하는 국민은 물론 부동산과 관련된 산업에 부정적인 영향을 미칠 수도 있다. 즉, 시장 상황과 예외 케이스를 충분히 검토하지 못하고 사전에 충분한 시뮬레이션이라는 파일럿 테스트(Pilot Test)를 못할 경우, 그만큼 예측하기 어려운 위험이 뒤따를 수 있다는 뜻이 될 것이다.

₿ 프로그램 가능 경제의 개념과 특징

블록체인 경제를 작동시키는 프로토콜은 소프트웨어로 만들어졌다. 암호화폐 코인은 소프트웨어 기술로 발행된다. 그래서 암호화폐가 자산, 화폐, 지분 등의 성격을 동시에 가질 수 있다. 무엇이 이와 같은 다양한 역할을 가능하게 할까? 그 디지털화폐를 경제 모델에 반영하여 경제 시스템을 프로그래밍 할 수 있기 때문이다.

'프로그램 가능 경제(Programmable Economy)'의 새로운 개념은 가트너의 동료이자 부사장인 데이빗 펄롱거(David Furlonger)가 처음 제시한 용어이다. 그는 블록체인 기술이 만들어낼 새로운 가능성을 정확한 개념으로 언급했다. 그는 "프로그램 가능한 경제란 기술 교환이 가능한 기존의 가치 교환 개념을 변형시켜 개인과 스마트 기계가 가치를 정의하고 교환 방법을 결정할 수 있게 한다"고 주장하였다. 가트너의 Maverick 연구 결과에 따르면, 프로그래밍 가능한 경제는 새로운 형태의 가치 교환, 새로운 종류의 시장 및 새로운 종류의 경제를 지원할 것이라고 밝혔다.

프로그램 가능 경제의 가장 중요한 특징은 무엇인가? 블록체인 기술을 이용하여 대금결제, 송금 등 금융 거래뿐 아니라 스마트 컨트랙트 기술을 활용하여 모든 종류의 계약을 처리할 수 있기 때문이다. 이 기술을 이용하면 시장이 원하는 경제 모델을 설계한 후 프로그래밍을 통해 새로운 경제 시스템을 실행시킬 수 있다. 경제 시스템 안에서는 거래와 계약과 계약의 집행 등이 어우러져 가동된다.

이전의 경제 시스템은 한번 룰이 정해지면 쉽게 변경, 교체되기 어려웠다는 점과 비교해 볼 때 블록체인과 암호화폐가 결합된 탈중앙화 경제 모델은 현실 세계에서 오픈 이전에 컴퓨터시스템에서 다양한 시나리오를 설계하여 충분히 검증하고 보완하여 런칭이 가능하다. 코인을 상장하기 전과 메인넷을 출시하기 전에 블록체인 네트워크에서 베타버전을 이용하여 다수의 참여자들이 모여 경제활동을 시뮬레이션 할 수 있다는 의미다.

다시 말해 블록체인 비즈니스 모델을 구축하는 프로젝트마다 자신들만의 유니크한 경제 모델을 설계할 수 있고 그 설계를 프로그래밍하여 시스템으로 구축이 가능하다. 프로젝트 멤버들은 그들이 추구하고자 하는 비즈니스 생태계 목적과 부합되는 경제 모델들을 직접 설계하고 코딩하여 테스트한 후, 현실 세계에서 직접 작동시켜볼 수 있다. 이것을 우리는 블록체인 기빈의 프로그램 가능 경제라 부른다. 따라서 개발자이든 일반인이든 블록체인 기술이 지닌 분산, 개방, 공유, 투명성 등의 철학적 개념을 비즈니스 모델에 담아 비즈니스 프로세스를 혁신하고 탈중앙화된 시장경제 체제 도입이 가능하도록 프로그램 가능 경제를 만들 수 있다.

Program을 개념적으로 정의하면, "Program = Data Structure + Algorithm"인 것처럼, Programmable Economy라는 개념은 "Programmable Economy = Digital Asset + Smart Contract"라고 대체로 유추해 볼 수도 있다.

프로그램이 가능한 블록체인 경제는 다음과 같은 기능을 제공한다.

- 소프트웨어로 작동하는 경제 시스템이다.
- 위·변조 불가능한 법의 작동을 가능하게 해주는 블록체인 인프라이다.
- 자산, 화폐, 자금결제, 주식의 속성을 가진 암호화폐를 프로그래밍할 수 있다.
- 존재하지 않는 새로운 경제 모델을 '설계-개발-테스트-현장 실행'이 가능하다

전명산과 김용영에 따르면, "암호화폐가 투기이고 심각한 거품의 논란에 휩싸여 있음에도 불구하고 미래가치에 대해 부정할 수 없는 이유는 새로운 구조의 암호화폐 프로젝트가 현실 경제의 한 영역을 대체하면서 새로운 경제 모델로 자리잡을 가능성이 높기 때문"이라고 하였다. 이것은 프로그램이

가능한 경제 시스템을 구축할 수 있기 때문이다. 그들은 암호화폐가 반영된 글로벌 블록체인 생태계를 먼저 구축한 국가가 글로벌 경제를 주도할 가능성이 크다고 언급한다. 블록체인과 암호화폐가 결합된 프로그래밍이 가능한 경제 모델은 자본주의 경제 모델에 이미 도전장을 제시한 상태이고 근대 경제 시스템의 근간을 흔들고 있다고 해도 과언이 아닐 것이다,

ⓑ 스마트 컨트랙트에 의한 프로그램 가능 경제

블록체인 기술은 암호화폐인 비트코인에서 시작되었다. 비트코인은 탈중앙화 플랫폼에서 비트코인이라는 디지털 암호화폐의 거래에만 초점을 두었다. 그래서 '튜링의 불완전성(Turing Incompleteness)'이라고 부른다. 즉 비트코인은 비즈니스 생태계를 만들기 위해 다양한 기능을 반영시킬 수 없는 구조이다. 블록체인 프로그램 가능 경제의 출발은 2013년 비탈릭 부테린에 의해 시작된다. 그가 쓴 백서인 이더리움에서 스마트 계약이라는 블록체인을 발견하면서 비롯되었다. 이더리움은 임의의 컨트랙트를 사용할 수 있으며 해당 계약내용과 상태를 변경할 수 있다. 즉, 탈중앙화 블록체인 컴퓨터에서 디지털 자산을 직접 통제하고 거래에 필요한 다양한 기능과 서비스를 모두 구현할 수 있는 튜링의 완전성을 제공한 것이다.

'튜링의 완전성(Turing Completeness)'은 모든 수학문제를 풀 수 있는 일반적인 알고리즘을 해당 프로그램 언어가 만들어낼 수 있다는 뜻이다. 비트코인과 이더리움을 비교해 보면 비트코인은 자체적으로 편집된 언어인 스크립트(Script)언어를 지원한다. 해당언어는 'IF 명령문'만을 지원하며 자체적인 한계성이 존재하기 때문에, 비트코인을 비즈니스 영역에서 포괄적으로 적용하기에는 많은 제약이 따른다. 그러나 이더리움은 자체적인 튜링 완전 언

어들(Serpent, Solidity, LLL, Mutan)을 지원하고 있기 때문에, 사실상 가능한 모든 형태의 거래를 프로그래밍 할 수 있다. 프로그램 가능 경제 모델을 만들 수 있다는 것은 다른 경제 모델보다 다른 차원의 높은 자유도와 효율성을 누릴 수 있다는 의미가 된다.

스마트 컨트랙트의 특징은 사용 언어가 이미 프로그래밍 언어인 '실행 코드' 들로 작성되었기 때문에, 특정 조건이 만족되면 자동적으로 프로그램이 실행되어 계약이 이행된다. 기존의 거래에서는 계약과정에서 비효율적인 승인단계, 단계별 처리에 따른 다수의 인력 투입에 의한 고비용지출 및 복잡한 프로세스 처리로 생산성 저하 등의 현상이 나타나곤 하였다. 그러나 스마트 컨트랙트의 등장으로 디지털 자산을 직접 통제하고 운영하는 것이 프로그래밍을 통해 가능해졌으며 경제 모델을 컴퓨터로 P2P 환경에서 구현할 수 있게 된 것이다. 프로그래밍에 의한 스마트 컨트랙트 구현은 블록체인 경제가 성장할 수 있는 변곡점이 되었으며 지금은 이더리움 플랫폼뿐만 아니라 주요 3세대 메인넷 기반에서도 다양한 탈중앙화 비즈니스 생태계가 속속 등장하고 있다.

⑬ 프로그램 가능 경제 모델의 설계 범위

이제 우리는 블록체인 기술로 실제 실행 가능한 새로운 경제 시스템을 구축할 수 있다. 기존의 경제 모델이 아닌 블록체인과 암호화폐가 결합된 새로운 비즈니스 모델을 만들 경우, 누구나 목표한 방향대로 설계하고 개발하여 시장에서 작동이 가능하다는 뜻이다. 그렇다면 우리는 프로그래밍을 통해 무엇을 구축할 수 있을까? 이 부분에 대해 좀더 구체적으로 알아보자.

- 디지털화폐, 디지털자산 또는 코인을 이체할 경우, 송금자의 계좌에서 돈이 나가고 수신자의 계좌로 돈이 들어가도록 로직 구현이 가능하다.
- 법정화폐와는 다른 화폐 단위로 거래가 가능할 수 있으며 작은 단위로 암호화폐의 분할 설계가 가능하다.
- 거래대상 범위를 디지털 자산, 통화, 현물, 선물, 금융상품 등으로 확장할 수 있다.
- 참여자들이 제품과 서비스의 미래가치를 결정할 수 있게 프로그래밍이 가능하다
- 프로그래밍을 통해 암호화폐 발행이 가능하기에 탈중앙화된 삼면시장(공급자-소비자-암호화폐)을 만들 수 있다
- 글로벌 비즈니스 생태계의 확산과 지속 발전 가능성을 프로그래밍을 통해 쉽게 구현할 수 있다.

따라서 프로그래밍에서는 자산, 거래에 따른 신뢰, 소유권, 화폐, 신원 및 계약 등의 적용이 가능해진다. 또한 모든 자산을 디지털 자산으로 생성하는 것이 용이하고 실시간 이동도 가능하다. 중개자의 개입 없이 블록체인 네트워크에서 디지털자산을 완전히 생성하고 관리하며 전달할 수 있다. 거래과정을 처리하는 프로세스에 신뢰와 관련되는 기본원칙을 프로그램 로직에 반영하여 거래를 완료하고 거래의 완전성 확보를 위해 입증도 가능한 새로운 방법이 제공된다. 이와 같은 일을 처리하는 것은 바로 컴퓨터시스템에서 실행하고 있는 스마트 계약에 의해 이루어진다.

이처럼 프로그래밍 경제 모델의 설계와 개발이 가능해짐에 따라 기존 중

앙시스템에서 얻을 수 없는 다양한 징점을 경험하게 될 것이다. 특히 다수의 관계자 간의 빈번한 거래 또는 계약 당사자들 간의 거래에서 중복 작업의 수행과 수작업 처리에서 보다 더 효율성과 편리성을 얻게 될 것이다. 탈중앙화 기반의 스마트 컨트랙트(프로그램 가능 경제 모델) 적용 시 얻게 되는 잇점을 정리하면 다음과 같다.

- 거래와 서비스가 컴퓨터 시스템에서 자동처리 되어 거래 속도가 향상된다.
- 계약 실행의 위험도를 낮출 수 있다.
- 중개인 없는 서비스로 보다 저렴한 가격으로 구매가 가능하다.
- 참여자들의 노력에 대한 보상이 공정한 수익 분배로 가능하다.
- 사람의 개입 없이 컴퓨터에서 거래를 자동 처리함에 따라 비용절감이 가능하다.
- 사람 간의 불신을 해소할 수 있어 신뢰를 향상시킬 수 있다.
- 거래대상 범위를 확장할 수 있다.

프로그램 가능한 경제 머신은 블록체인 네트워크에서 경제 모델을 구축한 후, 모델 일부를 변경하고 그에 따른 승인이 가능하다. 이것은 참여자 또는 구성원들이 주요 안건에 대해 의사결정에 참여하고 그들의 합의를 설계하여 시장 시스템의 재구성을 가능하게 할 수 있다. 스마트 컨트랙트는 이와 같은 경제 시스템을 설계할 수 있는 로직에 해당한다. 여기서 사용되는 변수는 이더리움, 에이다, 폴카닷 등 암호화폐 종류가 사용된다. 로직과 변수들의 관계를 통해 프로그래밍이 가능한 경제 시스템이 만들어질 수 있다는 뜻이다. 기존의 프로그램에서는 변수로 X, Y, Z 등을 사용하는데 이들은 단순 변수로 사용이 가능하다. 즉 암호화폐 군들을 바로 단순변수로 사용하여 프로그래밍 할 수 있다는 뜻이다.

₿ 프로그램 가능 경제의 발전 가능성

새로운 NFT 시장

최근 블록체인 기술을 바탕으로 만들어진 암호화폐로 NFT(Non-fungible Token)가 등장하였다. 세계적으로 거래되는 NFT 자산 규모는 2년 사이에 8배 증가, 2021년 1분기는 전년 대비 130배인 20억 달러(약 2조 2400억 원)라는 거래량을 기록하였다. NFT의 주요 특징은 이더리움이나 일반 코인과는 다른 자신만의 고유한 특성을 지니고 있다. 특정 자산에 대한 소유권을 증명하는 내용, 기록, 가치 등이 저장되고 이 내용이 모두 하나로 특정되어 코인(암호화폐)으로 거래되는 대체 불가능한 토큰이다. 각 재화에 고유한 가치가 결정되고 그 가치를 다수의 참여자들과 공유할 수 있으며 그 가치에 따라 시장가격이 형성된다.

NFT는 주로 미술품, 부동산, 증권, 고가품 등에 적용이 가능하다. 만약 NFT 코인의 거래방식과 인센티브 체계를 프로그래밍 한다면 보다 정교하고 다양한 프로그램을 개발할 수 있다. 이 의미는 NFT의 고유성을 디지털 자산인 암호화폐 코인으로 구체화시킬 수 있다는 뜻이다. 즉, 시장에서 발생할 수 있는 여러 경우의 수를 프로그램을 통해 다룰 수 있어 탈 중앙화 경제 모델을 보다 구체화시킬 수 있다. 작가들이 블록체인 플랫폼에 자신의 작품을 올리고 구매자는 그들의 작품을 보고 제품을 구입 또는 경매에 참여할 수도 있다. 이때 적용되는 거래방식은 대부분 암호화폐가 사용된다.

NFT 등장으로 프로그램 가능한 경제 머신을 통해 그 동안 부유층만이 누려오던 고가의 자산을 일반인도 쉽게 접근하여 거래할 수 있고, 그 가치를 함께 누릴 수 있는 시대가 오고 있는 것이다. 블록체인 기술이 적용됨으로써 구매자 또한 투명하게 공개된 정보를 신뢰함에 따라 NFT시장은 빠르게 성장하고 있는 추세이다. NFT와 디지털 시스템 간의 결합은 블록체인 경제를 본격화시킬 수 있는 계기가 될 것이다. 지금은 NFT가 예술 분야에 주로 사용되고 있지만, AI, DeFi와 결합하여 다양한 실물 자산에도 연결시킬 수 있는 NFT 기술에 대한 기대가 크고, 장차 NFT의 가치는 더욱 인정받게 될 것이다. 다양한 자산이 NFT화 되면 일반 소비자들도 토큰 활용 범위가 확대되어 프로그램 가능 경제에 의한 블록체인 경제 생태계는 더욱 확산될 것으로 본다. 나아가 증권형 토큰과 DeFi가 결합된 크립토-파이낸스 금융 사이드가 형성됨에 따라 삼면시장도 확대될 것으로 예측한다.

프로그래밍을 통한 새로운 경제 시스템의 구현은 시장구조 변화에 영향을 미칠 것이다. 이것은 기존의 중앙 집중화된 통제방식이 아닌 분권화된 거래 모델을 지향하면서 다양한 경제 모델을 만들어 진화할 것으로 예상된다. 블록체인이 지향하는 프로그램 가능 경제는 법정화폐를 뛰어넘어 경제 전반에 근본적인 변화를 야기하는 디지털 전환(DT, DX)이 될 것이다. 그러나 이와 같은 프로그램 가능 블록체인 경제가 정착되기 위해서는 해결해야 할 과제가 많다. 기술적 이슈로는 물리적 자산에 대한 암호화폐의 한계, NFT의 경우 원작의 소유를 증명하지 않는 이슈, 불법 행위에 대한 물리적 제재 등 다양하다.

그러나 거스를 수 없는 사실은 향후 현실 세계의 오프라인에서 현실공간이 완전히 디지털로 이동하여 제2의 지구(second earth)를 만들어갈 수 있는 메타버스(Metaverse) 세계로 성장할 것이라는 전망이다. 현금 없는 사회가 현실로 되면서 유형의 물질적 요소가 아닌 디지털 상의 데이터 요소에서 가치를 부여하는 인식의 변화가 오고 있다. 이러한 가치 인식의 변화 속에 모든 자산이 디지털 코드가 되고 소비자는 가상세계에서 활동하는 가운데 블록체인 플랫폼에서 상거래가 보편화되는 날을 기대해 본다.

4장 블록체인 기술과 비즈니스의 혁신성

1. 개요

21세기 컴퓨터기술의 발전으로 새로운 기술의 등장은 기술혁신뿐만 아니라 경제, 사회, 문화 등 인간의 삶 전체를 변화시키는 파급적인 혁신을 수반하고 있다. 블록체인과 암호화폐는 인터넷 개발 이후 경제적 측면에서 가장 큰 영향력을 미치는 상업적 혁신으로 떠오르고 있으며, 이 혁신은 경제 패러다임의 변화는 물론 사회와 문화, 개인의 삶에까지 변화를 가져올 것으로 전망된다.

우리가 블록체인 경제원리에 앞서 살펴보았듯이. 블록체인의 특징이자 장점인 탈중앙성, 투명성, 보안성 등의 강화를 위해 블록체인 암호화 기술과 합의 알고리즘 기술이 사용되고 있다. 이러한 기술적 특성으로 인해 우리는 블록체인을 기술적인 혁신 관점에서 접근할 수 있으며, 특히 스마트 컨트랙트 출현 이후 신뢰의 구축에 필요한 주요 제반 사항을 프로그램 로직 설계와 개발을 통해 거래가 가능한 환경을 마련하고 있다. 즉 거래의 신뢰성을 확보하고 네트워크에서 참여자들의 활동에 따라 지급되는 보상을 단순 기술혁신 측면에서만 바라볼 수 없다.

기술혁신은 바로 비즈니스 혁신과 연결되어 있으며 경제 패러다임 전환까지 이어질 수 있다는 점에 주목해야 한다. 과거 인터넷과 ERP 시스템이 비즈니스 혁신을 주도하였듯이 블록체인 기술혁신은 지금과는 전혀 다른 비즈니스 혁신을 주도하는 동인이 될 것으로 보인다. 여기에서는 블록체인을 기술혁신과 비즈니스 혁신 등 두 가지 관점에서 예상되는 변화에 대해 알아보자.

2. 기술 혁신성

슘페터(Schumpeter)는 "경제성장의 원동력으로 과학과 발명을 통해 야기되는 기술혁신이 기존 산업을 재편시키고 신산업을 창출하는 경제발전의 새로운 추진력으로 정의할 수 있다"고 설파하였다. 기술혁신은 그 동인에 따라 시장주도형 기술혁신, 기술주도형 기술혁신으로 구분되기도 하며, 혁신의 속도에 따라 급진적, 점진적 혁신으로 구분할 수 있다. 블록체인의 등장을 컴퓨터 기술 분야의 한 축으로 본다면, 기존의 인터넷 정보공유 기술, ERP 솔루션, 보안 솔루션, 구글검색 엔진 등으로 간주할 수 있다. 이들 기술은 기업의 비즈니스 프로세스를 개선히여 글로벌 시장을 선점할 수 있는 기회를 제공하거나 외부 위협으로부터의 위험 예방 또는 인터넷에서 직감적인 정보검색을 통해 사용자에게 편의성 등을 제공함으로써 지식창출의 기반을 제공하였다. 이러한 혜택과 변화는 산업발전과 경제성장에 많은 변화를 가져온 계기를 마련해 준 것이다.

한편 블록체인은 비즈니스 프로세스의 개선, 거래와 개인정보의 보안성 강화, 거래의 편의성 향상, 자율성장과 자본주의 이슈를 개선하는 치유의 경제 모델로서 대부분 포함하고 있다. 블록체인은 기존의 인프라와 프로세스에 대한 개선과 다양한 산업적인 협력관계를 재설정하는 새로운 비즈니스 모델에 대한 혁신의 기회를 제공할 수 있다. 이와 더불어 다수의 참여자들이 자발적으로 생태계를 구성하는 새로운 혁신방법을 취하고 있다. 따라서 블록체인을 기술 측면에서만 바라보는 것 이외에 제도적 관점에서 이해해야 할 필요성에 대해서는 앞에서 중점적으로 다루었다. 다음은 블록체인이 근본적으로 가져온 혁신 영역을 하드웨어 영역인 인프라 측면과 소프트웨어 영역인 스마트 컨트랙트 관점에서 살펴보자.

스마트 컨트랙트 : 소프트 영역

계약은 블록체인 이니셔티브의 개발을 가능하게 하는 핵심 도구이다. 계약과 관련된 규칙 및 벌금의 정의를 자동화하는 동시에 시장경제에서 준수해야 할 의무를 자동으로 실행함으로써 이와 관련된 비즈니스 상의 마찰을 크게 줄일 수 있는 잠재력을 가지고 있다. 스마트 계약은 프로그램 문장구조인 if-then-else 전제에서 작동한다. 상품 또는 콘텐츠 거래를 예로 들면, 자체적인 실행 계약은 '데이터의 저장, 조회, 계약이행'이라는 3단계를 거친다. 계약이행 단계에서 구매자는 돈을 판매자에게 전송하고 상품 또는 콘텐츠 등을 받게 된다. 그러면 등록된 상품 또는 콘텐츠의 소유권이 구매자에게로 이동한다.

스마트 컨트랙트 기술의 혁신성은 비즈니스 관행으로 고착화된 여러 제약을 넘어서 고정된 사고영역을 뛰어넘는 발상이고 나아가 새로운 가치를 창출할 수 있는 원천이기도 하다. 스마트 계약을 통해 해킹 위험이 낮아지고, 보안 비용이 절감되며, 중개자가 없으므로 수수료도 절감되고, 데이터 정합성 혹은 무결성 검증 시간이 단축될 수 있다. 또한, 계약의 투명성으로 인해 규제 비용이 절감되고, 이중지불 위험도 사라지며, 정보통신(IT) 시스템 구축 비용이 절감되고, 신사업 서비스로 확장성도 가져올 수 있다. 특히, 상호 약속된 규칙에 따른 절차로 작동하며 서로 간의 신뢰가 필요한 서비스 업무 영역에서 가장 큰 적용 효과를 발휘할 것으로 예상된다.

P2P 탈중앙화 : 하드웨어 영역

블록체인의 P2P 구조는 중개자를 제거하여 계약을 집행하고, 이것은 블록체인 기술이 제공하는 보안, 투명성 및 불변성 기능을 통합하면서 달성하도록 하는 인프라이다. 즉 모든 종류의 거래에서 중개자 또는 기업 등을 배제한 P2P거래가 가능한 것이다. 사용자는 블록체인 네트워크에서 자신의 디지털 자산, 금융자산 등을 등록할 수 있고, 자신 스스로가 통제하면서 타인과 거래할 수 있다. 블록체인 기반 마켓 플레이스도 알리바바, 아마존, 쿠팡 등 특정 기업에 국한되지 않고 분산화될 것으로 예측한다.

이와 같은 P2P구조는 탈중앙화 경제 모델이 가능하기에 거래비용을 대폭 절감할 수 있어 이에 상응한 가치를 네트워크 참여자와 공유할 수 있다. 개인간의 거래가 신속하게 이루어질 수 있고 다른 네트워크 참여자에게도 판매할 수 있기 때문에 거래에 대한 효율성이 지금보다 훨씬 증가하여 저렴한 가격으로 상호간의 거래가 이루어질 수 있다. 소매업체와 같은 신뢰할 수 있는 제3자는 분산된 P2P 모델에서 훨씬 작은 역할을 할 수 있으며, 스마트 계약은 이전의 수동 작업에서 여러 당사자가 필요했던 프로세스를 자동화한다.

3. 비즈니스 혁신성

블록체인의 비즈니스 혁신성은 위에서 언급한 블록체인 기술의 혁신성에 의해 가능하다.

첫째, 중앙에 문지기가 있던 중개인 중심의 경제 시스템을 탈중앙화 경제 시스템으로 전환이 가능하게 한 점이다. 문지기인 주인이 관리해온 가격구조, 관리구조, 거래구조 등의 역할을 스마트 컨트랙트에 의해 자동 처리되도록 하였다.

둘째, 비즈니스 혁신은 블록체인 기술과 암호화폐가 상호 연결되어 다양한 비즈니스 모델을 만들 수 있으며, 인센티브 유인체계를 도입하여 많은 참여자들이 시장에 참여할 수 있도록 토큰 경제를 창출한 점이다.

셋째, 즉시적 광범위성이다. 기존의 경제 시스템은 작은 소도시 또는 국가에서 시작하여 글로벌하게 진출하는 경제 시스템이 대부분이었다. 하지만 블록체인은 메인넷이 출시되면 즉시 글로벌 토큰 경제가 가능한 광범위성을 가지고 있다. 즉시성과 광범위성 때문에 네트워크 효과는 더욱더 커지게되고 매출의 규모는 순식간에 증대될 수 있다.

비즈니스 혁신에 대해 좀더 구체적으로 살펴보자. 블록체인은 신뢰에 대한 기존의 체계와 역할을 재정의하고 있다. 서비스 산업에서는 특히 신뢰의 중개자가 필요하다. 예를 들어 은행은 상호 간의 돈의 흐름과 거래에 있어 중개자 역할을 하여 거래의 신뢰를 보장하고 투명성을 높이므로 많은 거래 수수료를 받는다. 즉 거래 수수료는 중개자의 대표적인 수익원으로 거래비용이 곧 수익구조가 되어 왔다. 산업 시대 가치사슬 모델과 디지털 시대 플랫폼 경제 모델에서는 모두 중개자가 신뢰의 중심에 위치하고 있다.

블록체인의 등장은 중앙화된 신뢰를 참여자가 중개자가 되는 탈중앙화 신뢰로 변화시키고 있다. 이것은 기존 가치사슬의 선형 구조가 아닌 새로운 설계방식이 필요한 파괴적 변화를 가져온 것이다. 사회 구성원과 중앙 기관(또는 금융기관)의 통제 범주에 있던 신뢰는 블록체인 기반의 합의구조와 거래 당사자 간의 거래정보 공유를 통한 거래 검증과 보증으로 변화된다. 분산 환경은 더 많은 참여자들에 의해 참여가 증가하는 네트워크 효과를 얻게 되어 많은 수익을 얻을 수 있을 것이다. 또한, 중개기관에 집중되었던 권한이 블록체인 네트워크 참여자 개인들 간의 권한으로 분산된다. 이러한 비즈니스 모델과 경제 메커니즘은 거래에 따른 비용을 절감하게 하고, 스마트 컨트랙트에 의한 자동화 처리로 인해 거래 작업속도는 더욱 빠르게 이루어진다. 모든 참여자들이 거래정보를 공유 및 저장하고 있기 때문에 투명성이 향상되어 블록체인 플랫폼으로 더 많은 사람들이 참여하게 될 것이다. 따라서 기존 서비스 산업에서는 생산성과 효율성이 신뢰의 매개 역할을 담당한 부분이었다면 블록체인 기반의 탈중앙화 생태계에서는 신뢰와 인센티브 구조가 파괴적 혁신을 가져올 것이다.

기존 시장에 적용된 게임의 룰은 블록체인 경제원리에 의해 완전히 새로운 형태로 바뀌게 될 가능성이 높다. 더 나아가 블록체인의 탈중앙화 개념을 확장하면, 유틸리티, 제조, 물류, 유통, 헬스 케어, 미디어, 공공 서비스, 정부 행정 서비스, 스마트 시티 등 다양한 산업분야에 응용되어 새로운 시장 기회를 창출할 수 있다. 최근 등장하고 있는 사례를 보면, 법률(legal technology)·자산관리(property technology)·금융(finance technology)·의료(medical technology) 등의 분야에서 블록체인 기술이 빠르게 융합되고 있는 것을 알 수 있다. 법률 분야에서는 유언장, 상속, 계약조건 등을 설계하여 프로그래밍 로직으로 구현하고, 이러한 로직을 담은 스마트 컨트랙트는 블록체인 플랫폼에서 최근 실행되고 있다. 의료정보 분야의 블록체인으로 국내에서 Medibloc과 Misbloc 등이 출시된 것은 매우 고무적인 일이다.

기술 간의 융합으로 블록체인은 사물 인터넷 기기(IoT) 간의 협업과 지원을 통해 4차 산업혁명 구현의 지원자로서 중요한 역할을 담당하고 있다. 사물인터넷(IoT) 및 인공지능(AI)-리그엔스 기술이 개발됨에 따라 보다 안정적인 운영 데이터가 중요해지고, 블록체인은 개인정보 보호를 위한 데이터 보안을 제공하며 이러한 데이터를 직접 제어할 수 있는 기능을 제공함으로써 빅데이터 시장의 확산으로 이어질 수 있다. 블록체인을 통한 데이터 위조 방지는 AI 데이터의 신뢰성을 높이고 궁극적으로 AI 서비스의 품질을 향상시킨다. 또한 실시간으로 생성된 데이터의 가치를 극대화하기 위해 블록체인 네트워크에 업로드된 각 개인의 데이터를 향후 AI 개발자가 신뢰할 수 있는 학습 데이터로 사용할 수도 있다.

블록체인 비즈니스 모델을 활성화하기 위한 미래의 토큰 경제가 펼쳐질 것이다. 투자자들의 예치금은 크라우드 펀딩과 달리 블록체인 토큰으로 교환되어 글로벌 시장에서 유연한 거래가 가능해진다. 이것은 부의 이동을 예측할 수 있는 엄청난 투자기회를 제공하게 된다. 통신에서 소셜 미디어의 노브와 유사하며, 토큰 기반 블록체인 비즈니스 모델이 혁신되고 있는 사례들을 보면 블록체인이 비즈니스 혁신의 도구라는 것을 의심할 여지가 없다.

블록체인의 혁신성은 글로벌 차원의 다양한 산업에서 수백 개의 기업이 블록체인 상에서 일하고 있으며, 수백 개의 프로젝트가 블록체인 기반에서 진행되는 것을 보여준다. 블록체인 비즈니스 생태계 중 이더리움 기반의 DApp 서비스 생태계는 약 80~90%를 차지하고 있다. 비트코인이 겨우 12년의 역사밖에 되지 않았음에도 기술발전과 비즈니스 모델은 빠르게 전파·확산되고 있다. 실로 예상하기도 어려운 놀라운 일이다. 그만큼 블록체인이 주는 혁신성은 전세계 산업과 개인들에게 파급적인 효과을 주고 있는 셈이다.

이처럼 기술혁신으로 인해 비즈니스 모델에 파격적인 변화가 일어나게 되면 우리의 삶의 전반적인 분야에서도 패러다임의 변화가 오게 된다는 것을 인터넷을 통해 경험하였다. 블록체인의 혁신성은 특히 경제와 사회 분야의 현장에서 정당하게, 공정하게, 투명하게 잘 해결되지 않는 사회문제나 거래문제를 새로운 기술과 창의적인 아이디어와 비즈니스 모델을 통해 해결함으로써 그 파급력은 매우 크다고 볼 수 있다.

제 3부에서는 암호화폐에 의한 토큰 경제의 주요 특징과 토큰의 종류가 실물경제에서 어떤 가치를 제공하고 있는지에 대해 알아본다. 또한, 블록체인 기술의 진화가 토큰 경제에 주는 영향 및 시사점을 알아보고, 향후 글로벌 블록체인 경제의 확산에 요구되는 기술과 해결해야 할 과제에 대해 블록체인 프로젝트 사례와 진행 중인 혁신 프로젝트를 토대로 살펴본다.

퍼블릭 블록체인의 도입에서 토큰 경제 모델의 설계를 위해 필요한 화폐 방정식을 이해하고 토큰 발행 방식과 배분 방안에 대한 접근법을 블록체인 생태계의 사례를 통해 알아보고자 한다. 성공적인 글로벌 토큰 경제 생태계 사례를 통해 암호화폐와 블록체인 기술혁신 및 경제 패러다임의 변화에 대해서도 살펴보자.

제3부

블록체인과
토큰 경제

1 장

토큰 경제의
특징 및 유형

1. 토큰 경제의 개요

토큰 경제의 개념은 2018년 ICO(암호화폐 공개)가 시작되면서 관심을 받기 시작하였다. 그 당시는 많은 사람들이 암호화폐(토큰) 투자에 관심을 가졌던 시기다. 초기에는 블록체인 기술과 암호화폐를 별개로 이해하거나 왜 암호화폐가 블록체인 경제에서 필요한지 당위성을 이해하는 사람들은 그리 많지 않았다. 브라이언(Dick Bryan)과 비르타넨(Akseli Virtanen)은 그들이 작성한 "What is a crypto economy?" 원문에서 토큰 경제(crypto economy)는 그저 또 하나의 기술 부문에 불과한 것이 아니라 전과는 다른 경제를 수행하는 방식("a different way of doing the economy")이라고 정의하였다.

블록체인 세계에서 토큰 경제가 강조되고 있는 이유는 무엇일까? 그 이유는 블록체인 경제원리에서 살펴보았듯이 블록체인 네트워크에서는 스마트 컨트랙트에 의해 경제 메커니즘의 설계와 시스템 구축이 가능하고, 해당 생태계의 참여자들에게는 활동의 대가로 암호화폐인 토큰을 발행할 수 있기 때문이다. 블록체인에서 토큰 발행과 사용은 단순히 블록체인 프로젝트의 자금 조달용으로 사용하는 데 국한되지 않는다. 토큰을 자본 조달 목적으로 본다면 토큰 경제를 만들기 어려울 것이다. 지금까지 블록체인 경제의 가능성과 변화의 모습에서 볼 수 있듯이 여러 산업 군에서 암호화폐가 포함된 다양한 비즈니스 모델의 설계와 생태계 구축이 진행되고 있다. 이제는 블록체인 기술과 암호화폐의 결합은 비즈니스 생태계를 유지하고 확산하는 데 필수적인 요소로 씨실과 날실의 역할을 담당한다고 볼 수 있다.

따라서 제 3부에서는 토큰 경제의 개념과 토큰 경제를 만들어가고 있는 블록체인 기술의 진화와 글로벌 블록체인 비즈니스를 위해 준비할 부분에 대해서 알아보고, 토큰 경제를 새롭게 구현하고 있는 비즈니스 사례를 통해 블록체인 경제의 진화 현황을 살펴보고자 한다.

2. 토큰 경제의 유래

토큰 경제(Token Economy)라는 용어는 심리학에서 시작되었으며 지난 수십 년 동안 광범위하게 연구되어 다양한 환경에 적용되었다. 토큰 경제는 다양한 토큰 기반 시스템을 쉽게 구현해 볼 수 있다. 교사와 관리자들은 일반

교육, 특수 교육 및 공동체 환경을 비롯하여 교육과 재활 환경에서 토큰이라는 보상을 행동관리 및 동기부여 도구로 활용하였다. 이러한 측면에서 토큰 경제에 적용할 수 있는 학문은 심리학, 수학, 경제학 등이며, 대표적인 것으로는 게임이론과 행동경제학 이론을 들 수 있다.

먼저 게임이론을 최초로 정립한 사람은 폰 노이만(John von Neumann)이다. 1939년 경제학자 오스카 모겐슈테른(Oskar Morgenstern)과 폰 노이만은 게임이론을 경제학에 응용하는 연구를 시작하였으며 경제 분야에 적용되어 온 게임이론은 1944년 이 두 사람이 공동으로 저술한 "게임이론과 경제 행동(Theory of Games and Economic Behavior)"에서 출발한다. 이후 이 이론은 내시(John Nash)의 박사 논문에서 '내시 균형'이란 개념이 새롭게 나오면서 상대방이 어떤 결정을 내릴지에 대한 가정이 성립되면 우리는 최적의 전략을 선택할 때 균형에 이른다는 것을 보여주면서 경제, 사회, 경영 등 다양한 분야에서 적용하게 되었다.

게임이론은 의사 결정에 관한 내용을 다루는 이론이다. 참가자들이 서로 상호 관계가 있는 상황에서, 또는 각 참가자들이 선택하는 선택지에 따라 다른 참가자들이 얻은 보상이 달라질 때 작동되는 개념이다. 즉 제로섬 게임에 기반한다고 볼 수 있다. 블록체인 경제에서 적용되는 게임이론은 역게임이론이 될 수 있다. 한 참가자의 이익이 다른 참가자에게 손해가 되는 게임이 아니라 상대 참가자가 선택한 전략을 고려하여 최적의 전략을 선택하거나 이미 설정된 생태계 목적에 맞는 전략과 전술을 상세히 수립하여 참여자에게 이득이 가도록 생태계 작동에 필요한 인자들을 설계할 수 있다.

두번째, 행동주의 이론은 행동치료 목적으로 행동주의 학습 이론가인 스키너(Skinner)가 만든 개념이다. 인간의 행동이 내적인 동기 요구와 지각에 초점을 두기보다는 구체적으로 관찰할 수 있는 행동에 초점을 두는 것으로 개인차에 대해서는 관심을 두지 않고 인간 행동의 보편적인 법칙을 발견하고자 하는 데에 중점을 두고 있다. 즉 인간의 행동을 유발하는 원인과 충동을 외부적 요인의 영향이라고 보았으며, 인간이 오랜 과거 경험에서 비롯된 산물로 보상받지 못한 행동은 곧 사라지게 된다는 주장이다.

게임이론과 행동주의 이론에서 살펴본 바와 같이 토큰 경제의 근본 사상은 행동경제학이란 기본 원리에서 찾아 볼 수 있다. 행동주의 심리학은 특정 목표 행동(Specified target behaviors)의 체계적인 강화(systematic reinforcement)를 위한 조작적 조건 형성(operant conditioning)에 기초한다. 스키너의 조작적 조건 형성 이론의 주요 변인은 자극(stimulus), 반응(response), 강화(reinforcement)이다. 즉, 자극이 있으면 그에 따른 반응이 나타나며, 그것의 강화에 따라서 행동의 수정 또는 지속적인 강화가 이루어진다는 것이다.

스키너의 조작적 조건화의 원리를 이론적 기초로 둔 토큰 경제는 바람직한 행동이 나타날 때 그에 따른 보상을 제시하여 바람직한 행동을 강화하는 행동 수정 방법이라고 정의한다. 토큰 시스템에서 사용되는 행동 원칙은 주로 조작적 조건 형성(operant conditioning)의 개념에 기초한다. 이를 통한 시스템 구현의 핵심은 보상체계의 마련에 있다. 바람직한 행동과 습관을 구체적으로 미리 정해 놓고 해당 행동을 할 경우 토큰을 보상으로 제공함으로써 체계적인 행동의 강화를 목적으로 한다.

블록체인 경제에서 기존의 토큰 경제 역사가 제시하는 바는 블록체인 생태계의 비전과 목적에 맞는 시장경제의 유지와 발전을 위해 참여자들의 긍정적인 행동을 이끌어낼 수 있는 방법과 가치 창출 활동에 대한 보상을 토큰이라는 암호화폐로 제공하는 것이다. 이 보상은 게임이론과 행동주의 이

본에 바탕을 둔 경제 메커니즘으로 볼 수 있다. 즉, 사람들이 특정 상황에서 합리적인 행동을 유도하도록 그들의 행동방식을 바람직한 방향으로 이끌기 위한 개선책으로 이러한 경제 메커니즘을 블록체인 경제에 적용할 수 있다. 이러한 보상 원리와 게임이론을 적용할 경우 탈중앙화된 다양한 비즈니스 모델의 창출이 가능하다. 그러나 경제활동에서는 합리적인 행동 외에도 비합리적인 경우가 자주 발생한다. 블록체인 기반의 토큰 경제에서는 긍정적인 행동을 유발할 뿐 아니라 부정적인 행동이 발행할 경우 다양한 케이스를 두어 보다 정교한 토큰 경제를 만들 필요가 있을 것이다. 즉, 부정적인 행동에는 페널티를 주는 것도 필요하다.

3. 블록체인 기반의 토큰 경제

토큰 경제 개념

파블로모레노는 2017년 10월 블록체인 기반의 토큰 경제 개념을 '토큰과 이것이 사용될 실물경제 시스템 사이의 규칙을 설계하는 것'이라고 정의하였다. "그 핵심적인 아이디어는 게임이론과 인센티브 체계에 기반을 두고 있으며, 토큰은 고객, 공급자, 토큰 후원자 등 모든 토큰 생태계 참여자들이 적극적으로 사용해야 한다"고 언급한다. 즉, 토큰 경제는 토큰 생태계 참여자 모두에게 참여도에 따라 그에 적합한 보상이 돌아가는 경제구조를 말한다.

그가 정리한 토큰 경제의 핵심은 블록체인의 기술적 특성과 블록체인 경제 원리로 움직이고 있는 신뢰 메커니즘, 인센티브 구조 및 거버넌스 기반의 실물경제에서 자동화된 경제 모델로 해석할 수 있다. 이것은 지금까지 이어져 온 시장경제 메커니즘을 뒷받침할 수 있는 보다 발전적인 경제 시스템이 될 수 있는 것이다.

토큰 경제는 광의적 관점에서 블록체인 기술과 암호화폐가 결합된 경제 시스템으로서 거버넌스 체계를 통해 생태계 운영에 필요한 여러 가지 의사결정 구조가 반영된다. 뿐만 아니라 네트워크 참여자들에게 블록체인 생태계를 유지, 활성화할 수 있는 행동방식을 이끌어내는 개념으로 정의할 수 있다. 협의적 관점에서 토큰 경제는 블록체인 네트워크에 참여하는 참여자들에게 인센티브 기준에 따라 보상과 체벌로 활용된다. 비즈니스 생태계를 활성화할 목적으로 기존의 양면시장에 코인(암호화폐)을 활용한 "크립토-파이낸스(crypto-finance)"라는 또 하나의 면이 추가되어 형성되는 경제 메커니즘이라고 볼 수 있다.

최초의 탈중앙화 코인 경제는 사토시 나카모토가 블록체인 기술과 토큰 이코노미를 기반으로 하는 비트코인 생태계에서 출발한 것이다. 이후 이더리움과 다양한 알트코인이 탄생되면서 블록체인 기반의 여러 유형의 토큰 경제가 발전하고 있으며 그 규모도 커지고 있는 상황이다. 블록체인에서 토큰은 이제 자금 조달의 방식에만 그치는 것이 아니라 블록체인 비즈니스 생태계의 구축과 확산을 위한 동기(enabler)와 촉매제의 역할을 담당한다. 이 시점에서 우리는 암호화폐의 의미를 제대로 정립하고 좀더 새로운 시각으로 이 부분을 바라볼 필요가 있다.

블록체인 경제에서 토큰 경제라는 용어는 일반화되었지만 초기에는 암호화폐에 대한 관심과 열광에 따라 토큰 경제를 암호경세로 표현하는 이들이 많았다. 경제학자들은 암호학(Cryptography)과 경제학(Economics)을 결합하여 크립토 이코노믹스, 즉 암호경제라 불렀다. 암호경제 역시 토큰 경제와 같은 개념으로 블록체인 기술 기반의 분산형 디지털 경제에서 재화와 서비스를 생산하고 유통 및 소비를 규율하는 실용 과학으로 정의하고 있다. 또한 그 동안 크립토 이코노믹스를 암호학 생태계, 행동 경제학, 컴퓨터 공학(분산 시스템), 법·규약, 게임이론·메커니즘 디자인·수학논리, 그리고 네트워크 안정성 및 거버넌스라는 학제 간의 융합으로 인식하였다. Stark(2017)는 크립토 이코노믹스를 네트워크, 애플리케이션, 시스템에 대한 암호 설계 및 인센티브 설계를 포함하는 영역으로 정의하였다.

토큰은 일반 통화와 달리 블록체인의 스마트 계약을 통해 운영된다. 토큰 경제는 블록체인 생태계에서 온라인 네트워크의 프로그램 설계를 통해 서비스 구현부터 사용자 보상까지의 메커니즘이 포함된 경제를 말한다. 토큰 경제가 이상적으로 구현되려면, 자신의 이익을 추구하기 위해 자신의 활동을 최적화할 수 있도록 설계되어야 한다. 따라서 토큰 경제이든 암호경제이든 이들 경제가 토큰과 암호화폐를 주요 매개체로 추구하는 방향과 구축하려는 경제 시스템의 메커니즘은 거의 같다고 본다.

토큰의 기능과 토큰 경제의 주요 특징

₿ 토큰과 코인의 기능

토큰 경제에서 용어의 혼선을 가져오는 부분이 있는데, 코인과 토큰이 동일 개념인지 또는 다른 개념인지에 대해 일반인들이 궁금해 하는 내용이 바로 그것이다. ICO에서 투자금의 모집을 위한 수단이란 관점에서 볼 때 코인과 토큰의 차이는 다음과 같이 분류한다.

토큰은 독립된 블록체인 네트워크를 소유하지 않은 경우이다. 이더리움 네트워크에서 ERC-20 형태로 발행된 초기의 이오스(EOS)와 트론(TRX) 등이 이러한 토큰에 해당될 수 있다. 토큰은 암호화폐가 상장되기 전 자신의 블록체인 네트워크가 없거나 완성되지 않아 기존의 다른 네트워크를 사용하여 발행하는 암호화폐를 말한다. 이 토큰은 블록체인 프로젝트의 투자자금을 모집하거나 생태계 확산 등의 목적으로 자체 메인넷의 완성 전에 발행하는 것이 특징이다.

독립된 블록체인 네트워크 즉, 메인넷을 보유한 경우 그 메인넷에서 발행된 토큰은 코인으로 부른다. 비트코인(BTC), 이더리움(ETH), 스팀(STEEM), 넴(NEM) 등이 여기에 해당된다. 자체 블록체인 네트워크를 보유하고, 완성된 자신의 메인넷에서 발행되는 암호화폐가 코인이다. 거래소에서 이 코인은 공식적으로 수수료를 지불하면서 유통된다. 또한 해당 플랫폼(마켓플레이스)에서 상품과 서비스 구매를 위한 지불 수단으로 사용된다. 위에서 살펴본 이오스(EOS)와 트론(TRX)도 자체 메인넷을 개발한 후 토큰에서 코인이 되었다.

따라서 토큰은 코인에 비해 더 넓은 기능을 가지고 있다. 코인의 분명한 목적은 화폐처럼 사용되어, 가치의 저장, 가치의 이전 수단 등으로 활용하는 데 목적이 있다. 이더리움의 ERC-20 표준을 기반으로 많은 토큰들이 탄생하였고 그 수는 계속해서 증가하고 있다. 이처럼 현재 수많은 토큰이 ERC-20 표준을 기반으로 만들어지는 상황에서 이더리움 네트워크 토큰들 간의 자유로운 탈중앙화 거래가 가능하도록 하는 오픈 프로토콜인

Ox(ZRX)가 있다.

블록체인 네트워크에서 제공하는 코인은 해당 플랫폼 또는 타 서비스에서 교환이 가능하고 장차 실생활에서 현금처럼 사용될 수도 있다. 토큰 경제의 3가지 필수 요소를 위해 코인이 사용된다. 첫째, 상과 벌을 제공할 때 쓰인다. 둘째, 거래를 위한 교환 수단 또는 가치의 저장 수단으로 사용될 수 있다. 셋째, 블록체인 네트워크 인프라 구축과 운영을 위한 경제적 유인책으로 사용된다. 따라서 적절히 구성된 토큰 경제는 코인 발행량, 참여자에 대한 보상, 부의 재분배(토큰의 편중에 대한 방어) 및 지속적인 서비스 참여까지를 고려하여 설계되어야 한다.

토큰 경제의 주요 특징

토큰 경제에서 나타나고 현상은 새로운 경제 메커니즘을 보여 주고 있다. 경제 관점에서 두 가지 특징을 정리하면 다음과 같다.

첫째, 국가의 개입 없이 자율적 거버넌스 체계에 의한 새로운 경제 시스템 구축이 가능하다. 국가의 경제적 역할에 변혁이 이루어질 잠재성이 존재한다. 국가의 주도 아래 화폐 발행이 이루어지고 있으며, 우리는 거래와 재산 소유권의 행사, 거시경제의 관리 등을 국가에 의존하고 있다. 블록체인은 설계된 프로토콜에 의해서 경제 시스템이 운영되도록 하는 특징이 있다. 이 부분은 국가와 화폐가 상호 밀접하게 관련되어 있고 국가만이 화폐 체계를 감독할 수 있다는 현재의 질서에 도전장을 제시하는 것과 같다. 즉, 국가가 사회적, 경제적 신뢰를 감독한다는 원칙에 대해 이의를 제기한 셈이다. 블록체인 기반의 토큰 경제가 지닌 철학에서는 국가 또는 중앙은행의 도움이 더 이상 필요하지 않다.

토큰 경제에서는 국가가 직접 개입하지 않고 경제와 관련된 부분을 제공하여 국가와 무관하게 경제를 체계화할 가능성이 높다. 토큰 경제는 국가라는 중심 축에서 벗어나 블록체인 플랫폼을 구축하는 참여자들의 고유한 거버넌스 체계에 초점을 맞출 가능성이 높다. 물론 토큰 경제가 처음부터 조화롭게 균형 잡혀 있다고 볼 수는 없다. 이제 토큰 경제는 막 시작하는 단계에 있으므로 체계적이지 못한 영역이 많다. 한 시대의 제도와 경제 시스템이 정착하여 현재의 공공재로 운영되기 위해서는 수십 년 또는 수백 년의 기간이 소요되었듯이 이 부분은 지속적으로 현실 세계에 맞게 우리가 해결해야 할 과제라고 본다.

둘째, 화폐 성격의 변화를 주도하는 암호화폐의 진화이다. 화폐는 경제의 근간이자 경제규모를 측정하고 소득 수준, 부의 수준을 결정하는 등 우리 삶의 중요한 일부분이다. 화폐는 인류에게 분업이 시작되면서 재화 교환의 편리성을 추구하는 과정에서 발생된 것으로 본다. 즉 분업에서 발생한 제품, 반제품 등을 교환하는 매개체로 볼 수 있는데, 여기서 화폐는 가치를 측정할 수 있어야 하고 가치를 저장할 수 있는 수단으로 보장되어야 했다. 인류 문화의 발전 과정에서 여러가지 형태의 화폐가 등장하여 왔지만 실질적인 화폐의 발행은 중앙은행의 역할이다.

우리는 비트코인, 이더리움, 이오스, 폴카닷, 솔라나 등 블록체인 기반의 디지털 화폐를 암호화폐라 부른다. 비트코인에는 화폐로서의 성격과 자산으로서의 성격이 모두 존재한다는 해석이 가능하다. 암호화폐(Cryptocurrencies)는 블록체인 네트워크 내에서 발행한 토큰에 대한 신뢰성을 제공할 수 있다는 대전제를 가지고 출발하였다. 비트코인은 그 대안적 토대를 마련하였고 화폐가 교환 수단으로서의 역할을 확장시켰다. 이에 대한 비판론자들은 암호화폐의 가치가 휘발성을 가짐을 지적하고, 비트코인이 교환 수단으로서 널리 사용되지 않음을 지적하며 언젠가는 그것의 가치가 무용지물이 될 것으로 주장하기도 한다. 그러나 화폐는 교환 수단만의 역할을 담당하지는 않는다. 가치의 저장소, 회계의 단위라는 다른 중요한 기능들이 있는데 암호화폐는 이러한 기능을 수용하고 있는 셈이다.

암호화폐, 토큰은 디지털로 구성되어 있어 휘발성을 지니므로 다른 가치 저장 방식들과의 연결이 아직 부족하다. 따라서 현재로서는 가치 저장 기능이 강력하지 못하다. 또한, 여러가지 기술적·사회적·법적으로 제약된 환경에서 기본적으로 화폐의 성격을 모두 수용하기에는 한계가 있다. 특히 기존 실물경제에 사용하는 데 있어 구조적 한계를 지니고 있는 것이다. 그 동안 화폐가 갖고 있는 역사성과 경제적 특성을 고려할 때 암호화폐에서는 아직 그 속성을 모두 갖추지 못한 상태다. 그러나 화폐가 인류 발전과 더불어 지속적으로 진화되어 왔듯이 암호화폐도 디지털 화폐(CBDC)를 만드는 여건이 조성되고 있고 시장에서도 오프라인 결제에 이르기까지 그 사용 범위를 넓혀가고 있는 추세는 사실이다.

이제 암호화폐는 법정 불환 화폐가 지니고 있는 고유한 회계 단위로서의 방식과는 다르게 경제적 활동을 측정하는 방식으로서 실질적 잠재력을 보유하고 있음은 부인할 수 없다. 법정 불환 화폐는 이윤과 손실, 수입과 지출, 시장 중심적 계산이라는 전통적인 틀에 묶여 있다. 반면, 비(非)법정 불환 화폐는 경제적 활동을 계산하는 새로운 방식들을 발전시킬 수 있는 잠재력을 보유하고 있다. 이제 각 토큰이 뒷받침하는 활동을 측정하고 기록하는 특수한 방식들을 토큰 경제가 발전시키는 일이 중요해진다. 이렇게 되면 토큰은 그저 투기적 가치 지장소로 남는 것이 아니라 토큰 경제를 구성하는 핵심요소로 위치하게 된다. 토큰 경제가 지향하는 방향은 현실 세계에서 경제 시스템의 이슈를 개선하고 보다 체계적인 경제 시스템을 구현하는 데 있다.

4. 토큰의 유형

개요

블록체인 기술에 의해 발행되는 토큰은 글로벌한 새로운 자산으로 다루어진다. 특히 퍼블릭 블록체인에서 발행되는 경우는 더욱 그렇다. 이들 코인은 일반인들의 관심과 전 세계의 많은 투자자들에게 부의 유인책으로 쓰이는 측면도 배제할 수 없다. 대다수의 암호화폐는 이더리움 ERC-20 기반에서 발행되어 이용되고 있으며, 암호화폐 거래소나 P2P거래에서 이들 알트코인들이 교환되고 거래되는 토큰시장을 형성하고 있다. 최근에는 ERC-721 기반의 NFT(대체 불가능 토큰) 신개념 토큰들이 쏟아져 나오고 있고, 거래소도 탈중앙화 형태인 DEX가 DeFi 시장에서 활발해지고 있다. 이러한 알트코인들은 개별 블록체인 플랫폼에서 스마트 컨트랙트로 생성되어 관리되는 암호화폐로서, 프로토콜 블록체인 플랫폼 위에서 작동하는 DApp방식으로 개발된다. 그러다 보니 누구나 어렵지 않게 코인을 만들 수 있으므로 현재 등장한 알트코인은 세계직으로 2만 개가 넘는 실정이다.

토큰은 그 목적에 따라 여러 용도로 발행되고 사용될 수 있다. 토큰을 거래용 코인, 플랫폼 코인, 유틸리티 코인으로 분류하는 그룹이 있고, 좀더 토큰 유형을 세분화하여 분류하는 그룹도 있다. 돈 탭스콧은 블록체인 기술을 활용한 암호자산(Crypto-assets)들을 크게 7가지 종류로 분류하고 있다.

[표 3-1] 블록체인에서의 토큰의 유형(돈 탭스콧)

토큰유형	토큰특징	대표토큰
크립토커런시	개인간의 교환, 거래수단으로 사용	비트코인
플랫폼 토큰	ERC-20기반 DApp에 의해 발행된 토큰	이더리움, Cosmos, EOS
유틸리티 토큰	서비스에 사용되는 토큰	Golem, Storj
증권형 토큰	디지털 증권, 채권 등 가치상승 토큰	DAO
자연자산 토큰	금,석유,탄소 등 천연자산 소유를 증명	Royal Mint Gold
Crypto-Collection	고유자산을 디지털화시킨 토큰 NFT 대체불가능토큰	국내 수익은 배당, 주식 매도 시 차익
Crypto-Fiat Currencies	국가의 중앙은행에서 발행되고 관리(CDBC)	덴마크DNB, 스웨덴의 e-크로네

출처 : Tabscot 자료와 이중협(토큰 경제와 블록체인의 미래, 소프트웨어정책연구소) 자료 참조.

본서에서는 2018년 2월 Swiss Financial Market Supervisory Authority (FINMA)가 ICO 가이드라인을 제시하면서 발표한 3가지 토큰 유형을 기준으로 토큰들의 기능과 역할을 분석하였다. 이것은 암호화폐의 법적 지위에 따른 분류이다.[*]

---

[*] FINMA ICO guidelines,2018, 02

지불 토큰(Payment token)

첫번째 유형은 지불 토큰(Payment token)이다. 지불 토큰은 지불 방법 또는 송금 방법으로 상품 또는 서비스를 구매하는 데 사용되는 암호화폐이다. 토큰은 결제 수단으로 휴대가 편리하고 화폐의 본질적인 기능 중 교환 매개 수단으로 사용된다. 지불 토큰 암호화폐는 편리성을 갖추고 있기에 사용자 입장에서는 간편 결제 수단으로 매력적일 수 있다. 특히 금융 시스템이 갖추어지지 않은 국가에서는 소액 결제, 해외 소액 송금을 처리하고자 할 경우 중개자를 최소화하여 짧은 시간 내, 저렴한 수수료로 지불 토큰을 쉽게 사용할 수 있다. 이것은 스마트 컨트랙트에 지급 내용 및 지급 방식 등을 설계함으로써 가능한데 오히려 법정 통화보다 지불 토큰이 더 효율적일 수 있다. 또한 전송 및 저장 과정에서 개인정보를 보호할 수 있는 장점이 있다. 그러나 수용성은 아직 미흡한 단계이다.

그러나 지불 토큰이 국가가 보호하는 지급 결제 수단으로 인정받으려면 이에 대한 법령이 정비되어야 한다. 암호자산의 지급 결제 메커니즘은 대부분 현재 중앙기관을 배제하고 있다. 이 부분은 블록체인 생태계에서 다수의 참가자들로 인해 이해 상충을 만났을 때 중재에 어려운 한계점이 되는 부분이다. 지불 코인은 국가가 암호화폐를 결제 수단으로 인정할 경우에 사용 가능하다. 대표적인 지불 코인에는 모나코 코인(MONACO), 펀디 엑스 코인(PUNDI X), 퓨즈엑스(FuzeX) 지불 토큰 등이 있으며, 이들 코인은 상품과 서비스 구매를 위한 지불 수단 또는 금전적 가치 전달 수단으로 고안된 암호화폐이다. 하지만 현재 FINMA는 이 경우를 유가증권으로 취급하지 않고 있다. 이에 대해 다양한 법적 의견이 존재하고 있는 것도 사실이다.

유틸리티 토큰(Utility token)

두번째 유형인 유틸리티 코인은 블록체인 프로젝트 개발 자금을 조달하기 위해 발행되는 암호화폐로서 하나의 사업 또는 서비스에 대한 지불 수단으로 사용되는 코인이다. 해당 블록체인 플랫폼 내에서 서비스 종류에 따라 블록체인 비즈니스 모델을 설계하고 인센티브 체계를 반영하며, 신뢰 구축에 필수인 채굴을 통해 토큰이 발행되는 특징이 있다. 특정 블록체인 생태계에서 유틸리티 코인을 보유하는 사용자는 생태계 내에서 특정 투표권을 갖기도 하고, 블록체인 네트워크 상에서 다양한 제품과 서비스를 이용하거나 제공할 목적으로 사용된다. 또한, 판매할 제품에 대한 관심을 높이고 블록체인 생태계에서 제공되는 서비스의 적용 및 가치 창출에도 사용된다고 볼 수 있다.

유틸리티 토큰의 가치는 해당 토큰의 실질적인 수요와 관련이 있다. DApp에서 발행된 토큰은 블록체인 네트워크의 확장성이 전제가 될 경우 토큰의 가치를 올릴 수 있다. 만약 유틸리티 코인이 잠재력을 갖추고 있다면 해당 블록체인 비즈니스와 해당 코인에 많은 사람들은 투자를 할 것이다. 따라서 이 코인은 사람들의 투자와 비즈니스 생태계의 확산 등으로 인해 그 값이 결정된다고 볼 수 있다. 블록체인 기반의 코인 경제 시장의 대부분은 유틸리티 코인을 사용하는데 그 이유는 탈중앙화 플랫폼에서 발행되고 사용되므로 규제망을 벗어나기 쉽기 때문이다.

증권형 토큰(Security token)

　세번째 유형은 증권형 토큰으로 자산 토큰(asset token)이라고도 한다. 증권형 토큰을 자산 토큰으로 부르는 이유는 기업의 미래 가치 및 현금 흐름과 밀접하게 관련되는 형태로 주식, 증권형 자산과 비슷하기 때문이다. 또는 기존 자산을 토큰화하는 것을 의미한다. 이 토큰은 법정 통화 등으로 가치를 뒷받침하거나 증권으로서의 성질을 가지고 교환 또는 투자 목적으로 사용된다. 증권형 토큰은 주식 및 채권과 유사하기에 FINMA에서는 유가증권으로 분류하였다. 대표적인 코인으로 2017년 신생 벤처 캐피탈인 SPICE가 있다. 이 회사는 토큰 발행을 목표로 설립되었는데 증권형 토큰 플랫폼을 직접 개발하여 유명세를 얻고 있다.

　증권형 토큰에서 토큰으로 가능한 자산에는 금융 상품·부동산·고가 예술품·금·은·광물 등이 포함될 수 있으며, 자산 토큰화가 발전되면서 고가의 부동산, 고가의 예술품 등을 개인도 소액 투자자가 되어 투자할 수 있게 된다. 자산의 소유권을 나태내는 토큰은 주식의 지분과 유사하다. 해당 자산에 연결된 토큰은 자산의 가치가 오르면 당연히 토큰의 가치도 오른다. 스위스의 금융시장 감독기구인 핀마(FINMA)는 증권형 토큰을 증권으로 간주하여 금융시장법을 따라야 한다고 규정하고 있다. 이 의미는 토큰을 발행할 때 증권 신고서를 발행해야 한다는 뜻과 같다. 미국의 SEC은 암호화폐의 증권적 성격 유무에 따라 암호화폐의 유형을 구분하고 이를 통해 기존 금융법에 접목시키려는 시도를 하고 있다

　최근 증권형 토큰시장은 매우 역동적으로 진화하고 있으며 영향력 또한 커지고 있다. 그 이유는 투자 전문가들도 부동산이나 미술품 등의 실물 자산

을 디지털화한 가상 자산으로 투자 포트폴리오의 다변화를 선호히기 때문이다. 그들은 단기 투자보다는 배당금이나 장기 수익에 초점을 맞추어 투자할 가능성이 높다. 독일 소재 블록체인 컨설팅 기업인 플루토네오(Plutoneo)는 프랑크푸르트 금융경영대학, 그리고 디지털 수탁 서비스 제공업체인 탄가니(Tangany)가 손잡고 진행한 연구보고서에 의하면, "유럽의 증권형 토큰 시장 규모는 2026년 9180억 유로에 도달할 것으로 예상된다"고 발표하였다. 2021년 현재는 전체 디지털 자산 시장에서 암호화폐의 비중이 절대적이므로 증권형 토큰은 비록 시작 단계에 있지만 향후 5년에 걸쳐 연간 약 81%로 성장할 것으로 예측했다.

이러한 변화에서 알 수 있는 점은 투자자들이 스테이블 코인보다는 수익률 상승 가능성이 높으면서 암호화폐보다 변동성이 낮은 대안을 찾고 있음을 알 수 있다. 그리고 증권형 토큰은 다양한 경제 모델을 설계하여 스마트 계약을 통해 자동 처리될 수 있고, 기업에 대한 평가 투표, 지분에 따른 수익 배당 일자, 액수 등을 블록체인 프로토콜 내의 스마트 계약에서 투명하게 처리되기 때문에 선호도가 높다. 이것은 블록체인 경제가 추구하는 놀라운 변화가 될 것이다. 그러나 주식이나 채권과 같은 특성을 지니고 있기에 투자자 보호 관점에서 규제가 필요하다.

토큰의 유형과 토큰의 사용처의 변화에서 알 수 있듯이 Yermack(2017)는 "블록체인과 토큰이 도입된 경제에서 기존의 주주, 자본가, 규제 당국, 그리고 제3자로서의 전문가 집단 등이 이루는 전통적인 금융 지배구조 관계는 크게 달라질 것으로 예상한다"고 하였다. 토큰 경제는 토큰을 소유한 참여자들이 함께 행동하여 토큰의 서식지인 네트워크의 가치를 향상시키고, 그 네트워크에서 활동하는 서비스의 가치를 증대시켜 궁극적으로는 토큰의 가치를 함께 올릴 수 있는 새로운 경제 시스템으로 보아야 할 것이다.

2 | 장

토큰 경제를 주도하는
블록체인 기술의 진화

1. 개요

　블록체인에 의한 새로운 경제 모델은 비트코인의 탄생과 더불어 시작되었다. 이것은 1세대 블록체인 코인 경제의 서막을 알리는 신호탄이 되었고 지금은 3세대 블록체인 성장기 시대를 맞이하고 있다. 비트코인이 소개된 이후 여러가지 유형의 암호화폐가 많이 등장하였고 암호화폐와 결합된 토큰 경제 모델 또한 다양한 형태로 진화하고 있다.

　이들 모델은 블록체인의 등장과 도입의 당위성 등이 고려되면서 여러 형태의 블록체인 플랫폼 또는 DApp서비스를 제시하고 있다. 이러한 서비스에 의해 토큰이 발행되면 가치가 부여되고 시장의 생태계에 의해 가치는 달라지게 된다. 이제 암호화폐 토큰은 시장경제와 맞물려 움직이는 매개체로 진화하고 있는 것이다.

'Blue Print For A New Economy'의 저자 Melanie Swan에 의하면, 블록체인 기술 개발은 3단계로 분류된다고 한다. 세대별 블록체인의 경제 모델은 각각의 특징이 존재한다. 공통점은 디지털 통화의 문제점이 될 수 있는 이중 지불을 방지하는 데 핵심적인 역할을 한다는 것이다. 즉 블록체인 프로토콜과 합의 알고리즘을 통해 참여자 모두에게 거래 정보를 공유하면서 끊임없이 정보가 위·변조되었는지 여부를 확인한다. 이것은 블록체인이 탈중앙화된 구조에서 거래에 대한 신뢰를 제공하는 부분으로 블록체인의 핵심 가치이다.

현재는 다양한 블록체인 플랫폼이 개발되고 있는 3~4세대 시기로 블록체인이 안고 있는 저장 구조, 확장성, 성능, 데이터 통합 등의 연구개발이 진행되고 있다. 그러나, 인프라적인 측면에 대한 연구는 여전히 부족한 상황이다. 최근 확장성 문제, 성능 문제를 해결하기 위해 4세대 블록체인 기술이 연구개발 중에 있다.

다음은 블록체인 세대별로 다양한 경제 모델이 등장하고 있는 과정을 살펴보고 4세대로 진화하고 있는 최근 변화의 모습을 살펴보자.

2. 탈중앙화 글로벌 단일 금융 시스템

1세대 블록체인은 2009년 사토시 나카모토가 개발한 비트코인이다. 비트코인은 퍼블릭 네트워크를 형성하고 이중 지불 문제를 해결한 1세대 블록체인이다. 이 시점은 통화나 화폐로서의 목적을 수행하기 위한 논의가 이루어지는 단계이다. 블록체인 1세대의 혁신은 비트코인에서 찾을 수 있다. 이것은 송금 서비스에서 결제 수단으로 암호화폐인 비트코인을 사용한 시기로서, 1세대 디지털 화폐 역할을 하며 기존 통화 시스템과 비교할 때 놀라운 혁신을 가져왔다. 그것은 중앙기관 없이 탈중앙화된 "단일 글로벌 금융 시스템(world single bank)"이 탄생한 것과 같다. 따라서 그 어떤 암호화폐보다 의미가 있다고 볼 수 있다. 과거 국가 간 무역이 증가하면서 국가마다 화폐에 대한 신뢰성과 안정성을 보장하는 것은 어려웠다. 이러한 문제를 개선하고자 미국이라는 특정 국가의 화폐인 달러를 기축통화로 사용하게 되었듯이 우리는 새로운 "단일 글로벌 금융 시스템"에서 발행된 비트코인을 암호화폐의 기축 통화라고 볼 수 있을 것이다.

단일 금융 시스템으로서의 비트코인

₿ 비트코인의 가치

1세대 블록체인 1.0은 비트코인의 등장에 따른 결제 및 송금 등 기존 금융 시스템의 혁신이 일어나는 시기이다. 비트코인은 블록체인의 핵심 가치인 분권화와 탈중앙화에 기반한 글로벌 단일 금융 시스템을 시도했다는 점에서 그 의의가 크다. 흔히 비트코인을 "P2P Electronic Cash System"이라고 정의하는 것도 이 용어에 비트코인이 지닌 핵심 가치가 모두 포함되어 있다는 의미다.

경제학 관점에서 비트코인의 가치는 학자들마다 약간의 차이는 있으나 공동점은 네 가지로 요약할 수 있겠다. 첫째, 비트코인은 개인 간의 송금 및 거래에서 결제 대용으로 사용되는 화폐로서의 가치를 지닌다. 둘째, 실물경제에서 화폐의 용도보다는 가치 저장이라는 자산의 성격을 포함하고 있다. 셋째, 금융기관, 비전통 금융(DeFi 등) 분야에서 다양한 파생상품 및 서비스 상품으로서 포트폴리오의 다각화에 우수한 수단이 되고 있다. 넷째, 금융 시스템이 발달하지 못한 저개발국, 신흥국에서는 법정화폐로 인정되고 있다. 이처럼 비트코인이 담고 있는 가치는 이제 부인할 수 없는 현실이 되고 있음에 주목해야 한다.

가치 저장 측면에서 보여 주는 비트코인의 특징은 공급의 확실성과 수요의 불확실성이 함께 존재한다는 점이다. 이더리움의 경우 발행량이 계속 증가하지만 비트코인은 최종 2100만 개로 공급량을 정해두었다. 뿐만 아니라 4년마다 반감기를 거치고 있어 공급량(채굴량 또는 발행량)이 감소하는 구조이다. 이 구조는 경제학 관점에서 희소성과 예측성을 제공한다. 경제 영역에서 제일 어렵고 위험할 수 있는 부분이 예측이며, 그 이유는 변동성이 나타나기 때문이다.

구체적으로는 2020년에 3번째 반감기가 있었으며 2024년에 다시 반감기가 오면 시장의경제원리 적용에 따라 비트코인의 희소성은 더욱 부각될 전망이다. 반감기로 채굴량이 줄어들면서 2040년에 이르면 비트코인 공급량이 한계점에 도달하므로 거래소에서도 극심한 가격 변동성이 나타날 것이다. 이러한 현상도 수요와 공급의 균형이 기존 시장경제의 개념과는 다르게 움직이게 만드는 주요 원인이다. 이처럼 정해진 공급량은 비트코인 가격 상승의 동력이 되고 경제적 가치를 부여하면서 투자자들의 큰 관심을 받는다.

이것은 암호화폐 영역에서 기축통화의 역할을 하게 된 비트코인에 많은 사람들이 열광하는 이유이기도 하다. 희소성의 원칙에 따라 공급 관점에서 비트코인은 비탄력성을 지니고 있어 비트코인의 가격은 지금보다 더욱 올라갈 것으로 예측된다.

글로벌 단일 금융 시스템의 한계

이처럼 비트코인은 저장 수단으로서, 암호화폐의 기축통화로서, 최초로 탈중앙화된 디지털 금융의 시초가 되었지만 금융 분야에서의 한정된 사용성과 느린 거래 속도, 낮은 확장성, 그리고 분산화된 시스템에 의한 작업 증명(POW)이라는 합의 도출 과정에서 많은 전력 소모와 컴퓨팅 자원을 사용하는 단점을 지니고 있다. 이러한 문제점은 비금융산업으로 확산하는 데 저해 요소로 작용하고 있다. 또한, 비트코인은 '스크립트' 언어라는 튜링 불완전성을 지니고 있기 때문에 이더리움의 스마트 컨트랙트와 달리 프로그래밍으로 모든 것을 구현하기 어렵다. 따라서 다양한 비즈니스 생태계를 구축하는 것은 더욱 어려운 일이다.

그러나 초기에 등장한 1세대 블록체인 기술로서 비트코인은 단지 화폐의 교환과 거래에 초점을 둔 암호화폐로서 중개자 없이 거래의 신뢰를 보장하고 검증하는 '글로벌 단일 금융 시스템'을 만들었다는 점에서 커다란 의의가 있다. 비트코인의 한계점은 2세대 블록체인인 이더리움의 등장과 함께 3세대에서 개선되면서 블록체인 경제를 만드는 인프라로 발전하게 된다.

3. 글로벌 단일 경제 컴퓨터의 등장

2세대 블록체인인 이더리움(Ethereum)은 '스마트 컨트랙트'를 중심으로 계약의 자동화가 이루어지는 단계이다. 블록체인 2.0에서는 이더리움의 스마트 컨트랙트로 자율 계약을 구현할 수 있게 되었다. 스마트 계약은 블록체인 기술을 받쳐 주는 인프라로서 프로토콜 범주에 속한다. 이것은 블록체인 기반의 경제 모델을 솔리디티(solidity) 언어로 코딩하여 거래 관련 업무가 자율적으로 성사될 수 있도록 만드는 프로그램이다. 스마트 컨트랙트의 등장으로 블록체인 네트워크에서 암호화폐의 교환과 거래를 뛰어넘어 비즈니스를 실행할 수 있는 기반이 마련된 셈이다.

시장에서의 스마트 컨트랙트 기능

스마트 컨트랙트는 1994년 컴퓨터 공학과 법을 전공한 암호화폐의 아버지로 불리는 닉 자보(Nick Szabo)에 의해 처음 제안되었다. 그의 논문을 보면, 스마트 컨트랙트는 프로토콜 및 사용자 인터페이스를 사용하여 계약 프로세스의 모든 단계를 용이하게 한다. 이것은 기존의 서면 계약 방식보다 훨씬 더 기능적인 디지털 계약을 사용할 수 있는 새로운 방법을 제공한다. 2013년에 이르러 이더리움의 창시자 비탈릭 부테린이 "The Ultimate Smart Contract and Decentralized Application Platform"이라는 백서를 공개하면서 스마트 컨트랙트는 블록체인 기술과 결합하면서 금융 거래, 부동산 계약, 공증 등 다양한 형태의 계약을 체결하고 이행하는 데 사용되기 시작하였다. 이것을 블록체인 2.0시대라고 부른다.

스마트 컨트랙트는 계약 내용과 실행 조건을 미리 설정하고 해당 조건이 충족되면 컴퓨터에 의해 자동으로 계약을 실행한다. 또한, 제3자 개입 없이 계약을 프로그램 코딩에 의해 제공하고 조건 충족시 거래가 자동 실행되는 구조이다. 이 실행은 일반 개인 컴퓨터에서 실행하는 것이 아니라 이더리움이라는 가상의 단일 컴퓨터(Single Economic Computer)에서 작동되는 것을 뜻한다. 스마트 컨트랙트가 생성되고 작동되려면 먼저 스마트 컨트랙트 로직을 개발해야 하는데, 이 로직에서는 거래 또는 계약 업무를 처리하기 위해 여러 모듈이 설계되고 이 모듈들이 모여서 스마트 계약이 된다.

스마트 컨트랙트 특징 중 하나는 DApp 서비스마다 모듈들의 기능이 다르며 솔리디티 언어로 개발되어야 이더리움의 EVM(Ethereum Virtual Machine)에서 실행할 수 있다. 즉 솔리디티 언어를 이용한 로직 개발과 EVM에서 자동 실행되는 단계를 거쳐 처리되는 셈이다. DApp 서비스에서 어떤 이벤트 즉, 스마트 컨트랙트를 실행시키려면 API CALL을 통해 이것을 호출하고 이때 EVM에서 로직이 실행되면서 결과값을 리턴하는 과정을 거쳐 거래가 완료되는 것이다. 이때 이더리움 네트워크를 빌려쓰는 경우, DApp 서비스에 맞게 일부 스마트 컨트랙트를 커스터마이징하여 개발할 수 있다. 이 부분은 이더리움이 오픈소스로 개발하였기 때문에 가능하다. 스마트 컨트랙트가 지닌 기능으로 인해 제3자인 중개자 없이 컴퓨터에 작성한 로직이 자동으로 실행되면서 거래, 계약을 진행할 수 있다. 따라서 스마트 컨트랙트에 의해 누구나 원하는 탈중앙화 경제 시스템을 구축할 수 있는 환경이 마련된 셈이다.

디지털 스마트 계약이 지니고 있는 특성을 토대로 경제 시스템 구축 및 운영 관점에서 토큰 경제의 생태계 발전 가능성을 정리하면 아래와 같다.

- 스마트 계약은 아직은 법이 아니다. 법적 구속력이 실현된다면 법 준수 여부의 입증 자료로 활용될 수 있다.
- 스마트 계약은 프로그래밍이 쉽다. 이더리움 솔리디티(solidity) 언어 사용 시 몇줄의 코딩으로 복잡한 비즈니스 프로세스를 처리할 수 있다. 그러나 솔리디티 언어를 습득해야 한다.
- 스마트 계약은 안전하다. 그리고 비즈니스 응용 범위가 다양하다. 현실 세계의 자산, 스마트 자산, 사물 인터넷, 금융 상품 등 다양한 관련 서비스 운영이 가능하다.
- 스마트 계약은 자산을 디지털화하여 통제 및 관리하기 때문에 계약 위반시 비용이 크게 증가할 수 있다. 이것은 블록체인 기술 구조상 거래 정보를 원점으로 되돌리기는 어려운 문제로 앞으로 해결해야 할 과제 중의 하나이다.

이더리움 플랫폼의 장점과 이슈

₿ 이더리움의 장점

스마트 컨트랙트는 중개자 없이 컴퓨터 코드만으로 계약의 집행이 가능하다는 점에서 화폐의 성격이 강한 비트코인과는 달리 온라인 거래 플랫폼으로 정의할 수 있다. 거래는 하나 이상의 계약 실행으로 볼 수 있다. 이더리움은 디파이(DeFi)뿐 아니라 단순한 토큰 전송, 게임, 데이티 지장 등 다양한 디앱 서비스 개발을 위한 프레임워크를 지원하는 플랫폼으로 발전하고 있다. NFT, 게임, 소셜 서비스 등 다양한 디앱들이 현재 이더리움의 생태계를 함께 공유하고 있다. 이더리움 프로토콜은 여러 유형의 토큰을 발행할 수 있도록 ERC-20(유틸리티 토큰), ERC-721(NFT), ERC-1400(증권형 토큰) 등 표준을 제공하고 있다. 이더리움에서 탄생한 DApp 서비스들은 바로 이러한 프로토콜을 사용하여 자신들이 원하는 성격의 토큰과 비즈니스 생태계를 만들고 있으며 이더리움에서 만들어진 그들의 토큰은 이더리움 가치가 상승하면 영향을 받아 토큰의 가치가 함께 상승하는 효과를 얻기도 한다. 따라서 이더리움 플랫폼은 블록체인 비즈니스 생태계의 성장을 촉진하는 블록체인 경제 시스템의 한 인프라가 되는 셈이다.

₿ 이더리움 이슈

그러나 이더리움 플랫폼 상에서도 원활한 경제 시스템의 유지 관점에 이슈가 존재한다. 이 문제는 일반적으로 블록체인 플랫폼에서 발생하고 있는 것으로 기능 측면과 운영 측면에서 나타나고 있다.

첫째, 메인넷의 기능적인 이슈이다. 이더리움 컴퓨터는 네트워크에 연결된 모든 노드(컴퓨터)들의 합집합이라고 정의할 수 있다. 즉 이더리움 컴퓨터는 방대한 컴퓨터이다. 그러나 방대한 컴퓨터이어도 실제 실행에서 합의를 이루는 방식이 병렬방식이 아닌 순차적 직렬방식으로 실행되고 있어 병목현상이 발생하는 속도의 문제가 큰 이슈로 작용하고 있다. 메인넷 기능은 블록체인에서는 합의 알고리즘에 의해 작동되기에 매우 중요한 사항이다.

이러한 트랜잭션 처리 속도 지연 및 확장성 이슈 등은 여전히 해결해야 할 과제로 남아 있다. 이 이슈는 이더리움 2.0 프로젝트에서 개선될 것이다.

둘째, 메인넷 운영을 어떻게 할 것인가의 문제이다. 메인넷 운영은 거버넌스에 의해 운영된다. 이러한 관점에서 볼 때, 이더리움 메인넷은 초창기부터 기능 개발에 더 초점을 두어 개발한 플랫폼이다. 그러다 보니 블록체인 운영 관점에서 충분한 고려가 부족했기에 플랫폼 내 자체 의사결정 기능의 미비로 인한 하드포크(Hardfork)가 발생하였다.

또한 이더리움의 네트워크 수수료가 비싸기 때문에 이것이 부담되는 디앱들은 이더리움을 떠날 가능성도 있다. 가스비 문제는 이더리움의 생태계 확장을 가로막는 근본적인 문제로 지적되어 왔다. 사용자 입장에서는 한번 트랜잭션을 보낼 때마다 비용을 지불해야 하므로 잦은 네트워크 사용에 부담을 느낄 수 있기 때문이다.

이더리움 컴퓨터의 기능과 운영 측면에서 발생하고 있는 문제점들을 개선하기 위해 이더리움 2.0 프로젝트(Eth2)가 3단계로 진행 중이다. 이더리움 2.0은 이더리움(Eth1) 네트워크 전반의 기능을 개선하기 위해 오래전부터 준비되어 온 업그레이드 버전이다. 주목할만한 주요 업그레이드 사항으로는 메인넷 기능 측면인 합의 알고리즘으로 POW 알고리즘에서 지분 증명(PoS) 방식으로 전환하는 부분이다. 이와 함께 합의 알고리즘의 병렬처리 방식이 적용될 수 있는 샤드체인 채택과 비콘 체인을 도입하여 초당 수십 건 처리 수준을 10만 건 이상으로 올린다는 계획을 포함하고 있다.

부테린은 이더리움 자체의 보안성 및 탈중앙화 특성을 해치지 않는 범위에서 속도, 효율성, 확장성을 개선하는 데 중점을 두고 있다고 하였다. 그러나 기존 생태계를 새로운 2.0 생태계로 전환한다는 것은 엄청난 투자와 복잡성, 그리고 위험성이 함께 따르는 도전적인 프로젝트임에 분명하다. 반면

이너리움 2.0이 완성뇌어 이전 생태계의 DApp들이 순조롭게 전환된다면 코인 경제의 발전에 엄청난 변화를 줄 것으로 보고 있다.

메인넷 운영을 위한 DAO의 출현

❸ DAO 개념

DAO(Decentralized Autonomous Organization)는 이더리움 메인넷이 출시된 이후에 등장한 용어이다. 2016년 비탈릭 부테린은 DAO의 필요성을 다음과 같이 강조하였다. DAO는 다수의 참여자들이 조직 관점에서 의사결정을 하는 탈중앙화 구조에서의 새로운 거버넌스 유형이다. DAO는 일반 조직에서 의사결정을 위해 CEO, 경영진 또는 투자자들의 참여 없이 이더리움 네트워크에서 이루어지는 자율 조직 체계를 의미한다. DAO는 이더리움 기반 DApp의 한 예로서 CEO나 이사회와 같은 중앙 의사결정 주체 없이 다수의 참여자들이 공동으로 조직을 운용하기 위해 자금을 조달하고 투자 활동 등을 결정하는 탈중앙화된 조직 체계인 것이다. 조직 구성원들의 투표로 결정된 사항은 스마트 컨트랙트에 의해 실행된다. 즉, 계약 이행 과정에서 발생될 수 있는 오류나 불확실한 문제는 DAO 활동으로 해결할 수 있으므로 거래에 대한 위험을 줄여준다고 볼 수 있다.

토큰 경제에서 DAO의 가치

블록체인에서 새로운 거버넌스로 등장한 DAO는 토큰 경제 활성화 측면에서 몇 가지 시사점을 준다. 첫째, 탈중앙화된 비즈니스 생태계 구축과 네트워크의 안정적 운영을 위한 가능성을 보여 준다. 메인넷 운영에서 DAO의 중요성이 강조되면서 DAO 개념이 반영된 DApp이 개발되고 다양한 알트코인이 등장할 수 있는 길을 열어 주었다. 둘째, 네트워크에 참여하는 이용자는 DAO 기준에 따라 활동하는 대가로서 경제적 보상을 받을 수 있다. 보상과 관련된 중개자의 역할을 DAO가 대신한다고 볼 수 있다. 셋째, 블록체인 내에서 토큰 사용은 바로 DAO체계의 룰에 따라 이루어지는데 토큰은 투자자들의 투자를 높이고 비즈니스의 생태계를 새롭게 형성하는 방법이 되고 있다.

부테린은 비트코인을 자본이 내재된 DAO로 정의하였다. 이 의미는 채굴자들에 의해 거버넌스가 작동되면서 자율적인 합의와 검증에 의한 자본의 가치로 인정하는 것이다. 또한, DAO는 잘못된 비즈니스에서 벗어나 제대로 된 업무 처리를 규정하고 암호기술 기반의 거버넌스 체계와 컴퓨터에 의해 신뢰를 입증하는 강력한 힘을 가지고 있다고 강조한 바 있다. 그 이유는 DAO 운영 결과에 의해 조직원들의 분권화와 신뢰 기반의 합의가 가능하기 때문이다.

DAO 기반의 블록체인 생태계는 참여자들에 대한 투명하고 공정한 수익 배분을 가능하게 함으로써 기존에 경영자와 소수인에게 집중되어 있는 수익 구조를 재분배하는 효과를 가져올 수 있는 가능성을 열어준 셈이다. 이더리움의 탄생은 경제 관점에서 볼 때, ICO의 서막을 안내해 주었을 뿐만 아니라 스마트 컨트랙트의 추가와 DAO의 의사결정 체계를 통해 토큰 이코노미의 성장과 블록체인 생태계의 확산에 변곡점이 되고 있다.

스마트 컨트랙트의 비즈니스 가치

스마트 컨트랙트를 구현하기 위한 계약 코드는 EVM(Ethereum Virtual Machine)이라는 독립된 실행 환경에서 실행된다. EVM은 이더리움의 연산장치로서 가상 머신에 속한다. 이더리움은 수만 개의 노드를 묶은 하나의 싱글 컴퓨터이다. 이 컴퓨터의 연산장치 기능을 담당하는 것이 EVM으로 볼 수 있다. 이더리움 블록체인은 하나의 블록에 데이터뿐 아니라 조건, 반복 구문 등의 실행 코드를 포함시켜 로직을 자동으로 실행할 수 있다. 블록체인이 금융권을 비롯한 다양한 산업에서 주목을 받게 된 점도 바로 스마트 컨트랙트가 지닌 이와 같은 특징에 기인한다. 2세대 블록체인 시대에서는 블록체인 기술이 암호화폐뿐만 아니라 거래와 계약에 활용할 수 있는 도구로 발전하게 된다. 스마트 계약은 이더리움이 비트코인을 뛰어넘어 모든 유형의 거래를 가능하게 하는 온라인 플랫폼으로서 여러 산업 분야에서 블록체인의 적용이 가능함을 보여 준다.

그렇다면 비즈니스 환경에서 스마트 컨트랙트를 적용하여 가치를 생성할 수 있는 분야는 어느 영역일까? 여러 분야에서 적용이 가능하나 특히, 상호거래 및 검증이 빈번한 비즈니스, 데이터의 소유권 또는 오너십이 강한 영역, 보안이 중요하고 규정된 절차를 통해 처리하는 업무적인 특성을 가진 영역으로 보고 있다. 이러한 영역에 대표적인 플랫폼은 이더리움, 폴카닷, 이

오스, 카르다노, 트론, 아이콘, 루니버스, 클레이튼, 솔라나 등을 들 수 있는데 이들 플랫폼은 각기 자신들의 블록체인 플랫폼 생태계에서 기축통화의 역할을 하고 있다. 그 중 가장 많은 DApp 서비스를 제공하면서 암호화폐가 파생되고 있는 플랫폼은 이더리움이다. 탈중앙화금융(DeFi), 유틸리티 토큰 발행, 대체 불가능 토큰(NFT) 발행 등 상당수의 암호화폐가 이더리움 네트워크에서부터 출발하고 있다. 이더리움 생태계가 선두주자로서 오픈화 된 기술들을 제공함에 따라 새롭게 등장하는 메인넷에서도 이제 DeFi, NFT, 유틸리티 토큰 등이 생성되고는 있다. 그러나 여전히 이더리움 플랫폼을 이용하는 암호화폐는 약 3만여 개 이상으로 실제 블록체인 플랫폼의 절대 강자는 아직까지도 이더리움이다.

2021년 이더리움의 가격은 비트코인 가격 상승률을 능가하고 있다. 블록체인 전문가들은 바로 이 부분도 이더리움이 비트코인보다 더 큰 비즈니스 가치를 갖는 요인 중의 하나라고 주장한다. 미국의 암호화폐 중개업체 '보이저 디지털(Voyager Digital)'의 최고 경영자인 스티븐 에를리히 (Steven Ehrlich)는 "블록체인 기술을 활용하려면 이더리움이 발행하는 토큰 이더(ETH)가 필요하다"라며, "이더리움이 유용성, 기능성, 생태계 모든 부분에서 잠재력이 더 뛰어나다"고 하였다. 이더리움 네트워크 상에서 움직이는 ERC-20 계열의 코인들은 상당수가 암호화폐 코인으로 발행된다. 이 코인들을 확인하려면 이더스캔(Etherscan)의 토큰 트래커에서 확인이 가능한데, 이더스캔(Etherscan)은 이더리움 기반에서 움직이는 코인들을 모니터링할 수 있어 나의 코인 또는 관심이 있는 코인의 발행 상황 등을 검색하고 추적할 수 있다.

이제 스마트 컨트랙트는 오랜 기간 동안 비즈니스 관행으로 고착화된 여러 제약을 뛰어 넘어 파격적인 사고를 유도하고 나아가 새로운 가치를 창출할 수 있는 원천으로 사리잡았다. 비트코인은 블록체인 기술의 상징성을 보여 주었지만 비즈니스 생태계를 원활하게 가동할 수 있는 기능은 부족하였다. 하지만 이더리움의 스마트 컨트랙트는 해킹 위험성이 낮고, 보안 비용 절감, 중개자가 없어 수수료 절감, 데이터 정합성 혹은 무결성 검증시간이 단축될 수 있는 장점을 제공하고 있다. 또한, 계약의 투명성으로 인해 규제 비용이 절감되고, 이중 지불 위험도 사라지며, 정보통신(IT) 시스템 구축 비용이 절감될 수 있는 장점이 있으며 신사업 서비스로 확장성의 가능성도 보여 주고 있다. 특히, 상호 약속된 규칙에 따른 프로세스 작동으로 서로 간의 신뢰가 필요한 서비스 업무 영역에서 가장 큰 적용 효과를 발휘할 것으로 예상된다.

시장경제에 패러다임을 변화시키는 이더리움 네트워크의 비즈니스 가치를 요약하면 다음과 같다.

- 산업 간 융 · 복합 플랫폼 사업을 위한 기술 개방의 신호탄으로 성장하고 있다.
- 탈중앙화 P2P 네트워크로 디지털 경제가 나아가야 할 하나의 이정표를 제시한 사례가 되고 있다.
- 비트코인이 참여자들의 합의(consensus)에 의한 화폐 발행으로 '경제 권력 분산화'의 가능성을 제시하였다면, 이더리움은 거래의 안전성과 신뢰성을 확보하는 진정한 디지털 민주화를 지향하고 있다

4. 다양한 DApp 생태계 시대

개요

비트코인, 이더리움 플랫폼이 출시되는 시점에는 거버넌스라는 블록체인 운영 정책이 없었다. 플랫폼에서 어떤 예기치 못한 상황이 발생할 경우 합의를 도출하는 자체 의사결정 기능이 없기 때문에, 생태계 내부에서 의견이 대립할 경우 하드포크를 통해 생태계가 분리되는 경우가 종종 발생한 것이다. 이런 이슈는 블록체인의 핵심 가치인 신뢰 보장에 위배되는 현상이 될 수 있다. 따라서 이러한 문제를 보완하기 위해 확장성과 신속성, 탈 중앙화를 보다 개선하고 플랫폼 내 자체 의사결정 기능을 제공하는 ADA, IOTA 등의 플랫폼이 등장한다. 이것을 3세대 블록체인이라고 부른다. 3세대 블록체인은 합의 알고리즘 변화를 향상시키는 기술적 발전과 하드포크를 최소화하기 위해 거버넌스 영역까지 확대하는 두 가지 큰 특징을 가지고 있다. 3세대 블록체인 시대는 블록체인 기술이 특정 금융산업을 넘어 비금융산업을 포함하여 사회 전반에 보급하는 성장 단계로 볼 수 있겠다.

3세대 블록체인의 진화

블록체인 3.0은 기술이 사회 전반에 확산·적용되는 시기로 정의할 수 있다. 3세대 블록체인 기술은 이전의 블록체인 기술이 가지고 있던 문제점을 개선하기 위해 블록체인 기업들이 기술적으로 다양한 시도와 변화를 추구함에 따라 비즈니스 모델도 진화되고 있다. 또한, 비트코인의 처리 속도 및 성능을 개선하고 스마트 컨트랙트를 비즈니스 모델에 적용하면서 여러 유형의 암호화폐가 등장한 것이다. 우리는 이것을 알트코인(Alternative Coin)이라고 부른다. 많은 알트코인들은 기존의 시장경제 모델과는 한 차원 다른 크립토-파이낸스 축을 추가할 수 있게 함으로써 삼면시장의 모습으로 새로운 비즈니스 생태계를 구축할 수 있는 기회를 제공한다. 이 시기에 나타난 가장 큰 변화는 두 가지로 정리할 수 있다. 하나는 블록체인 기능 향상 측면의 기술 발전이며, 다른 하나는 블록체인 운영 측면에서의 제도적 발전이다.

₿ 합의 알고리즘의 진화

블록체인 기능 측면에서 네트워크 합의 문제를 새로운 합의 알고리즘의 개발로 업그레이드시켰다. 기존의 작업 증명(PoW - Proof of Work) 방식에서 벗어나 네트워크에 더 많은 노드가 참여하더라도 분산 저장과 합의가 순조롭게 이루어져 블록을 생성할 수 있는 지분 증명(PoS - Proof of Stake)이나 위임 지분 증명(DPoS - Delegated Proof of Stake) 방식이 개발되어 적용되고 있다. 또는 네트워크 리더를 중심으로 모든 참여자들과 합의를 도출하는 PBFT(Practical Byzantine Fault Tolerance) 방식 등 다양한 합의 알고리즘이 개발되어 적용되고 있다.

블록체인에서 합의 과정은 2단계로 구분되어 실행된다. 합의 전 단계는 거래 블록을 누가 만들 것인가에 중점을 두고 있다. 즉 위너(winner) 또는 블록 생성자(BP-Block Producer)를 선정하는 것이 첫 단계이다. 이때 POW, POS, DPOS 등의 알고리즘이 적용된다. 다음 후 단계는, 위너가 만든 블록을 브로드개스팅하면 블록을 어떻게 검증해서 합의를 이룰 것인가에 중점을 둔다. 이때 PBFT과 같은 알고리즘이 작동된다고 볼 수 있다. 즉 블록체인 합의 알고리즘은 2단계에서 블록체인 네트워크의 비전과 목적에 맞게 적합한 합의 알고리즘이 선택되어 적용된다.

PBFT는 기존 BFT라는 비잔틴 허용 방식과 동일한 개념이지만, BFT를 사용하지 않는 이유는 BFT가 동기식 시스템 환경에서만 동작이 가능하기 때문이다. 즉 블록체인 네트워크의 노드들은 동작 환경이 모두 다르고, 전송 속도가 다른 상황에서 노드들 간의 통신을 통해 어느 상태에서 합의를 이룬다는 것은 어려운 일이다. 이 문제는 합의 과정의 성능에 영향을 주기 때문에 이것을 해결하기 위해 비동기식 방식인 PBFT를 채택한 것이다. 비록 PBFT는 비잔틴 장애(Byzantine Fault) 모델이지만 생성된 블록의 완결성(파이널리티)을 이루는 데에 있어 불확실성과 성능 문제의 해결에 적합한 블록체인 합의 알고리즘이다. 블록체인 생태계에서 가장 중요한 것은 거래를 결제할 때 걸리는 속도이다. 그러므로 완결성은 암호화폐 상용화에도 중요한 역할을 한다고 볼 수 있다.

❸ 블록체인 네트워크 운영의 진화

블록체인의 운영 측면에서 네트워크 운영 문제를 제도화시켰다. 1~2세대 블록체인의 운영 문제를 개선하기 위해 블록체인 DAO기반의 거버넌스 체계가 발전되어가는 시기이다. DAO는 이더리움 기반의 DApp의 한 예로서 CEO나 이사회와 같은 중앙 의사결정 주체가 없이 다수의 참여자들이 공동으로 조직 운영을 위한 자금 조달 및 투자 활동 등을 결정하는 탈중앙화된 조직 체계를 말한다.

국가가 체계적으로 운영되기 위해서는 입법부, 사법부, 행정부가 존재하면서 각각의 역할과 기능을 수행한다. 이와 마찬가지로 중개인이 없이 탈중앙화된 블록체인 생태계가 신뢰를 보장하고 안전하게 운영되려면 블록체인 네트워크의 체계적인 운영을 위해 필요한 부분이 무엇인가를 정의하고, 그 범위와 관련된 의사결정과 정책 등이 마련되어야 한다.

❶ "운영과 관계된 정책 수립에 누가 참여하여 활동할 것인가?"에 대한 기준 마련 필요
 - 구성 멤버를 어떻게 선정할 것인가?
 - 누구를 선택할 것인가?
❷ 의사결정자가 선정되면 어떤 방법으로 의사결정을 할 것인가?"
 에 대한 네트워크 특성에 적합한 방법과 기준 마련 필요
 - 예를 들어 다수 의결 방식인지, 50% 이상 과반수 방식인지, 혹은 지분방식인지의 여부

DAO는 참여자들이 직접 정책에 참여하고 의사결정을 하는 집단지성을 활용한 환경으로 네트워크가 운영되도록 하고 있다. 중앙화된 경제 시스템의 거버넌스에서 구성원들이 제3자를 선택하여 신뢰와 중재 역할을 부여하였다면, DAO에서는 직접민주주의 방식으로 블록체인 생태계가 운영되도

록 하는 가능성을 열어 주었다.

[그림 3-1] 블록체인의 세대별 혁신 기능

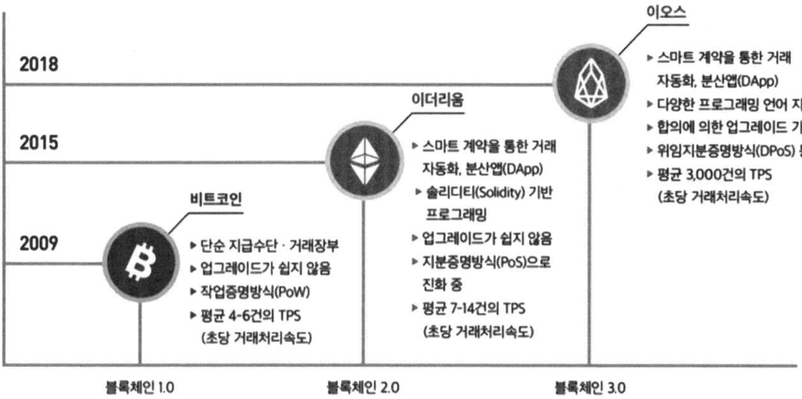

출처 : Roberto Candusio(2018), https://steemit.com/blockchain/@techsruptive

거버넌스 체계의 구축

거버넌스 구축의 필요성

DAO 기반의 거버넌스는 모든 블록체인에서 적용해야 하는가? 이것은 프라빗 블록체인보다는 퍼블릭 블록체인에서 그 역할이 중요하다. 프라이 빗 블록체인은 해당 조직이 블록체인 시스템의 구축 목적과 관련 비즈니스의 특성에 맞게 그 조직의 규정 및 체계를 준수하는 방향으로 거버넌스를 만들면 된다. 그러나 최근 다양해진 퍼블릭 블록체인에서는 DApp 생태계가 확산되면서 거버넌스의 중요성이 더욱 부각되고 있다. 또한 거버넌스는 네트워크 생태계의 목적에 적합한 맞춤형 거버넌스 설계로 진화하고 있다.

1~2세대 블록체인에서는 거버넌스가 체계화되지 않아 빈번한 하드포크가 발생하여 생태계가 황폐해지거나, 토큰의 도난 사고가 발생하고, 익명성 보장 여부 등에 혼선이 있었다. 공유지 성격을 갖는 블록체인 메인넷을 제대로 관리하려면 양떼(참여자)들이 공유지에 만족할 만큼 목초가 성장해야 한다. 즉 블록체인 네트워크에서 여러 사람들이 가치를 얻기 위해서는 거버넌스의 설계가 반드시 필요하다. 거버넌스의 궁극적인 목표는 공유지의 비극을 극복하는 데 있기 때문이다.

₿ 거버넌스에 담을 주요 내용

그렇다면 우리는 거버넌스와 관련하여 백서에 어떤 내용을 반드시 담아야 할까? 블록체인 생태계의 비전, 목표 및 네트워크의 특성에 따라 거버넌스의 핵심 사항이 다를 수 있다. 그러나 퍼블릭 블록체인 생태계의 운영 관점에서, 생태계의 활성 측면에서, 생태계의 투명성 및 신뢰 확보 측면에서 공통적으로 반영될 필요가 있는 내용을 중심으로 정리하면 다음과 같다.

첫째, 의사결정 구조 체계를 수립한다. 정책적인 측면에서 생태계의 채택 여부, 코인 총발행량, 추가 발행 여부, 수수료 변경 등에 대한 정책이 담겨야 한다. 이것은 입법부와 유사한 역할이다. 알고리즘 버그 발생, 소스코드 업그레이드, 엔지니어링 변경 등이 발생할 경우 이 문제를 어떤 방법으로 해결할 것인가에 대한 세부 내용이 담겨야 한다. 이러한 역할은 행정부와 유사한 것으로서, 예를 들어 '운영위원회(Steering Committee)'의 운영 방안에 담을 수 있다. 위의 과정에서 상충된 의견이 발생할 경우 화해할 수 있는 중재 또는 조정기구도 필요하다. 이것은 사법부와 유사한 역할이 될 수 있다.

둘째, 인센티브 체계 설계가 반영되어야 한다. 참여자들이 생태계 유지와 활성에 기여할 경우 제공하는 보상 부여 체계와 투표 권리를 가진 참여자가 정의롭지 않은 행위를 할 경우 제재하는 페널티(penalty) 체계의 설계가 필요하다. 인센티브 체계는 토큰 경제의 목표를 달성하기 위해 네트워크에 기여하는 참가자들에게 추가적인 보상을 토큰으로 제공한다. 블록체인 생태계마다 그들의 미션과 목표가 다르기에 이에 상응하는 활동들이 블록체인 네트워크에서 수행되게 함으로써 생태계는 보다 효율적이고 가치 있는 네트워크로 발전할 수 있다. 일부 소수의 토큰 보유자들이 일삼는 악의적인 조작과 부정적인 행동에 대해서는 페널티 체계를 마련하여, 예치한 토큰을 환수하거나 맡은 역할에서 배제하는 방법 등으로 처벌을 하는 체계가 거버넌스에 담겨야 할 것이다. 이것은 토큰 발행 메커니즘과 연동되어 네트워크를 강건하게 해 준다.

셋째, 토큰 발행 및 분배 메커니즘의 기준이 반영되어야 한다. 토큰 발행 방식에는 2가지 유형이 있다. 그것은 알고리즘 방식과 선채굴(Pre-mined) 방식이다. 알고리즘 방식은 특정 기관과 재단이 관여하기 어려우므로 퍼블릭 블록체인 네트워크에 적용될 수 있다. 대부분 메인넷에서는 코인이 발행되고 있다. 선채굴 방식은 상장 전 이미 토큰을 발행하고 인센티브 용도로 얼마의 토큰을 할당한다. 또한, 재단 창립자들과 핵심 멤버들에게 몇 %의 토큰을 할당할지, 초기 투자자에게 몇 %의 토큰을 제공할 것인지, 광고와 개발에 몇 %의 토큰을 할당할 것인지 등에 대한 정의가 사전에 이루어지는 방식이다. 이것을 토큰 분배 매트릭스(Matrix)라고도 한다.

이렇듯 초기 토큰 발행 작업이 완료되면 남은 토큰은 모두 토큰풀에 들어가며 블록체인 경제 시스템에 참여하는 모든 참여자가 지분을 소유한다. 퍼블릭 블록체인에 의해 발행된 토큰은 매일 일정량이 채굴되어 토큰 보유량에 따라 참여자에게 참여 증명 방식으로 분배한다. 참여자가 증가할수록 매일 분배되는 수량은 조금씩 줄어들 수 있다. 스마트 컨트랙트에 의해 발행되는 토큰은 매일 생산량과 배분 기준을 보상 메커니즘에 따라 수집된 데이터 정보를 토대로 공정하게 참가자들에게 분배한다.

미래에는 누구나 허가 없이 DAO의 거버넌스 체계에서 활동하고 그 대가로 경제적 보상을 받는 시대가 일반화될 것으로 전망한다.

3세대 DApp 시대의 핵심 가치

기존의 블록체인이 기능적, 운영적으로 가지고 있던 문제를 개선하고 암호화폐 사용의 완결성을 추구하는 대표적인 메인넷(생태계)에는 이오스(EOS), 에이다(ADA), 네오(NEO), 폴카닷, 솔라나 등이 있다. 이들 메인넷에서는 그들에게 적합한 합의 알고리즘 개발과 고도화된 기능을 추가한 플랫폼을 선보이고 있어 향후 블록체인의 활용 범위를 더욱 넓혀줄 것으로 기대하고 있다. 3세대 블록체인이 보여 주고 있는 핵심 가치는 다음과 같다.

• 다양한 분야에서 탈중앙화 메인넷이 구축 중
  - 암호화폐 발행을 통해 거래가 이루어지고 있다.
• 정교해진 거버넌스 체계의 반영

- 내부 의사결정 합의 기능의 탑재가 보편화되고 있다.
- 블록체인 서비스 기능의 향상
  - POS, DPOS, POA, 전 단계 합의 알고리즘 채택으로 전력 소모 최소화(전단계 합의: 합의에 참여하는 노드선정)
  - PBFT, PPBFT(Parallel PBFT), 후 단계 합의 알고리즘 개발로 처리속도 향상(후단계 합의 ; 노드들의 합의 메커니즘)
  - DAG(Directed Acyclic Graph)를 이용한 분산 장부 기술의 등장으로 처리속도 향상(Tangle)
  - 대부분의 블록체인 장부 구조는 체인 구조임(Linked List)

다양한 알트코인이 등장하고 있는 3세대 블록체인 기술은 토큰 경제의 성장과 확산을 위한 방향으로 진화 중이다. 무엇보다 전 세계에 수천 개의 암호화폐가 유통되고 있다는 사실만으로도 블록체인 기반 암호화폐의 유연성과 발전 가능성을 보여주고 있는 셈이다. 토큰 이코노미(Token Economy)는 이러한 블록체인 기술의 향상과 혁신적인 경제 모델의 구축을 통해 한 차원 진보된 탈중앙 경제 시스템으로 발전할 것으로 예측되고 있다.

다음은 블록체인 세대별 코인 경제의 진화 과정을 보여 주고 있으며 그에 따른 시사점을 제시한 표이다.

[표 3-2] 블록체인과 코인경제의 진화

구분	블록체인 1.0 (도입기)	블록체인 2.0 (발전기)	블록체인 3.0 (성장기)
코인경제	- 비트코인을 통한 디지 털화폐로 사용	- 스마트계약을 중심으로 금융, 경제산업 전반에 걸처 혁신도구로 사용	- WWW,모바일 인터넷 처럼 생 활속에 스며들면서 또 다른 변 화 예상
암호화폐	비트코인	이더리움	각종 알트코인
Protocol layer	- Ledger Data - TCP/IP, WWW	- P2P Cpntract - Ledger Data - TCP/IP, WWW	- User Contents - 개인데이터 금융정보,바이오 정보 - P2P Cpntract - Ledger Data - TCP/IP, WWW

시 사 점	- 디지털 통화시대 개막
	- World Single Bank
	  based P2P
		- DAO 개념 출현
		- 스마트 컨트랙트 거래
		  자동화로 신경제 출현
		- 다양한 산업과 융합
			- 다양한 코인 등장으로 암호화폐
			와 결합된 삼면시장 출현
			- 의사결정 합의기능 탑재 및 처리
			  속도 향상

공통점	탈 중앙화. 투명성. 분권화		

5. 글로벌 블록체인 경제의 확산(4세대 블록체인)

4세대 블록체인 기술의 필요성

4세대 블록체인은 블록체인 생태계의 성숙기로서 블록체인 생태계가 서로 연결되고, 새로운 공급망 구축으로 새로운 서비스를 제공함으로써 지금보다 더욱 복잡하고 진화된 시장을 접하는 단계로 보고 있다. 이것은 블록체인 경제의 미래 모습이 될 것으로 전망한다. 현재의 블록체인 기술과 경제 시스템으로는 글로벌 블록체인 생태계 구축이 어려운 것이 현실이다. 유연한 호환성과 오픈, 표준화된 확장성이 가능한 초연결성 블록체인 경제 시스템이 필요하다. 블록체인 생태계의 확산을 위해 무엇보다 블록체인의 진정한 가치를 창출하고 실현하기 위해서는 '토큰 이코노미' 생태계가 중요하다.

블록체인이 글로벌 비즈니스에 본격적으로 활용되기 위해서는 상호 운영성과 블록체인의 주요 기술인 프로토콜, 스마트 컨트랙트, 체인간 연결 API 등의 표준화가 이루어져야 한다. 국제 표준화 기구에 의해 오픈화가 되었을 때 세계 여러 블록체인 플랫폼이 연결되어 작동할 수 있다는 의미이다. 글로벌 비즈니스에서는 거래의 유연성과 데이터 통합 그리고 신속한 비즈니스 처리가 매우 중요하기 때문에 다양한 블록체인 플랫폼과의 연동과 산업 생태계 간의 연결이 가능해야 한다. 그러나 지금의 3세대 블록체인 기술만으로는 한계가 있다. 보다 혁신적인 아이디어와 기술 개발로 이 부분의 이슈를 해결할 때 진정한 블록체인 경제를 추구하는 분권화와 참여자가 오너십을 소유하는 시장경제 체제로 변화될 것이다. 따라서 미래의 블록체인은 산업 생태계를 융합하는 데 더욱 초점을 두어야 한다. 범사회적. 범IT 환경에서 사용할 수 있는 블록체인 시대를 맞이할 수 있도록 글로벌 블록체인 기업들이 이 부분을 준비해야 할 것이다.

글로벌 블록체인 비즈니스의 진화 방향

블록체인 기반의 초연결 사회로 진입하기 위해서는 몇 가지 현안 해결이 전제가 되어야 한다. 초연결 사회에서 코인 경제를 보다 효율적으로 운영할 수 있고 네트워크 참여자들에게 강한 신뢰와 공정한 보상이 부여될 수 있는 블록체인 생태계가 되려면 어떤 부분이 갖춰져야 할까? 또한 블록체인 경제의 패러다임을 가속화시킬 블록체인 플랫폼은 어떤 기술로 무장해야 할까? 필자는 지금까지 3세대 블록체인이 안고 있는 문제점을 토대로 현실적인 개선 방안을 다루고자 한다.

블록체인이 주장하는 핵심은 신뢰이며 중앙화된 신뢰 메커니즘을 블록체인에서 제공하는 것이다. 그래서 블록체인은 프로토콜 경제라고 앞에서 강조한 바 있다. 4세대 블록체인 시대로 발전하고 글로벌 탈중앙화 블록체인 생태계를 유지하기 위해 해결해야 할 과제를 크게 4가지로 정리해 볼 수 있겠다.

❶ 프로토콜에서 블록체인 신뢰를 보장해야 한다.
　- 중앙화된 시장경제에서는 신뢰를 보장하기 위해 중개인, 기관, 에스크로(escrow) 제도뿐 아니라 금융 거래에서 공인 인증서 등이 사용됨
　- 블록체인에서는 TTP(Trusted Third Party) 존재 없이 프로토콜에서 신뢰 보장과 부인 방지, 위·변조 방지 등의 보안성이 확보되어야 함

❷ 탈중앙성, 보안성, 확장성 등의 트릴레마(Trilemma) 이슈가 해결되어야 한다.
　- 보안성을 높이면 확장성 이슈가 발생하고 노드가 많으면 탈 중앙화와 보안성이 향상되는 상황임

- 그러나, 노드가 증가하면 확장성이 확보되나 성능 저하 현상이 발생하여 고성능 합의 알고리즘 개발 또는 슈퍼컴퓨터 사용 등의 어려움에 봉착

❸ DApp을 만드는 생산성이 극대화되어야 한다.
- 기존의 개발환경·개발언어·SDK(soft development tool) 등이 DApp 개발을 위해 블록체인 환경에서도 개발자가 쉽게 사용할 수 있어야 함
- 기존 IT기술(오프체인 포함)이 블록체인 네트워크에서도 쉽게 활용 가능해야 함

❹ 고립된 블록체인 비즈니스 생태계들의 연동이 가능해야 한다.
- 지금은 특정 메인넷에서 생태계가 독립적으로 운영되는 상황임
- 산업간, 비즈니스 거래를 위해 블록체인 생태계 간, 블록체인과 NON-블록체인 생태 간의 자연스런 연동이 가능해야 한다.

이상과 같은 블록체인 비즈니스 환경이 마련될 때 비로소 IOT, 스마트 디바이스, AI 등과 융합이 보다 용이하게 이루어질 것으로 전망한다. AI에 필수적인 영양분은 데이터이다. 이 데이터가 블록체인 기술에 의해 품질이 좋은, 즉 신뢰성이 우수한 데이터가 된다면 AI의 응용 분야는 지금보다 더욱 강건하게 확대될 것으로 예측한다. AI는 인류가 안고 있는 다양한 문제인 환경, 고령화, 생명 유지 등의 이슈를 보다 효율적으로 해결하는 데 지대한 역할을 할 수 있다. 뿐만 아니라 인간과 AI가 보다 친화적인 인공지능으로 발

선할 수 있다. 이 시기가 오면 인터넷의 월드와이드앱이 구현되어 전 세계가 하나로 움직이듯 블록체인에 의해 "월드와이드블록체인웹(WWBW: World Wide Blockchain Web)" 시대가 될 것으로 예측한다.

4세대 글로벌 블록체인 생태계를 위한 기술 제안

글로벌 블록체인 생태계의 구현이 가능하다는 것은 필자의 입장에서는 궁극적으로 월드와이드블록체인웹(WWBW)이 실현되었을 때를 의미한다. 이 책에서는 그것의 진화 방향을 광의의 관점에서 4가지로 언급하였다. 이 부분을 해결하기 위해 협의의 관점에서 관련 기술 진화를 제안하려고 한다. 그것은 1~3세대 블록체인에서 거론되어 온 트릴레마 문제인 확장성(속도 이슈), 보안성, 탈중앙화성, 상호 운용성, 그리고 데이터 저장성 등의 이슈 해결과 블록체인 기술의 표준화이다.

₿ 글로벌 블록체인 시대에 필요한 기술
① 하드웨어와 소프트웨어의 결합
블록체인 프로토콜과 스마트 컨트랙트의 주요 로직이 하드웨어와 소프트웨어로 결합될 필요가 있다. 이 의미는 블록체인의 노드와 그 통신 네트워크에 하드웨어의 최적화로 설계된 기능이 활용될 필요가 있다는 뜻이다. 지금까지 합의 알고리즘, 데이터 표준화, 암호화 기능 등이 소프트웨어로만 구현되어 왔다. 그 결과, 블록체인 네트워크에서 속도 문제가 나타나고 있으며, 노드 또는 기능의 확장성에 제약 사항이 발생하고 있다. 대표적인 예로 이더

리움 플랫폼을 들 수 있다. 이더리움도 이 부분을 혁신적으로 개선하기 위해 수년 간 거대한 프로젝트가 진행 중이다. 조만간 이더리움 2.0의 완성을 예고하고 있다. 이처럼 3세대 블록체인이 안고 있는 한계를 개선하고 인터넷 비즈니스 생태계의 확장을 위해 범사회적으로 블록체인을 적용하려면 처리 속도와 네트워크 속도에 영향을 받고 있는 합의와 검증, 노드 추가 등의 영역에 하드웨어(ASIC, SOC)의 도움이 필요할 수 있다. SW와 HW의 결합은 지금보다 빠른 처리 속도와 가용성 확대로 범용적인 블록체인 생태계가 가능할 것이다.

② 블록체인 생태계의 연동을 위한 WWBW 환경 마련

블록체인 생태계 간의 연동기술이 절대적으로 필요하다. 글로벌 생태계로 경제 시스템이 작동되려면 블록체인 플랫폼 간의 연동이 선행되어야 한다. 폴카닷 프로토콜에서 블록체인 간의 연결 기능을 제공한 것은 블록체인 비즈니스 확산 측면에서 매우 고무적인 일이다. 블록체인 플랫폼 간의 연동은 블록체인 간의 경계를 넘나들면서 디지털 자산(암호화폐)이 운영되는 블록체인 DApp 생태계가 이루어진다는 뜻이다. 이것은 "Worldwide Blockchain Web(월드와이드 블록체인 웹, WWBW)"의 초기 모습이 된다.

인터넷의 꽃이라고 말할 수 있는 Worldwide Web(WWW)이 디지털 세계에서 수많은 비즈니스를 쉽게 연결한 것과 같은 맥락이다. 인터넷 위에 블록체인 플랫폼이 거침없이 연결되고, 그 위에 다양한 탈중앙화 비즈니스와 서비스가 자연스럽게 연결되어 작동하는 모습이 WWBW이다. 이러한 환경이 이루어지려면 무엇보다 블록체인 간의 인터체인 기술과 브릿지 기술이 필요하다. 이들 기술은 표준화되고 오픈 소스화되어 누구나 쉽게 블록체인을 프로도콜로 활용할 수 있도록 해야 한다.

③ 블록체인 네트워크 속도 향상 및 데이터 저장소 관리 기술

1~3세대 블록체인의 데이터 구조는 체인으로 연결된 '체인 구조'였다. 즉, 장부(Ledger)의 데이터 구조는 1차원적인 Linked List 체인 구조이다. 그러나 이제 블록의 체인 구조에서 벗어나 다차원적이고 병렬적인 데이터 구조가 필요해 보인다. 특히 DAG라는 그래프 구조의 도입이 활발해질 것이다. 그래프 구조나 다차원적인 병렬 데이터 구조가 필요한 이유는 샤딩(sharding)과 같은 기술 적용이 용이하고 병렬 체인으로 메인넷을 구성하여 속도를 획기적으로 향상시킬 수 있기 때문이다. 최근 등장한 데이터 블록의 체인 구조에서도 파라체인을 이용하여 블록체인을 병렬화하여 속도를 향상시키고 있기는 하다.

샤딩이란 하나의 거대한 데이터베이스나 네트워크 시스템을 여러 개의 작은 조각으로 나누어 분산 저장하여 관리하는 것을 말한다. 이것은 데이터를 수평 분할한다는 의미이며, 과도한 데이터 저장 문제로 용량 초과시 저장 공간 부족과 속도 저하 문제를 해결하기 위한 접근 방법이다. 2세대 블록체인인 이더리움에서도 살펴보았듯이 P2P 네트워크에 참여하는 컴퓨터(Node)가 많아질수록 전체 시스템의 효율성은 일반적으로 떨어지는 확장성 문제가 존재하고 있다. 또한, 이더리움 네트워크 위에서 구현된 많은 DApp과 최근 급증하는 DeFi DApp들로 인하여 이더리움 네트워크 속도가 심각하게 저하되었다. DApp이 많을수록 거래량이 많아지고 처리해야 할 합의 건수가 증가하기 때문에 높은 가스비 문제로 인한 성능의 이슈가 제기된 것이다. 이를 개선하기 위해 진행 중인 이더리움 2.0 프로젝트가 기대된다.

이더리움 2.0에서는 메인 네트워크를 하드포크하여 이중 레이어를 사용하고 있는데 1 레이어에서는 합의를 이루는 비콘체인 기술과 2 레이어에서는 샤딩 기술을 각각 적용하고 있다.

[그림 3-2] 블록체인 확장성 이슈 해결 방안 사례

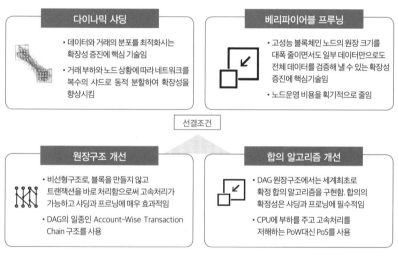

출처 : Bloom Technology, 소개자료, 2021년

샤딩 기술 적용 시 고려할 사항은 어떤 뼈대에서 적용하느냐이다. 기본 뼈대가 무엇으로 만들어졌는가에 따라 블록체인 상의 블록 완성 시점 체인을 가지치기하기가 효율적이고 블록체인 데이터의 무결성을 유지할 수 있다. 데이터 구조가 체인 구조인 경우, 다이나믹 샤딩 기술의 적용은 쉽지 않다. '다이나믹 샤딩(Dynamic Sharding)' 기술은 네트워크 거래량에 따라 자동으

로 노드 그룹을 쪼개거나 묶어 거래를 처리하는 방식으로 클라이언트 속도에 맞추어 병렬 개수를 조절하고 대기시키므로 대용량의 데이터를 읽을 때 구현이 용이하다.

현재 블록체인은 체인 간의 연결로 블록이 이어지기 때문에 저장 공간이 지속적으로 늘어나고 있다. 이 문제는 일정한 기간이 지나면 스토리지를 지속적으로 추가 도입해야 하고 저장된 데이터의 버전 관리 이슈가 커질 것이다. 반면 블록체인의 장부 데이터 구조가 처음부터 그래프 구조로 설계된 경우, '다이나믹 샤딩' 기술의 적용이 가능하므로 블록이 새로 형성될 때마다 체인블록 증가를 막고 데이터의 검증 가능한 가지치기(Verifiable Pruning)를 통해 저장 공간을 적절하게 관리할 수 있다.

그래프 구조에서는 체인블록을 가지치기할 수 있고 합의 검증이 용이하다. 반면에 체인 구조에서는 가지치기가 어렵고 샤딩 과정에서 데이터가 악의적인 공격에 쉽게 노출될 위험이 발생할 수 있다. 즉, 데이터의 손실로 인해 데이터 무결성과 정합성이라는 보안 문제에 영향을 줄 수 있다. 그래서, 그래프 구조를 채택한 후, Merkle Hash의 summary index 기술을 사용하면 데이터 검증과 무결성을 확보하는 것이 용이하다. DAG라는 데이터 구조와 함께 다이나믹 샤딩 기술 및 검증 가능한 가지치기 기술은 빠른 속도의 블록 처리를 가능하게 하고, 블록 데이터가 무한대로 증가하는 것을 방지할 수 있어 현실적인 블록체인 생태계의 확산에 필수적이고 매우 중요한 기반 기술이 될 것으로 보인다.

④ 블록체인 오라클 해결 방안 기술

글로벌 블록체인 경제를 실현하기 위해서는 스마트 컨트랙트와 외부 시스템과의 데이터 교환 및 전송이 신뢰할 수 있는 수준으로 가능해야 한다. 오라클에서 주요 문제는 오라클이 외부로부터 위협받을 때 스마트 컨트랙트도 위협을 받을 수 있다는 점이다. 이 부분은 블록체인이 주장하는 데이터의 무결성과 신뢰성에 영향을 줄 수 있어 건강한 블록체인 생태계 유지에 핵심 사항으로 거론되고 있다. 오프체인인 외부에서 발생한 데이터를 블록체인 내부인 온체인으로 가져올 때 '데이터의 신뢰성'이라는 이슈를 어떻게 해결하느냐가 관건이다. 이것을 데이터 오라클 문제라고 말한다. 오라클 문제가 해결되지 않는다면 스마트 컨트랙트는 블록체인 내부 네트워크에 존재하는 데이터에만 의존하기에 다양한 서비스 구현에 제한적일 수밖에 없다.

최근 블록체인 밖에서 운영되고 있는 오프체인 데이터의 오라클 이슈를 해결하기 위해 몇몇 서비스 업체들이 등장하여 오라클 이슈를 서비스하고 있다. 그러나 아직은 불완전한 상태이며 더 완벽한 오프체인 데이터의 신뢰 기술이 필요하다. 스마트 컨트랙트가 의미있는 비즈니스 로직들을 실행하려면, 블록체인 내의 데이터인 온체인 데이터뿐만 아니라 블록체인 바깥의 데이터, 즉 오프체인 데이터도 필요하다. 그러나 스마트 컨트랙트가 직접 외부 데이터 소스와 상호작용하기는 어렵다. 여기에서 오라클이 외부 데이터를 확보하여 스마트 컨트랙트에 제공하는 제3자 서비스를 하게 된다. 이 서비스는 외부의 인터넷 온라인 정보 데이터 소스들과 상호작용하여 블록체인 스마트 컨트랙트로 전송할 수 있다.

블록체인 오라클은 블록체인과 바깥 세계의 다리 역할로서 외부 데이터 자료를 요청하고, 검증하고, 증명하고, 해당 정보를 온체인에 전달하는 연결 통로이다. 오라클을 통해 전송된 데이터는 가격 정보, 성공적인 결제 완료 정보 등 다양한 유형의 중요한 데이터가 될 수 있다. 중앙화된 외부 정보는 외부 공격에 취약할 수 있다. 반면, 달 중앙화 오라클은 상대방의 거래 정보의 위험을 방지하며, 퍼블릭 블록체인과 같은 목표들을 일부 공유한다. 스마트 컨트랙트는 데이터 유효성과 정확성을 결정하기 위해 다수의 오라클에 요청을 보내어 오라클이 제공하는 데이터에 기반해 결정을 내린다.

[그림 3-3] 4세대 블록체인이 추구하는 방향

구분	블록체인1.0	블록체인2.0	블록체인3.0	블록체인4.0
합의	POW	POW, POS, PBFT	Many	하이브리드 Dynamic
네트워크 비용	High	High	Medium	Low
하드웨어 비용	Very High	High to Medium	Medium	Low
합의 비용	Very High	High (노드 수에 따라)	Medium (샤딩에 따라)	Low (Adjustable)
네트워크 구조	P2P 분산	P2P 분산	P2P 분산	클라우드 P2P분산,NW 연합
특 징	투명한 Ledger Hash Function Block Chaining	Public & Permissioned Smart Contracts Privacy	Sharding 확장성 보안성 거버넌스	고성능,고가용성 하드웨어 최적화 상호 운용성 고급 거버넌스 표준화
암호화폐 (예)	비트코인	이더리움 하이퍼레저 FABRIC	EOS, ADA 질리카,NEO TRON,AION	폴카닷,솔라나 미디움,Locus 디피니티, SET

출처 : Insolar Presentation 참조

₿ 글로벌 블록체인의 발전 방향

4세대 블록체인의 시대는 블록체인 생태계의 성숙기로서 지금보다 급격한 확산세가 예상된다. 인터넷 기반의 e-비즈니스가 기업 내부의 인트라넷 망과 외부의 인터넷 망이 연동되어 비즈니스가 이루어진 것처럼 블록체인 생태계 또한 프라이빗 블록체인과 퍼블릭 블록체인이 연동하는 방향으로 발전할 것으로 본다. 프라이빗과 퍼블릭 블록체인 간의 연동을 위해 이에 적합한 표준화된 게이트웨이와 브릿지가 선행되어야 할 것이다. 진정한 신뢰가 가능한 블록체인 경제를 이루기 위해서 하루빨리 관련 기술들이 국제표준화 기구에서 검토되어 오픈화될 때 비로소 우리가 꿈꾸는 월드와이드 블록체인 웹(WWBW) 시대를 맞이할 것으로 본다.

가트너에서도 "2025년 이후에는 사물 인터넷(IoT), 인공지능(AI) 및 분산형 SSI(Self-sovereign Identity) 솔루션과 같은 보완 기술이 수렴되어 블록체인 네트워크와 더욱 통합될 것"이라고 언급하였다. 결과적으로 향상된 블록체인 솔루션은 고객 유형과 토큰 화 및 교환할 수 있는 가치를 확장하고, 기존 메커니즘으로는 불가능했던 많은 소규모 거래를 가능하게 할 것이다. 블록체인의 진화는 지속될 것이다.

3 | 장

토큰 경제 모델

블록체인 기술은 많은 사람들이 Web3.0이라고 말하는 차세대 인터넷의 원동력과 같다. Web3.0은 중개자 없이 토큰화된 블록체인 경제 안에서 참여자들 간의 상호 작용을 가능하게 만든다. 그렇다면 블록체인 기반의 토큰 경제는 어떻게 설계를 하느냐가 중요한 과제이다. 먼저 설계에 앞서 기존의 비즈니스 모델을 분석한 후 해당 산업과 토큰 경제 모델을 어떻게 결합할 것인가를 염두에 두어야 할 것이다. 특히, 해당 산업에서 암호화폐를 도입함으로써 어떤 문제를 해결할 수 있으며 나아가 어떤 가치를 창출할 수 있는지에 대한 분석이 필요하다. 이를 위해 블록체인 네트워크의 참여자들로부터 이끌어낼 특정 행동에 대해 정의하고 이를 강화할 수 있는 정당한 보상 메커니즘을 설계하는 것이 핵심이다. 따라서 대부분의 암호화폐 프로젝트들은 비즈니스 모델보다는 토큰 이코노미 설계를 중점적으로 백서에 담고 있으며, 이것을 바탕으로 비즈니스 모델과 결합하는 방향으로 설계된다.

1. 토큰이 생성되는 위치

토큰 경제 모델링을 설계하기 전에 우리는 발행 할 토큰의 속성을 이해하는 것이 필요하다. 서로 다른 토큰의 다양한 속성을 식별하는 것은 향후 속성 분류 체계를 만드는 첫 번째 단계이다. 토큰의 속성을 이해하는 것은 토큰 경제를 설계하는 데 기반이 되고 토큰의 목적과 기능을 현실세계에서 실행하는데 필요하다. 앞에서 토큰의 유형을 3가지로 분류하였듯이 토큰이 어떤 목적을 가지고 있으며, 그 기능은 무엇인가를 사전에 정의하는 것이 토큰 경제 모델링의 전제 사항일 것이다. 또한, 이 부분은 토큰이 어느 위치(layer)에서 발행되는지를 결정할 수 있기에 기술적인 측면에서 블록체인 프로토콜 레이어가 토큰 발행에 어떤 영향을 미치는지를 알 수 있다.

기술적인 측면에서 볼 때 블록체인 네트워크에서 토큰은 [그림 3-4]과 같이 여러 계층에서 발행될 수 있다. 각 레이어에서 발행되는 토큰은 protocol tokens, second-layer tokens, multi-asset ledger tokens 등으로 정의할 수 있다. protocol tokens은 1층의 블록체인 레이어에 위치하여 발행되는 토큰이다. 이 토큰은 메인넷을 보유한 네트워크에서 발행된다고 볼 수 있다. second-layer tokens은 메인넷을 두고 있지 않는 경우로서, 예를 들어 이더리움 네트워크를 차용하여 DApp을 개발하면서 ERC-20 기반의 토큰을 발행하는 형태이다. Multi-asset ledger tokens은 특정 블록체인 네트워크에서 다양한 코인을 발행하는 토큰으로 리플, 스텔라 등이 여기에 해당된다.

아래 그림은 토큰이 발생하는 블록체인 네트워크의 3가지 유형을 보여주고 있다. 토큰이 발행되는 네트워크 위치에 따라 토큰의 특성을 좀더 구체적으로 알아보자.

첫째, 아래 그림의 (1), (2), (3) 1층에서 발행되는 프로토콜 토큰은 메인넷을 만드는데 기본적인 토큰이다. 이 토큰은 블록체인의 원천 토큰이라고도 하는데 블록체인 네트워크에서 매우 명확한 역할을 하고 있다. 블록 검증을 위해 인센티브(보상)와 거래 과정에서 네트워크의 공격으로부터 안전하게 유지하기 위한 블록체인 경제의 인센티브 메커니즘을 담고 있다. 이 경우 토큰은 긍정적 강화를 통해 네트워크 참여자들의 행동을 조정하는 인센티브 메커니즘 구현의 필수적인 부분이다. 또한 네트워크에서 거래 수수료를 지불하기 위해 기본이 되는 프로토콜 토큰이 필요할 수 있다. 이에 대표적인 토큰은 비트코인, 이더리움, 폴카닷, 솔라나, 에이다 등이 있다. 이러한 토큰을 종종 "암호화폐" 또는 "코인"이라고 한다. 이런 암호화폐는 노드 가동에 따른 보상과 암호경제 보상을 위한 토큰 경제 메커니즘의 한 축을 형성하고 있다.

둘째, 세컨드-레이어(2층)에서 토큰 발행은 2가지 방법이 있다. 하나는 스마트 컨트랙트에 의해 발행되는 방법과 사이드체인에서 발행되는 방법이다. 첫 번째 방법은 이더리움 네트워크에서와 같이 DApp의해 발행되는 토큰을 말한다(1). 여기서 발행된 토큰은 물리적 상품, 디지털 상품 또는 네트워크 또는 실제 세계에서 사용할 수 있는 권리를 가질 수 있다. 예를 들어, 이더리움 네트워크에서는 스마트 계약을 사용하여 응용 프로그램 토큰을 생성할 수 있도록 ERC-20과 같은 토큰 표준을 제공한다. 두 번째 방법은 사이드체인에서 발행되는 토큰으로 주로 비트코인 네트워크에서 활용되는 방식이다(2). 이 방식은 네트워크에서 생태계의 확장성 문제를 해결하기 위해 메인체인 네트워크와 상호작용을 한다. 대표적인 토큰으로 엘리먼트(elements), 리퀴드(liquid), 루트스탁(rootstocks) 등의 토큰이 이에 해당된다.

세 번째 유형인 멀티토큰은 리플(Ripple)과 스텔라(Stellar)와 같은 네트워크에 해당된다(3). 이 토큰은 자체 블록체인 네트워크에서 바로 다른 토큰의 생성을 허용한다. 리플과 스텔라는 해당 프로토콜의 기축통화인데 이를 기반으로 다중자산 장부 유형의 토큰을 만들 수 있다. 즉, 차용증 형태로 토큰을 만들 수 있고 이것을 누군가 인증하면 통용되기 시작하는데 리플로 표기되는 또 하나의 자산으로 통용될 수 있다.

[그림 3-4] 토큰이 발행되는 블록체인 네트워크 위치(기술 측면)

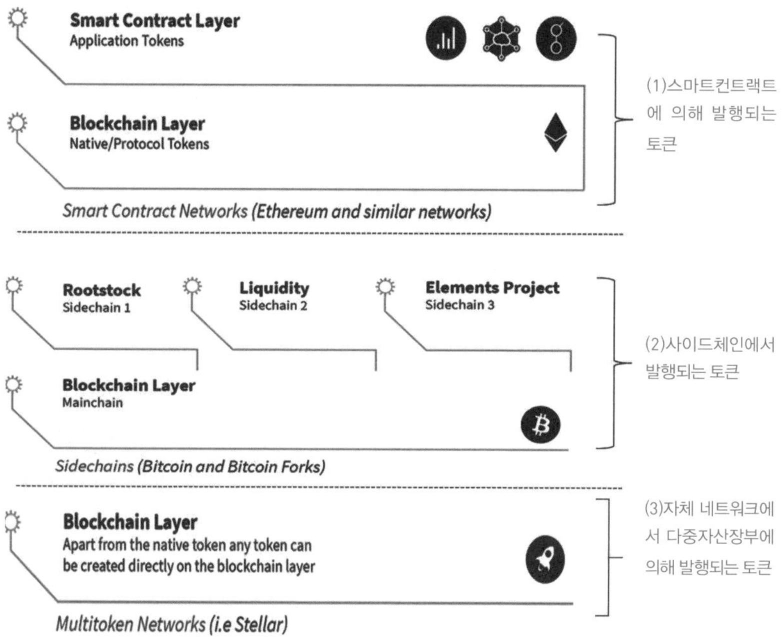

출처: Token Economy: How the Web3 reinvents the Internet
https://www.oreilly.com/library/view/what-is-the/9781492072973/ch01.html

2. 토큰 경제 모델의 설계

블록체인 1세대의 비트코인과 같은 암호화폐는 채굴에 대한 보상 개념으로 인센티브 체계라는 일부 영역만 반영되어 토큰이 발행되었다. 이후 이더리움 네트워크의 출현으로 토큰 발행은 스마트 컨트랙트라는 기술층으로 올라가게 된다. 암호 토큰은 휘발성이 강하고, 비트코인 외 토큰들의 가치 저장 기능은 약하다고 볼 수 있다. 그러나, NFT 및 DeFi가 활성화되면서 이 부분의 한계가 조금씩 해소되고 있는 점은 토큰 경제의 확산에 매우 고무적인 일이다.

블록체인에 대한 초창기 연구는 기술적인 공학적 관점에서 블록체인 기술의 기본적인 구조에 대한 이해나 암호화폐의 범용성 및 활용 가능성에 대한 논의가 주류를 이루었다. 반면, 블록체인 기술과 암호화폐의 활용성 및 파급력을 인정받음에 따라 비즈니스 모델 차원에서 다양한 연구가 진행되고 있다(Nelson, 2018). 그 대표적인 사례로는 스팀잇(Steemit)을 들 수 있다. 스팀잇은 커뮤니티 참여자에게 정확하고 투명한 방식으로 인센티브를 제공하는 최초의 소셜 미디어 플랫폼이다. 기존 콘텐츠 플랫폼의 수익 모델은 주로 광고에 의해 수익을 창출하였지만, 스팀잇은 훌륭한 게시물을 업로드하거나 투표하고, 공유함으로써 커뮤니티에 기여한 사람들에게 수익이 돌아가는 모델을 설계하였다.

이와 유사한 토큰 경제 모델로서 차세대 메타버스 인프라를 지향하는 'Second Earth' 코인을 들 수 있다. 이 모델은 제2의 지구를 만들기 위해 참여자들이 촬영한 현실 세계의 건물과 주변 모습을 촬영하여 해당 사진을 매일 업로드하면 SET코인으로 보상하는 토큰 경제 모델을 구현하고 있다. 또한, 3세대 블록체인에서 등장하고 있는 폴카닷 역시 구성원들의 참여에 중요성을 강조하고 있고 그들의 의견 수렴을 거버넌스 체계에 포함시켜 참여자들에게 보상의 기회를 확대하고 있다. 국내에서도 잘 알려진 KOK 코인은 구성원들이 생태계 확산을 위해 자금을 예치하여 참여하고 각종 활동을 하면, 그에 따른 보상을 KOK 코인으로 받는 토큰 이코노미를 펼치고 있다. 이와 같은 사례는 토큰의 가치와 해당 네트워크의 상태가 연동하여 토큰 경제가 작동하고 있는 모습들이다. 여기서 네트워크 상태는 플랫폼 내 참여하는 회원수, 국가·권역, 그리고 사업자 등 다양한 기업이 될 수 있으며, 그 수가 증가할수록 네트워크 효과에 의해 토큰의 가치는 올라갈 수 있다.

토큰 경제 모델 설계 시 고려 사항

지금까지 많은 블록체인 프로젝트가 런칭되고 개발되고 있다. 그 프로젝트들의 백서에는 나름의 토큰 경제 모델을 제시하고 있는데 이것은 백서의 핵심이 바로 토큰 경제 모델의 설계에 있으며, 미래 해당 생태계의 발전 가능성을 그 모델에서 엿볼 수 있다. 또한, 블록체인 프로젝트에서 가장 어려운 부분이 바로 토큰 경제 모델의 설계이다. 성공적인 암호화폐 생태계를 만들고 유지하기 위해서 설계자는 비즈니스 관점, 기술 관점, 금융 관점 등에 대한 해박한 지식과 경험이 필요하다. 다음은 탈중앙화 구조에서 토큰 경제 모델을 설계하기 위해서 주목해야 할 사항들이다.

❶ 참여자들에게 부여되는 보상은 어떤 경제적인 유인 체계가 존재하는가?

   - 네트워크의 목적에 부합하는 인센티브 구조의 고안이 필요하다. 즉 보상(토큰)은 어떤 기준으로 참여자에게 줄 것인가?

❷ 네트워크 수요와 토큰 수요를 연결하는 방법에 대해 고려해야 한다.

   - 토큰 발행량과 이 발행량을 어떻게 분배할 것인가?

   - 네트워크의 성장과 토큰의 가치 상승을 어떻게 연동할 것인가?

   - 경쟁통화 가격의 변화를 고려

❸ 경제활동 관련하여 정해진 정책, 규정 및 매개 변수를 변경할 경우, 어떤 기준으로 누가, 어떻게 변경할 것인가에 대한 거버넌스 체계 설계

❹ 블록체인 네트워크 밖에서 발생한 참여자의 행동과 관련 정보를 어떻게 입증할 것인가에 대한 데이터 오라클 관련 설계 등

❺ 어떻게 토큰 경제가 지속적으로 성장하도록 할 것인가?

❻ 급격한 유동성에 대한 대응 전략을 수립하여야 한다

   - 토큰의 가격 변동성은 어떻게 해결할 것인가?

   - 인플레이션 등 고려

토큰 설계를 위한 화폐 방정식의 이해

토큰 경제 모델 설계에 흔히 사용하는 이론에는 크게 2가지가 있다. 역게

임이론(reverse game theory)과 피셔의 화폐 방정식(Fisher Equation)이 그것이다.

역게임이론은 게임이론을 기반으로 토큰 경제 모델을 설계하고 있지만 접근 방식이 다르다. 역게임이론(reverse game theory)은 게임이론과는 다르게 "사람들이 특정 행동을 하기 위해서 어떤 상황을 만들어야 하는가"에 중점을 둔 이론을 말한다. 이것을 다른 용어로 메커니즘 디자인이라고도 부른다. 일반적으로 게임이론은 참여자들의 바람직한 행동 방식을 유도하는 행동경제학 관점에서의 접근 방식이다. 반면 역게임이론은 이미 원하는 목표 또는 결과를 설정한 후 그 목표 달성을 위해 역으로 필요한 주요 항목을 정의하고 구체적인 방법을 만들어가는 메커니즘 설계이다. 원하는 결과를 두고 그 결과에 적합한 개념 설계를 디자인한다는 뜻이다.

예를 들어 토큰 경제 생태계의 활성화를 위해 다음과 같은 사항들이 토큰 경제 설계에서 반영될 수 있어야 한다

❶ 코인의 가치를 어떻게 높일 것인가?

❷ 거버넌스 체계를 건강하게 만들려면 무엇을 어떻게 설계해야 하는가?

❸ 예측 가능한 다양한 위험 또는 발생 가능한 요인들에 대해 DAO 조직의 자동 운영을 어떻게 만들 것인가?

기존 경제학의 측면에서 게임이론은 매출 증대, 수익 극대화 등을 위해 인센티브 체계를 경제적으로 유인하는 데 사용되었다. 즉 오로지 실적에 초점을 맞추고 그 핵심에는 주주들의(Shareholders) 이익 극대화를 둔다. 그러나 블록체인 기반의 토큰 경제에 반영되는 역게임이론은 참여자 누구든지 공

평하게 수익을 얻을 수 있도록 경제적 유인책을 적용하는 네 중점을 두고 있다. 참여자들(stakeholders)이 중심이고 참여자들에게 오너십이 주어진 셈이다. 이 부분이 중앙화된 인터넷 플랫폼 경제와 가장 큰 차이점이다.

화폐의 가치 설정은 어떻게 접근하면 될까? 흔히 일반적으로 피셔 방정식을 사용한다. 이 방정식은 화폐량 결정과 블록체인 네트워크에서 암호화폐의 가치를 유지하는 데 적용한다. 토큰 이코노미에서 가장 중요한 요소가 '네트워크의 가치에 비례해서 토큰의 가치가 결정되어야 한다'는 점이다. 폴카닷의 경우, 폴카닷 네트워크의 가치는 폴카닷 네트워크에 저장되는 데이터의 총량으로 기준을 두고 있다. 폴카닷 네트워크의 수요(저장되는 데이터의 양)가 증가할수록 DOT 코인의 가치가 올라야 한다. 거래량이 증가하면 코인의 수요도 증가하고 코인의 가치도 증가하게 된다는 논리이다. 이것은 비트코인, 이더리움 등을 비롯한 대부분의 블록체인 토큰 경제 모델에서 사용하는 모델이다. 코인을 보유하는 사람이 없다면, 코인이 쓰이고 나서 바로 시장에서 유통되므로 수요가 늘어나도 공급이 부족해지지 않는 것이다.

그렇다면 화폐 방정식은 어떤 형태이며, 토큰 경제 형성을 위해 화폐방정식을 적용할 경우 접근 방법은 무엇인가? [그림 3-5]와 같은 공식의 적용이 가능하다. 이 방정식은 $1/P = T / MV$ 로 요약할 수 있다.

토큰의 가치는 가격 인덱스 레벨이라 불리는 P의 역수이다. 즉, 토큰의 가치는 $1/P$에 비례한다. 이것이 증가하기 위해서는 T가 커지고, MV는 작아져야 한다. 이것을 특정 토큰이 활용되는 현실의 생태계에 적용해 보자. 첫째, 거래량을 가리키는 T가 증가하기 위해서는 현실 세계에서 그 토큰이 많이 사용되어야 한다. 그렇게 되기 위해서는, 해당 블록체인 플랫폼에서 다양한 DApp 서비스들이 있어야 하고, 마켓플레이스도 존재하여 여기에 다양한 상품이 해당 코인으로 거래될 수 있어야 한다. 한 예로, 국내 KOK 블록체인 프로젝트는 그 생태계에 KOK 쇼핑몰을 출시하여 KOK 코인으로 상품을 저렴하게 구매할 수 있고, 다양한 문화 컨텐츠를 구매하거나 가상의 자산을 거래할 수도 있다. 폴카닷 네트워크에서도 많은 DApp들이 개발되어 출시되고 있는 것도 이러한 환경을 구성하기 위해서이다. 네트워크의 사용량(Network Usage)이란 해당 블록체인 프로젝트의 탈중앙화 네트워크가 제공하고자 하는 서비스의 총사용량을 말한다.

분모의 M은 통화량인데, 토큰 발행수 또는 거래되는 토큰량을 가리킨다. 이 M을 제한하여 수요량 대비 공급량이 감소하면 토큰의 가치는 증가한다는 원리이다. 이처럼 M을 제한하거나 줄이는 방법으로 흔히 활용하는 것이 소각이다. 소각은 전체 통화량을 원천적으로 축소시키므로 코인의 가격에 긍정적인 영향을 준다. 주식 시장에서 자사주를 매입하여 소각하는 것과 비슷한 효과가 있다. 통화량의 제한과 더불어, V를 줄이는 것이 토큰의 가치를 올리는 데 유효하다. 이때 V는 토큰의 손바뀜 속도가 된다. 손바뀜 속도는, 어떤 토큰 1개가 1주일에 10회 소유주를 건너가며 사용하는 것이 3회만 사용되는 것보다 높다. 손바뀜 속도를 줄이기 위해서 스테이킹 방법을 많이 활용한다. 스테이킹을 한 경우에는 그에 따른 보상을 제공하기에 매우 강력한 유인책이 된다. 스테이킹은 시장에서 해당 코인의 유통량을 감소시키는 역할을 한다. 이것이 코인의 가치 상승에 긍정적인 효과를 준다. 비트코인의 경우, 특히 그 네트워크에서 유통되는 양이 매우 적고, 지갑에 저장하거나 또는 어딘가에 스테이킹하는 경우가 많아 희소성의 법칙에 의해 그만큼 코인의 가치는 높아지는 것이다.

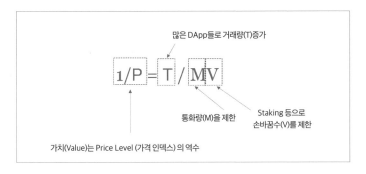

[그림 3-5] Fisher의 화폐 방정식 이론

피셔의 토큰 방정식을 토큰 경제 모델 설계에 적용할 경우 염두에 두어야 할 사항은 무엇인가? 첫째, 네트워크의 사용량과 토큰의 수요가 잘 연동되어 있는가? 둘째, 토큰의 수요가 증가할 때 토큰의 유통량이 늘어나는 데 제한이 있는가? 등 2가지 측면에서 토큰 설계에 주목해야 한다. 네트워크 사용량의 증가에 따라 토큰 수요가 증가하게 되면, 가격이 상승하게 된다.

인터넷이 처음 등장하였을 때 정보경제 시대를 예고하였고, 넷스케이프·야후·인터넷 익스플로러 등이 등장하여 사용자는 인터넷에서 원하는 정보를 공유하고 활용하였다. 이것을 우리는 웹1.0 시대라고 한다. 모바일 스마트폰 기기의 등장으로 플랫폼 경제가 급속히 확산되면서 우리는 단순히 인터넷의 정보만 읽던 정적인 1차원의 시간에서 자신의 정보를 공유하고 참여하는 동적인 2차원의 웹2.0 시대 속에 살아 왔다. 웹3.0은 블록체인의 등장으로 이제 가능해지고 있다. 인터넷의 정보를 읽고, 쓰고, 참여하여 공유하는 기능을 넘어 우리 스스로가 스마트 컨트랙트를 개발하여 토큰을 발행하고 인터넷 기반의 상거래를 할 수 있는 그러한 토큰 경제 시대를 맞이하고 있는 것이다. 지금까지 웹2.0이 개인의 자유로운 콘텐츠 제작과 공유로 참여와 협력적 경제를 실현하였다면 웹3.0은 인터넷과 블록체인이 결합되어 개인이 경제 모델 실행의 주체로 변모하고 있다는 의미다.

토큰 발행 메커니즘의 설계

토큰 발행 방식

흔히 토큰은 DApp 실행을 통해 발행된다고 알고 있다. 토큰 발행은 발행 시점에 따라 두가지 방식을 취하는데 그것은 메인넷이 출시되기 이전과 메인넷 출시 이후이며, 이 두가지 방식을 고려하여 토큰 이코노미를 설계하여야 한다.

메인넷 이전(Pre-Mainnet) 단계에도 토큰은 발행될 수 있다. 그것은 주로 크라우드 펀딩 형태의 투자 자금 모금용 또는 회원 모집용으로 초기 블록체인 생태계의 시작 시점에 토큰 경제를 위한 토큰 메커니즘에서 활용한다. 메인넷 이후 토큰은 알고리즘 방식에 의해 블록체인 네트워크에서 발행된다. 알고리즘 방식은 투자자용보다는 참여자 보상, 거버넌스의 안정적 운영 및 생태계 확산을 위한 토큰 메커니즘이다.

메인넷 이전 방식은 상장 전 이미 토큰을 발행하는 방식으로서 인센티브 용도로 얼마의 토큰을 할당하고, 주주에게 할당된 토큰량과 투자자에게 몇 %의 토큰을 제공할 것인가 등에 대한 정의가 사전에 이루어진다. 메인넷 이전 단계에서는 흔히 ERC-20 형태의 토큰으로 토큰 이코노미가 운영되다가, 메인넷이 출시되는 단계에서는 해당 메인넷 코인이 발행되어 본격적인 플랫폼 코인 이코노미와 거버넌스가 작동하게 된다. 메인넷 이전 방식에서 토큰 이코노미가 운용됨에 따라 소각 등의 이유로 그 초기 수량이 감소했다면, 메인넷 출시 시점의 토큰 수량만큼 코인을 초기 발행하여 1:1로 스왑하는 것이 일반적이다. 다른 방법으로는, 초기 메인넷 이전 발행량과 같은 수의 메인넷 코인을 발행하고 메인넷 이전 기간 동안 소각한 만큼의 코인은 소각한 뒤, 1:1로 스왑을 할 수도 있다.

토큰의 POP Offering(참여증명 토큰 발행)

정보재 산업에서 디지털 제품이나 서비스는 네트워크 효과가 매우 중요한 성공 요인이다. 이러한 네트워크 효과를 극대화하기 위한 정통적 마케팅 방법들 중의 하나가 "네크워크 마케팅" 또는 "입소문 마케팅" 방법이다. 특정 퍼블릭 블록체인 네트워크가 "블록체인 기반의 디지털 콘텐츠 플랫폼"을 목표로 설정하였다면 해당 네트워크는 네트워크 효과가 특히 중요하게 된다. 만약 참여자의 관심을 유도하는 네트워크 구축 활동을 메인넷 이전 초반부터 적극 수행한다면, 해당 블록체인 플랫폼의 생태계는 A암호화 토큰을 초기부터 사용함으로써 토큰의 가치와 참여자들에게 많은 보상을 줄 수 있는 설계가 용이해진다. 이러한 메인넷 이전의 토큰 이코노미 활동을 "참여증명 토큰 발행((POP: Proof of Participation) Offering)"이라 한다. POP Offering 의 이론적 근거는, 통계물리학 저널 2013년 4월호에 실린 논문의 "Strongly Self-Reinforcing System"이다.

초기 상장 전 일정량이 사전 발행(Pre-Mined)된 ERC-20 형태의 토큰을, POP Offering 의 실제 참여자들에게 배포하는 형태가 이 '참여 증명 토큰 발행' 방식이다.

POP Offering 참여자들은 비트코인, 이더리움, USDT 등과 같은 일반 암호화폐로 예치("Stake")하고, 그 금액에 따라 해당 시점에 정해진 토큰 발행률("채굴률")에 따라 해당 토큰을 참여자의 개인 전자지갑(Wallet)으로 지급받게 된다. 채굴률은 시간이 지남에 따라 감소하도록 설계한다. POP Offering 참여자는 본인이 예치를 해지할 때까지 또는 메인넷 이전 단계가 끝날 때까지 계속 토큰을 받게 된다. 메인넷이 출시된 이후에는 예치했던 금액을 1:1 스왑을 통해 메인넷 코인으로 되돌려 받거나 밸리데이터 노드에 위탁하여 계속 수익을 얻을 수 있다.

[표 3-3] 상장 전후 토큰 발행 메커니즘 예시

기간	주요 역할	비고
Pre-MainNet Period	- 펀드 투자자 참여용 또는 회원모집용 - 블록체인 생태계 초기 토큰 경제를 위한 토큰 메커니즘용이다.	- ERC-20 Token - PoP Offering (참여증명 통화발행) - Pre-Mined Tokens (50억개)
MainNet Period	- POW 집중에 따른 보상체계 불공정성 - 참여자 회원 확장, - 거버넌스 안정적 운영 - 생태계 확산을 위한 토큰 메커니즘	- A1 Coin (초기 총발행량:10억개) - Nominal Inflation - 5~10% Initial Inflation per year - 5% Decrease every year, for 50년 - A1 Coin Life-Time Supply: 35억개

4장

토큰 경제를 촉진하는
탈중앙화 비즈니스 사례

　최근 3세대 블록체인이 안고 있는 문제점을 개선하고 4세대 블록체인이 추구하는 비즈니스 생태계 간의 연결을 위해 관련 기술들이 하나 둘씩 등장하고 있다. 이에 대표적인 블록체인 플랫폼으로는 폴카닷, 솔라나, 세컨드어스 등이 있다. 본서에서는 폴카닷과 메타버스 세계를 다루는 블록체인 생태계를 사례로 다루고자 한다.

　토큰 이코노미는 블록체인 기반 생태계에 참가한 이들이 기여하는 만큼 정당한 보상을 받을 수 있도록 설계된 시스템이다. 따라서 기업들이 블록체인을 활용하여 다양한 비즈니스 모델을 구축하고 탄탄한 생태계를 조성할 수 있는 기회가 될 것이란 관측이다. 향후 토큰 이코노미의 모델은 스테이블 코인, 내츄럴 에셋 토큰, 증권형 토큰, 유틸리티 토큰 모델로 발전해 나갈 것이다. 해양 플라스틱을 수거한 대가를 토큰으로 보상 받고 이러한 토큰은 보험료나 교육비 납부 수단으로 사용될 수 있는 '플라스틱 뱅크' 사례처럼, 유틸리티 토큰 모델도 빠르게 확산할 것으로 예상한다. 블록체인 기술은 공개 형태에서 확장성과 효율성을 보완한 개인 블록체인으로 발전하고 있으며 향후 산업 간 융합과 사회 기반 구조로 활용될 것으로 전망한다.

1. 폴카닷(Polkadot) 사례

폴카닷은 기술 전문가인 개빈 우드(Gavin Wood)에 의해 만들어진 블록체인 프로토콜이다. 그는 이더리움의 공동 창시자로 솔리디티 언어 개발을 주도한 개발자이자 기술 전문가이다. 개빈 우드는 2016년 비탈릭 부테린과 뜻이 맞지 않아 이더리움 재단을 탈퇴하고 패리티 테크놀로지 및 웹스리재단(Web3 Foundation)을 창립하여 모든 블록체인 간의 어떠한 종류의 데이터도 상호 전송이 가능하거나 실제로 사용 가능한 프로토콜을 만드는 계획을 세워 폴카닷 프로젝트를 완성하였다. 폴카닷은 개인 사용자의 데이터가 온전히 본인에게 소유되는 웹을 구상하는 비전을 가지고 있다. 이것은 완전히 분산화된 Web 3.0을 지향한다.

폴카닷의 출현 배경

그가 폴카닷 프로젝트를 시작한 배경은 바로 이더리움과 3세대 블록체인이 안고 있는 문제점을 극복하기 위해서이다. 개빈 우드는 블록체인이 안고 있는 문제점을 개선하기 위해 비즈니스 영역보다는 기술혁신에 중점을 두고서 폴카닷을 설계하였다.

[표 3-4] 기술 관점에서 바라본 블록체인 이슈 현황

블록체인 문제점	주요 이슈 내용	이슈에 따른 영향도
확장성 (Scalablity)	- 분산원장처리속도가 제한적임	- 다량의 트랜잭션 처리 한계 및 노드 추가시 속도저하
메인넷간 연결성	- 블록체인 메인넷간의 연결 어려움 - OFF Chain의 데이터 오라클 문제로 외부시스템간의 연결 어려움	- 토큰 경제, 비즈니스 생태계확장 한계
거버넌스 유연성	- POW 집중에 따른 보상체계 불공정성	- 블록체인 공정성 위배
개발 용이성	- 블록체인들간의 격리, 또는 확장이 안되어 글로벌 비즈니스 처리에 개발생산성 저하, 한계봉착	- DApp 개발과 블록체인 연결에 많은 시간과 공수가 투여됨 - 글로벌 B2B 비즈니스 어려움
적용 가능성	- 현실세계 비즈니스에서 적용이 많지 않고 백서의 개념모델로 그치는 현상이 빈번히 발생	- 대다수 백서는 개념모델을 제시하나 시장에 런칭된 후 원활하게 가동되는 블록체인 플랫폼은 매우 적음

개빈 우드는 현실 세계에서 발생하고 있는 블록체인 플랫폼의 한계를 기술적으로 분석하여 그에 합당한 기술을 개발하였고, 하드포크 없이 업그레이드가 가능한 블록체인을 구축하였다. 폴카닷에 참여하는 모든 커뮤니티가 프로토콜 변경을 제안하거나 기존 제안에 투표를 함으로써 직접 민주주의가 가능한 토큰 경제 모델을 구축한 것이다.

폴카닷의 특징 및 주요 기술

폴카닷(Polkadot)은 웹3(Web3) 재단에서 제공하는 오픈 소스로, 서로 다른 블록체인 간 데이터 전송을 허용하고 하나의 네트워크 내에서 여러 개의 체인을 지원하고 있다. 이것은 서로 다른 블록체인 플랫폼에서 1:N(해당 블록체인 : 다수 블록체인)의 연결이 가능하도록 설계되었으며 각각의 블록체인에서 발생한 거래 정보를 연동시켜 데이터의 흐름과 데이터의 가치가 증대할 수 있는 프로토콜을 개발하였다. 또한 블록체인들 간 상호 운용성 문제를 극복하는 데 있어 기술혁신을 이루었다. 인터넷 비즈니스에서도 경험하였듯이 기업 간의 프로세스 연결과 상호 간의 데이터 통합은 업무 효율화, 거래비용 감소를 위해 매우 중요한 요소이다. 블록체인에서도 마찬가지다. 즉, 타 블록체인인 이더리움, 카르다노, 이오스 등이 해결하지 못한 플랫폼 간 연동과 확장 및 데이터 교환 문제를 기술적으로 해결함으로써 3.5세대 블록체인 생태계를 만들고 있다.

그 동안 글로벌 블록체인 스타트업들은 블록체인 기술이 가지고 있는 한계를 개선하기 위해 많은 노력과 투자를 해 오고 있다. 제한된 블록체인 처리량에 따른 가용성과 확장성 문제는 4세대 블록체인으로 가는 데 있어 반드시 해결해야 할 과제이다. 이 부분을 폴카닷은 여러 비즈니스 모델이 반영된 블록체인들을 하나의 샤딩된(sharded) 네트워크로 연결함으로써 여러 트랜잭션을 병렬로 처리하는 기법을 적용하여 트랜잭션을 하나씩 처리하던 이전 블록체인 네트워크에서 발생하던 병목 현상을 제거하는 쾌거를 이루었다.

폴카닷 네트워크는 높은 안정성 및 보안성을 가진 기업형 B2B 앱을 서비스할 수 있는 확장 가능한 멀티체인 플랫폼이다. 이 구조는 현실 경제에 적합한 하이브리드 구조가 가능하여 새로운 비즈니스 모델 출시와 그들 간의 연결로 인해 다양한 블록체인 비즈니스 생태계의 확장 및 발전 가능성을 보여 줄 것으로 예측된다. 이것은 블록체인 비즈니스의 엄청난 확장성을 예고하는 사례가 될 것이다. 폴카닷 블록체인이 지니고 있는 특성과 구조를 통해 비즈니스 생태계의 변화 가능성을 알아보자.

폴카닷(Polkadot)은 중첩된 릴레이 체인(relay chain)으로 미래 토큰 경제의 확장이 가능하다. 이 기능은 네트워크에 추가할 수 있는 파라체인인 샤드(shard) 수의 확장을 뜻한다. 폴카닷은 파라체인이라는 이종 블록체인 샤드(shard) 네트워크를 통합하며, 이 체인들은 폴카닷 릴레이 체인에 의해 연결되고 보호된다. 릴레이 체인은 파라체인들의 트랜잭션들에 대해 최종 승인하는 중앙 관리자 역할을 수행하는 중책을 담당하고 있다. 또한 브리지를 통해 특수한 외부 블록체인과 연결할 수 있다.

폴카닷 아키텍처에 의하면, 릴레이 체인 주위에 파라체인들이 존재하는 것을 볼 수 있다. 릴레이 체인은 수집가와 검증자 역할을 수행한다. 수집가는 외부 트랜잭션을 수집하여 블록을 만든 후 릴레이 체인의 검증인에게 보내고 검증인은 후보 블록을 받아 검증 후 블록을 파라체인에 추가하며 파라체인 간 메시지 이동을 수행한다. 폴카닷 네트워크에서 랜덤하게 선출된 검증인(validator) 헤더는 릴레이 체인에 보관되어 외부 침입으로부터 조작과 이중 지불을 방지한다. 여기서 사용되는 합의 구조는 POS 지분 방식으로 여러 유형의 블록체인 시스템이 함께 실행될 수 있다.

폴카닷 아키텍처 구조는 익명성과 검증이 쉽게 이루어지도록 여러 개의 파라체인으로 구성되어 있고 트랜잭션(Tx)의 체인 간 전송이 신속하게 처리될 수 있도록 설계되어 있다. 폴카닷은 각각의 블록체인이 보안성을 유지하면서도 양 체인 간의 트랜잭션이 제대로 처리되도록 하는 데 중점을 두고 있다. 폴카닷의 주요 구성 요소는 세 종류의 체인으로 이루어져 있는데, 각각의 체인들의 역할과 기능을 정리하면 아래 표와 같다.

[표 3-5] 폴카닷 아키텍처 구성 요소

폴카닷 구성요소	세부 내용
파라체인 (Parachain)	- 폴카닷 플랫폼 의해 생성된 자체 토큰을 보유하고 특정분야에 기능을 최적화 할 수 있는 블록체인임. - 파라체인은 독립적으로 네트워크 수행이 가능한 각종 DApp 서비스임 - 트랜잭션 검증, 블록 완결성, 담보, 검증인 풀은 파라체인마다 동일한 표준이 적용된다. 블록생성시마다 릴레이체인이 검증하는 방식임 - 블록체인(파라체인)들간의 연결은 릴레이체인에 의해 이루어짐
릴레이체인 (Relay chain)	- 네트워크를 구성하는 병렬형 블록체인으로 파라체인 네트워크의 보안, 합의점 및 교차체인 상호운용성을 담당함(폴카닷의 핵심 블록체인임) - 파라체인 연결과정에서 그들 사이의 메시지와 브릿지체인을 중계한다. 메시지는 트랜잭션 또는 임의의 데이터일 수 있다. - 릴레이체인은 폴카닷에서 독자적으로 개발한 POS 합의알고리즘으로실행됨.
브릿지체인 (Bridge chain)	- 이더리움, EOS와 같은 기존 형성된 블록체인 메인넷 생태계를 연결하여 통신할 수 있도록 지원하는 특별한 블록체인임

출처 ; Polkadot Lightpaer(2020), 해시넷

폴카닷은 WEB 3.0 세계를 목표로 시작한 프로젝트이다. 탈중앙화된 분산형 WEB 3.0 의 새로운 세계를 열고 있는 것이다. 탈중앙화 WEB 3.0 세계는 블록체인 상의 거래 정보, 개인정보를 사용자들이 분산 관리하므로 잘못된 데이터 접근과 정보 유출 위험도가 대폭 낮아질 것으로 보고 있다. 기술 측면에서 폴카닷에 향후 반영될 부분은 파라체인 증가에 따른 원장 관리

문제의 해결이 필요하다. 원장이 체인으로 연결된 이상 저장 공간의 문제가 발생할 수밖에 없기 때문이다. 블록이 체인으로 연결되어 검증 가능한 데이터의 가지치기가 필요하다. 이 기술은 4세대 블록체인에서 개선될 것으로 본다.

폴카닷이 추구하는 토큰 경제 생태계

3세대 블록체인 시대에서는 독립된 자신들만의 블록체인 네트워크 내에서만 거래가 이루어져 왔다. 폴카닷이 3가지 혁신적인 체인을 제공함으로써 개별 블록체인 네트워크가 서로 연결될 수 있는 환경이 갖추어지고 있다. 이러한 방법으로 블록체인 토큰 경제 발전에 이전의 이더리움이 제공하고 있는 생태계보다 무수히 많은 생태계의 연계가 가능해질 수 있다. 또한, 폴카닷 플랫폼(메인네)을 이용하여 특정 DApp 개발을 용이하게 하고 DApp 서비스 간 거래는 릴레이 체인을 통해 확장할 수 있어 기업 간 거래, 기업과 정부 간 거래 등을 포함한 블록체인 생태계의 규모는 더욱 커질 수 있다.

폴카닷이 제공하는 장점이자 토큰 경제 촉진을 가능하도록 하는 기술 영역에는 상호 운용성(Interoperability), 확장성(Scability) 및 공유 보안(Shared Security) 3가지가 있다. 상호 운용성은 독립된 블록체인 상의 DApp과 스마트 계약이 다른 데이터와 가상 자산을 원활하게 연결하는 기술이다. 확장성은 다수의 파라체인(독립된 DApp)을 병렬로 처리할 수 있어 노드 추가 시 네트워크 부하를 줄여 주기 때문에 네트워크의 확장성이 용이하다. 마지막으로 공유 보안은 폴카닷 플랫폼에 연결된 개별 DApp(파라체인)이 폴카닷에서 제공하는 동일한 보안 체계를 사용함으로써 블록체인 간 의사소통이 원활히 이루어져 더욱 높은 보안성을 보여 준다. 위의 3가지 기술은 기존 블록체인과는 달리 지금의 블록체인 토큰 경제를 더욱 확장시킬 수 있고, 뉴 비즈니스 모델 창출을 촉진하여 블록체인 경제 성장이 가속화될 것이다.

폴카닷 프로토콜이 제공하는 토큰 경제의 생태계 발전 가능성은 무엇일까?

첫째, 블록체인으로 이루어지는 모든 토큰 경제가 가능하다.

- 지금까지 구축된 블록체인 네트워크는 해당 네트워크에서 발행된 토큰으로만 거래가 가능하다. 다른 토큰 사용 시 반드시 중간에 교환을 거쳐야 하는 불편함이 따른다.
- 폴카닷은 코인 중간 교환 없이 모든 블록체인 네트워크에서 거래 가능한 생태계를 제공한다는 점이 기존 블록체인과는 큰 차이점이다. 이것은 릴레이 체인과 브릿지 체인으로 가능하다.
- 이것의 장점은 서로 다른 블록체인 시스템들 간의 상호 운용성을 제공하여 원활히 거래 정보가 전송될 수 있도록 돕는다. 그 결과, 스마트 컨트랙트 실행 비용을 줄일 수 있고 네트워크의 확장성과 분산성을 보다 향상시킬 수 있다.

둘째, 보다 체계적인 토큰 경제 메커니즘 수립이 가능해진다.

- 기존의 블록체인은 프로토콜에 대한 통제 권한이 창시자를 중심으로 한 소수 특정인들에게 있어 프로토콜 변경과 제안에 참여할

수 없었다. 그러나 폴카닷은 모든 토큰을 지닌 사람들(참여사)에게 프로토콜 통제에 참여할 수 있는 권한을 제공한다.

- 프로토콜 통제 범위는 다음과 같다.
  - 이미 가동 중인 프로토콜을 변경, 업그레이드(패치버전)가 필요할 경우
  - 네트워크 내 이벤트 관리를 하고자 할 경우
  - 수수료 구조 결정이 필요할 경우
  - 다른 DApp 서비스 추가 및 제거가 발생할 경우

  이러한 권한을 부여받을 뿐 아니라 폴카닷 거버넌스 내에서 수동적인 참여자들을 대표할 수 있는 협의체 구성원을 선출할 수 있다.
- 즉, 커뮤니티가 주도하는 거버넌스를 운영하기 때문에 지분 비율에 의해 선정된 의사결정 구성원 체제와 달리 모든 참여자가 해당 네트워크에 참여하는 직접 민주주의 비즈니스 생태계를 열어준 셈이다.
- 이것은 블록체인 생태계의 긍정적인 발전에 도움이 되고 네트워크에서 잘못된 행동을 일삼는 부류에 대해 네트워크 힘에 의해 사전 문제를 예방할 수 있는 합리적인 블록체인 네트워크 운영 체계가 가능하다. 이것은 모든 참여자가 네트워크의 주인으로 존재할 수 있음을 시사하고 있다.

셋째, 폴카닷 네트워크에 연결된 토큰 가치의 증대를 기대할 수 있다.

- 폴카닷은 토큰 보유자에게 정직한 행동을 하도록 장려하는 가치

매커니즘을 제공한다. 블록체인 시스템 내 올바른 행동을 하는 이들은 보상을 받는다. 반면, 위법자들은 네트워크 지분을 상실하게 되므로 네트워크 보안과 효율적인 운영을 가능하도록 한다. 이러한 규정은 네트워크에 위협을 주는 행위를 사전 예방할 수 있다.

- 폴카닷(DOT) 토큰은 본딩(bonding) 기능을 제공한다. 폴카닷 토큰을 예치하면 새로운 파라체인이 추가될 수 있다. 이것은 스테이킹 토큰에 의해 추가된다. 또한 오래되거나 사용하지 않은 파라체인은 본딩으로 분류하여 해당 토큰을 제거하여 소거하는 '지분 증명'과 같은 형태로 관리한다.

2021년 현재 폴카닷은 시총 10위권 내로 올라서는 성장세를 보이고 있다. 중앙 관리자 역할을 하는 '릴레이 체인'을 중심으로 여러 개의 '파라체인'이 연결되는 다수의 프로젝트가 진행 중이다. 멀티 블록체인 구조로 많은 양의 거래를 처리할 수 있다는 장점과 블록체인 간의 생태계를 유연하게 연결할 수 있기 때문에 기업 간의 블록체인 플랫폼 연계, 토큰 연계, 서비스 연계 등이 점진적으로 확산될 것으로 예측하고 있다. 지금까지 3500여 개 이상의 DApp이 개발되었는데, 그중 약 80%는 이더리움 기반에서 개발되고 생태계를 구축해 왔다. 그러나 과다한 수수료 부과, 확장성과 상호 운용성의 한계로 인해 이더리움 네트워크 참여자들의 불만이 크다. 이것에 대한 보완으로 다수의 DeFi 프로젝트들은 폴카닷으로 이전하였고, DeFi로 인해 이더리움에서 나타났던 네트워크 병목현상도 많이 개선되었다. 더불어 이더리움의 거래 수수료도 대폭 낮추어질 것으로 기대된다.

폴카닷은 이더리움을 넘어설 수 있는 생태계로 평가받고 있다. 코인데스크에 의하면, 폴카닷이 이더리움 블록체인 시장 점유율을 빼앗을 수 있는 최신 블록체인이라고 평가하였다. 폴카닷 창시자 개빈 우드는 보험 플랫폼, 분산 선물, 무허가 옵션 거래, 고정금리 대출, 파생상품 등 점점 더 많은 팀들이 폴카닷 위에서 디파이(DeFi)를 구축하여 확장성을 경험할 수 있는 가슴 뛰는 시기가 도래했다고 말하고 있다. 이것은 점진적인 토큰 경제 생태계의 확장과 블록체인 기반의 글로벌 비즈니스의 가능성에 자신감을 보여주고 있는 좋은 사례이다.

2. 메타버스의 토큰 경제

메타버스(Metaverse)의 출현 배경

의식기술(CT)과 확장현실(XR) 인류의 역사를 단순화하여 볼 때, 농경시대, 산업 시대, 정보시대를 거쳐 지금은 '의식기술(CT: Conscious Technology)시대'라고 보는 미래학자들이 많다. 농경시대의 주 생산품이 식량이라면, 산업 시대는 기계, 정보시대는 정보와 서비스, 의식기술 시대는 '연관(Linkage)'이 그것이다. 의식기술들을 통해 인간은 확장현실(XR: eXtended Reality)에 연관을 갖게 되고 경험하게 된다. 개인은 XR의 도움으로 확대된 자아를 가질 수도 있고, 확장된 경험(Extended Experience)을 할 수도 있다. 우리는 현실(Reality)을 경험할 때 오감, 즉 시각, 후각, 청각, 미각, 촉각으로 한다. 물론 우리가

'현실'을 말할 때, 오감에 잡히는 것만 현실인 것은 아니다. 상상력과 추리력, 그리고 영감으로 잡히는 현실도 있다. XR(확장현실)에는 VR(가상현실), AR(증강현실), MR(혼합현실)이 있는데, 아직 현재 기술은 다분히 시각에 집중되어 있다. 장차 타 감각들과 연관된 XR 기술도 급속하게 발전해 나갈 것이다.

VR은 현실과 분리된 상태에서의 가상 세계를 경험하게 해주는 기술로서, 가상의 공간만 보여지기 때문에 몰입도가 높다. AR은 현실 세계에 연결하여 그 위에 가상 정보를 입혀주는 기술이다. 비슷한 듯 다른 VR과 AR 기술의 경계는 '현실과의 연속성'이 있느냐 없느냐의 차이다. MR은 VR의 몰입감, AR의 현실감이라는 장점을 결합해 사용자 경험을 극대화한 기술이다. MR은 현실 공간에 가상의 물체를 배치하거나 현실을 토대로 가상의 공간을 구성하기도 한다. 전문가들은 향후 VR과 AR이 MR로 통합될 것으로 본다. 기술이 발전하면서 현실과 가상의 융합은 훨씬 더 자유로워질 것이다. 이러한 기술은 결국 인간을 확장된 경험의 세계로 안내할 것이다.

메타버스는 초월이면서 또한 현실과 연관(Linkage)된 세계이다. 위에서 살펴본 XR(확장현실)은 메타버스의 모습으로 진화하여 발전하고 있다. 초기 단계인 현재의 메타버스는 온라인 속 3차원 입체 가상 세계에서 아바타의 모습으로 구현된 개인들이 서로 소통하고, 돈도 벌고 소비하며, 놀이도 하고, 회사 업무도 보는 등 현실의 활동을 유사하게 복제할 수 있다.

코로나19로 언택트 시대가 지속되면서 사람들은 물리적 공간의 한계를 넘을 수 있는 매체를 통해 우리 삶을 가상의 공간으로 넓히려는 시도를 하고 있다. 최근 현실과 가상의 경계를 넘어 새로운 미래 공간이 된 메타버스(Metaverse) 콘텐츠가 급부상하고 있는 것도 이러한 이유에서이다. 인터넷의 다음 단계로 거론되고 있는 메타버스는 물리적 공간을 뛰어넘어 현실 세계의 확장을 보여주고 있다. 현실 세계에서처럼 커뮤니티를 형성하고 마켓에서 필요한 상품을 구매하며 내가 원하는 서비스를 추구하려는 욕구가 가상 세계에서도 발생되고 있는 것이다. 특히 MZ세대를 중심으로 메타버스는 이제 월간 사용자가 수억 명에 달하는 트렌드로 자리 잡았다. MZ세대는 현실 세계 자체를 디지털로 대체해 디지털 세상에서 만나고 소통하고, 심지어는 경제활동까지 하는 새로운 세상을 만들고 있는데, 이것은 메타버스의 초기 모습이라 할 수 있겠다. 제페토, 더샌드박스, 디센트럴랜드, 엑시인피니티, 그리고 '미러 월드(Mirrored World)' 모습으로 사이버 공간에 '제2의 지구'를 구축하는 Second Earth 프로젝트 등 많은 메타버스 플랫폼이 등장하고 있다.

　메타버스 세계에서도 인간의 본성은 작동하고 있다. 즉, 가상 공간에서 서로 소통하고 경쟁하며 자신의 욕구를 충족시키기 위해 다양한 경제활동이 이루어지고 있는 것이다. 경제활동에서 자원은 무한대로 제공되지 않는다. 희소성의 원칙에 따라 가치와 만족도가 결정되듯 메타버스 내에서도 경제활동을 극대화할 수 있어야 한다. 전 세계 이용자들이 디지털 공간인 시장에서 만날 수 있도록 중앙 관리자 없이 거래가 이루어져야 한다. 거래의 신뢰를 가능하게 하는 기술이 바로 블록체인 기술이다. 블록체인 기술을 통해 모두 P2P(개인 대 개인)로 거래할 수 있다. 가상 공간에 '신뢰'를 바탕으로 하는 경제 시스템이 생기는 셈이다. 이런 특징들은 블록체인 기반이 아닌, 다른 메타버스에서는 체험할 수 없다.

메타버스에 의해 확장된 토큰 경제(메타노믹스)

최근 코로나19의 확산에 따라 메타버스를 이용한 게임 등이 부상하고 있으므로 메타버스 내에서는 토큰 경제가 전제되어야 한다. 여기서 사용되는 돈은 암호화폐인 디지털 화폐가 적합하다. 메타버스 안에서는 다양한 상품, 콘텐츠, 자산 등을 거래할 수 있는데 사용자가 쉽게 이들 상품과 콘텐츠를 사용하고 활용하는 데 적합한 화폐가 바로 암호화폐인 것이다. 가상 공간에서 암호화폐를 활용하면 사용자는 자신이 구매한 디지털 자산과 상품에 대한 소유권을 갖게 된다. 예를 들어, 이더리움이 제공하고 있는 ERC-20 기반의 암호화폐를 사용자가 가지고 있다고 가정하자. 사용자는 이 토큰으로 원하는 건물, 토지 또는 콘텐츠 등을 구입할 수 있다. 구매한 거래 정보는 분산 저장되어 사용자가 매도하지 않는 한 어떤 이들도 이를 가져갈 수 없는 유일한 나의 자산으로 소유권을 행사할 수 있어야 한다. 이러한 기능을 가진 암호화폐로 사용할 수 있는 토큰이 바로 NFT(Non-Fungible Token, 대체 불가 토큰)이다.

메타버스에서도 물리적 현실 세계의 경제 행위들이, 오히려 더 풍성하고 자유롭게 일어날 수 있다. 이러한 경제 패러다임의 변화에도 확장현실(XR)과 유사한 프레임이 적용될 수 있을 것으로 본다. 경제는 '현실'이기 때문이기도 하다. 가상경제(Virtual Economy, VE)는 현실 경제와 연결성 없이 블록체인 위에서 토큰과 스마트 컨트랙트로만 이루어지고, 증강경제(Augmented Economy, AE)는 현실 경제의 아이템들을 증권형 토큰화한 토큰 이코노미로 가능할 것이다. 이 두 형태는 블록체인 기술이 발전하고 규제가 정비되면서 잘 혼합된 모습, 즉 혼합경제(Mixed Economy, ME)로 현실화되고 있는 것처럼 보인다. 이러한 세 가지 토큰 이코노미의 모습을 합하여 확장경세(eXtended Economy, XE)라 말할 수도 있겠다. 확장현실(XR)은 메타버스에서 제대로 된 모습으로 드러날 것이므로 메타버스에서 일반화될 확장 토큰 경제를 '메타 노믹스(Metanomics, Metaverse + Economics)'라 할 수 있을 것이다.

가상 환경에서의 블록체인 토큰 경제

메타노믹스(Metanomics)에서 중요한 것은 메타버스 내에 신뢰와 강건성이 프로토콜처럼 존재해야 한다는 점이다. 다행스럽게도 블록체인 기술, 특히 NFT, 스마트 컨트랙트, 그리고 블록체인 웹이 그러한 가능성을 보여 준다. 메타버스가 블록체인 기술과 결합되었을 때 이 세상을 이용하는 사용자 입장 또는 시스템 운영자 입장에서 볼 때 큰 시너지를 낼 것으로 기대한다. 블록체인 기반의 메타버스에서는 경제활동의 범위가 크게 넓어진다. 즉, 블록체인 기술을 통해 가상세계 속 나의 자산에 대한 소유권을 증명할 수 있기 때문이다. 가상 자산에 대한 소유권의 경우, 위 변조가 불가능한 거래 장부인 블록체인에 담아 전 세계 이용자들에게 해당 아이템이 나의 소유권임을 알릴 수 있다. 메타버스 내에서 경제활동이 이루어지려면 모든 재화가 희소성이 있어야 한다. 희소성에 따라 수요가 창출되기 때문이다. 세상에 하나밖에 없는 'NFT'는 그 자체로 희소성을 가진다. 그리고 그 희소성은 블록체인 상에서 증명된다. 여기에 탈중앙화 금융(DeFi) 서비스가 포함된다면 담보 채굴, 금융 보증, 탈중앙화 거래소, NFT자산 경매사업, 모기지 대출 기능인 금융 서비스가 제공될 것이다. 이용자들은 가상 공간에서 신용 또는 담보없이 퍼블릭 자산에 대해 대출, 서약과 같은 DeFi 기능을 사용할 수 있을 것이다.

블록체인이 등장하기 이전의 디지털 아이템은 법규가 정의되어도 누구나 쉽게 복제하고 사용할 수 있는 환경이었다. 어느 것이 원본이고, 누구의 소유권인지 명확히 확인하기가 쉽지 않았다. 그러나 대체 불가능한 NFT 토큰이 생성되면서 디지털 아이템, 디지털 자산에 대해 개인 인증과 소유권 증명이 가능해져 블록체인 플랫폼 내에서 누구나 자유롭게 사고 팔 수 있는 거래가 이루어지고 있다. 이와 같은 변화는 메타버스가 이끄는 NFT 시장의 확대뿐 아니라 예술 영역, 게임 영역, 기타 희소성의 가치가 존재하는 많은 영역에서 디지털 자산이라는 NFT 시장 형성이 가능하다. 토큰 경제의 장기적인 전망은 매우 긍정적이며 어쩌면 상상의 한계를 넘어설 것처럼 보인다.

제 4부에서는 블록체인 기술에 의한 탈중앙 비즈니스 모델 개념과 기존 비즈니스 모델 간의 차이점을 알아보고 중앙화 양면시장 플랫폼의 문제점을 개선하기 위해 탈중앙 양면시장에 크립토파이낸스(탈중앙화 금융) 사이드가 추가된 삼면시장에 대해 알아본다. 또한, 새로운 경제 모델로서 새로운 시장을 구축하고 있는 삼면시장의 주요 기능과 서비스, 그리고 미래 모습을 조명해 본다.

자본주의 경제의 치유자로서 삼면시장에서 이루어지는 진정한 공유경제 모델의 발전 가능성을 제시하고, 삼면시장으로 발전 중인 공유경제 사례인 오리진 프로토콜을 통해 실물경제에서 삼면시장의 작동 모습을 간접적으로 경험할 수 있도록 한다.

제4부

블록체인과
삼면시장

1 장

블록체인과
비즈니스 모델

1. 비즈니스 모델의 개념 및 중요성

비즈니스 모델이란?

　비즈니스 모델이란 용어는 1990년대 후반에 들어와서 주목을 받기 시작하였다. 마이클 라파 교수가 언급하고 있는 비즈니스 모델은 '기업이 수익을 내면서 지속적으로 사업을 수행하기 위한 방식'으로 정의하고 있다. 여기에서 핵심은 수익이 일시적인 것이 아닌 고유한 자신만의 비즈니스 모델에 의해 지속적인 수익을 낼 수 있어야 한다는 것이다. 그 수익은 고객으로부터 얻는다. 따라서 비즈니스 모델은 무엇보다 타겟 고객의 니즈를 기반으로 설계되어야 하고, 고객에게 무엇을 제공하여 그들에게 새로운 가치와 만족을 지속적으로 줄 것인가에 중점을 두게 된다. 또한 고객에게 무언가를 제공하였다면 기업도 그들로부터 받아야 할 것이다. 'Give and take'는 가치 교환이라고 할 수 있다. 받는 것은 고객의 플랫폼참여, 구매, 댓글 등 다양한 행위가 될 수 있겠다. 이러한 메커니즘이 비즈니스 모델 구조의 한 예로 볼 수 있다.

기업이 지속적으로 생존하고 가치 창조를 이루려면 무엇보다 해당 기업의 비즈니스 모델이 분명해야 한다. 이것은 기업의 성장과 발전에 매우 중요한 요소 중의 하나이다. 그 이유는 비즈니스 모델이 기업의 전략 수립과 그에 따른 실행에 중요한 영향을 미칠 뿐 아니라 수익 창출에 필요한 핵심 메커니즘을 포함하고 때문이다. 다시 말해 어떤 사업이 그들에게 이익을 창출하여 돈을 벌 수 있는가에 대한 방법을 사업 모델이라고 부르고 있다. 비즈니스 모델은 조직이 경제, 문화, 사회에서 가치를 창출하고 제공하는 근간으로서 디지털 경제가 등장한 이후 그 중요성은 더욱 커지고 있다.

이런 측면에서 합리적인 비즈니스 모델이 성립되려면 어느 부분에 중점을 두어야 할까? 기업의 비전과 목표, 그리고 그 목표 달성에 맞는 전략을 먼저 고려해야 하고 제품과 서비스를 통해 고객을 만족시킬 수 있는 모델이어야 한다. 기업의 지속적인 가치 창출과 성장을 위해 비즈니스 모델은 그것이 내포하고 있는 기본 메커니즘을 볼때 기업 입장과 고객 입장의 두 부분을 충분히 고려할 필요가 있다.

- 고객에게 어떤 가치를 제공할 것인가?
- 매출은 어떤 방식으로 창출할 것인가?
- 제품과 서비스의 가치 창출을 위해 어떻게 이것을 생산하고 적정 가격을 책정할 것인가?

왜 비즈니스 모델이 중요한가?

디지털 경제에서 기업의 비즈니스 모델은 기업의 목표 달성, 전략 수립 및 실행에 중요한 영향을 미친다. 기업이 제품혁신을 통해 경쟁우위를 유지하고 보다 많은 수익을 창출하는 것을 '비즈니스 모델 혁신'이라고 부르며, 이것은 기업의 비즈니스 전략 중 매우 중요한 부분이다. 폴 티머스 (PaulTimmers)는 "비즈니스 모델은 상품과 서비스 정보의 흐름의 구조를 표현하고 사업 참여자들의 역할과 그들이 참여하게 됨으로써 얻게 되는 잠재적 이익, 그리고 수익의 원천을 설명하는 것"이라고 하였다. 그렇다면 블록체인 경제에서 비즈니스 모델이 왜 중요한지에 대해 비즈니스 모델의 기본 속성을 토대로 재조명해 보자.

블록체인 등장 초기에 우리는 블록체인의 분산원장, 합의 알고리즘 등 특화된 기술에 많은 관심을 가졌다. 비트코인을 구현하는 주체인 블록체인 기술은 비즈니스 측면에서 볼 때, 중개자 없이 개인간의 거래가 가능하고 가치·자산 등을 교환할 수 있는 P2P 네트워크이다. 그러나 비트코인 기반의 탈중앙 금융 거래는 다양한 비즈니스 적용에 있어 많은 한계점이 드러났다. 이러한 현상은 초기 웹 시장과 비슷하다. 트랜잭션 처리에 소요되는 긴 시간, 성능과 보안의 취약성, 그리고 과도한 자원과 전기 소모 등의 우려에 대한 개선안들이 제시되곤 하였다. 초기에는 기술이 취약하고 비즈니스에의 활용 경험 부족에 따라 비즈니스 모델 적용에 성공보다는 실패 사례가 많았다.

시간이 흐르면서 블록체인 기술혁신은 기술에만 머물지 않고 기술혁신 측면보다 새로운 경제 시스템을 구현할 수 있는 가능성으로 관심사가 이동하기 시작한다. 2016년부터 블록체인 기반의 탈중앙 금융, 디지털 콘텐츠,

공유경제, 공급망 관리 등 다양한 산업 분야에서 블록체인을 활용하는 비즈니스 모델이 등장하고 있다. 이제까지 경험해 보지 못한 혁신적인 블록체인 비즈니스 모델이 출현하고 있는 것이다. 즉, 블록체인으로 앱이나 플랫폼을 만들기 시작하였고, 이 앱은 바로 탈중앙화 분산 애플리케이션인 '디앱(DApp)'이라는 이름으로 비즈니스 모델을 실행시키는 매개체로 발전하고 있다. 지금도 다양한 산업에 블록체인을 적용하는 아이디어가 연구되고 블록체인 기반의 새로운 개념을 증명하는 프로젝트들이 전세계에서 진행되고 있다.

가트너는 '블록체인이 비즈니스를 혁명적으로 변혁시키고 있으며 블록체인의 핵심가치에 주목하면서 비즈니스 전략을 수립해야 한다'고 언급하였다. 비즈니스 모델은 해당 생태계의 경쟁력을 보여 주는 중요한 위치에 있다. 비트코인 탄생이 암호화폐라는 '토큰 경제'의 가능성을 열어주었듯이 블록체인 사상과 철학이 기존 시장에서 경험하기 어려웠던 창의적인 비즈니스 모델을 보다 명확하게 만들고 있는 셈이다. 세계경제포럼은 블록체인의 핵심기술이 금융산업을 넘어 공급망의 유통경로 추적, 자동차 부품의 이력 관리, 개인의 인증관리, 전자 투표 영역 등에 활용될 수 있다고 하였다. 2021년을 기점으로 디지털 자산의 토큰화 및 크립토파이낸스 금융(DeFi), 콘텐츠 유통산업, 미술품 자산을 토큰화하는 증권형 토큰 등에 이르기까지 블록체인 경제에 혁신적인 비즈니스 모델이 등장하고 있는 점을 우리는 주목할 필요가 있다.

기존의 비즈니스 모델은 기업의 비전과 목표 달성에 집중되어 왔다. 기업 입장에서 혁신적인 제품 출시는 기업의 경쟁우위를 선점하고 투자 내비 커다란 수익을 창출하는 원동력이었다. 이러한 이유 때문에 비즈니스 모델은 기업의 수익 증가와 관련된 목표 영역에 많은 투자를 해 온 것이다. 그 영역은 고객가치를 향상시킬 수 있는 영역과 제품의 품질향상과 관련된 영역이 주류를 이룬다.

반면 블록체인 기반의 비즈니스 모델이 추구하는 궁극적인 목표는 기업이 아니라 참여자 모두가 목표가 된다는 점이 기존 비즈니스 모델의 목표와 비교할 때 가장 큰 차이점이다. 기업이 추구하는 수익모델보다는 블록체인 플랫폼에 참여하는 소비자, 공급자, 구성원 모두를 대상으로 그들에게 새로운 가치와 공정한 수익을 보상으로 제공하는 메커니즘에 중점을 두고 있는 셈이다. 뿐만 아니라 이전의 비즈니스 모델에서 적용하기 어려운 자율 조직에 의해서 생태계가 운용되는 혁신적인 비즈니스 모델을 창출하고 있다. 같은 아이디어라도 비즈니스에 적용할 때 어떤 전략과 전술을 펼치는가에 따라 비즈니스 모델은 상이해질 수 있다. 퍼블릭 블록체인 네트워크 대부분은 그들의 비즈니스 모델을 강화하기 위한 전략으로 '암호화폐'라는 수단을 사용하고 있다. 시장이 성장함에 따라 암호화폐를 활용하는 방법이 다양해지고 있는 것은 고무적인 일이다.

수익의 주체가 기업인 경우, 블록체인 비즈니스 모델은 프라이빗 블록체인 또는 중앙화된 블록체인 비즈니스 모델에 중점을 두게 된다. 이 모델은 눈앞의 단기적인 측면의 수익모델로서 진정한 블록체인이 추구하는 생태계로 보기 어렵다. 탈중앙화 블록체인 생태계구성에 중점을 둔 비즈니스 모델 설계가 참여자 모두에게 공정한 수익이 제공되도록하는 블록체인 수익모델이다. 만약 퍼블릭 블록체인에서 기업이 수익 주체로 블록체인에 참여할 경우, 해당기업이 보유한 코인을 직접 판매하거나 스스로 해당 블록체인 네트워크에 참여자로서 생태계에서 발생한 수익을 얻을 수 있을 것이다.

최근 출현하고 있는 블록체인 비즈니스 모델로는 암호화폐인 토큰 이코노미를 이용한 보상 시스템 강화, 증권형 토큰을 적용하는 자산의 분할화, 투명성과 추적성 향상을 위한 프로세스 혁신, NFT를 이용한 소유권 및 진품 증명 비즈니스 모델, 디파이(DeFi)를 이용한 금융시스템 완전 자동화 등을 들 수 있다. 이와 같이 혁신적인 비즈니스 모델을 구현하려면 시장의 생태계 특성에 주목해야 하고 거버넌스 체계에서 참여자들에게 투명하고 공정한 보상이 제공되도록 설계해야 할 것이다.

그래야만 블록체인 생태계는 유지·발전되며 이를 기반으로 또 다른 혁신적인 경제 모델이 등장하는 선순환 구조가 된다. 블록체인 기반의 비즈니스 모델은 자본주의의 상징인 기업에 집중된 권력, 정보와 관리의 독점이 참여자들의 집단지성으로 이동하는 과정에서 형성된다. 블록체인 생태계는 참여자들 모두의 협심에 의해 기업에게 집중된 소유권을 억제시키는 방향으로 변화되고 있으며 가치의 이동 수단이 되고 있다. 어쩌면 탈중앙화 시장 속에서 자유경제가 작동되는 시대가 오고 있다고 볼 수 있다.

2. 탈중앙화 비즈니스 모델

블록체인 기반의 비즈니스 모델

초기 블록체인 비즈니스는 실생활에서 암호화폐를 교환하고 서비스 아이템의 거래에 사용하는 수단이 주류를 이루었다. 블록체인이 등장한 지 10년 이상이 지난 지금은 기존 사업에 블록체인 기술을 결합하는 정도를 넘어 탈중앙화 비즈니스로 확장되고 있다. 이와 같은 비즈니스 모델의 출현과 확산의 원인을 이해하려면 먼저 블록체인의 개념과 사상, 그리고 기술에 대한 기본적인 이해가 필요하다. 기본적인 개념과 철학을 이해하지 못한 상황에서는 우수한 블록체인 비즈니스 모델을 찾을 수도 없거니와 왜 블록체인인가에 대한 답을 내릴 수도 없을 것이다.

최근 블록체인 기반의 비즈니스 모델은 규제와 법령을 강조하는 금융권뿐만 아니라 의료, 게임, SNS, 인증분야, 물류. 유통 분야인 비금융권 영역까지 확대되고 있다. 국내의 경우, 조달청, 조폐공사, 도로공사 등 공공기관에서도 블록체인의 도입이 늘어나고 있는 상황이다. 특히 국내 기관들이 적용하고 있는 비즈니스 모델은 보상이라는 개념 적용보다는 블록체인 기술 자체만을 반영한 사례가 대부분이다. 그렇다면 세계적으로 블록체인 비즈니스 모델에는 어떤 종류가 있을까? 지금까지 등장한 비즈니스 모델을 그룹화하여 정리하면 크게 4가지로 분류가 가능하다.

[그림 4-1] 중앙화 시장에서 탈중앙화 비즈니스 모델로의 이동

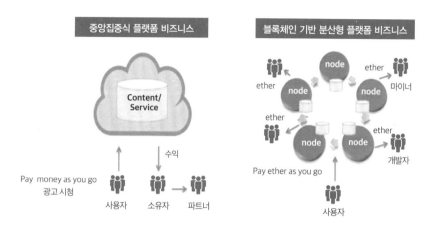

출처 : 박재현, 블록체인 기반 플랫폼 비즈니스를 이해하자, 2017. 9.

블록체인 기반의 비즈니스 모델의 유형

❸토큰 경제(Token Economy) 비즈니스 모델

블록체인 비즈니스 모델을 주도하고 있는 암호화폐 기반의 대표적인 비즈니스 모델이 토큰 경제이다. 토큰 경제 모델은 보상 메커니즘을 통해 참여자들의 역할마다 특정 행동을 강화함으로써 생태계 확장과 강건성의 선순환을 이루는 데 그 목적이 있다. 확장성과 강건성은 상호 보완적이다. 생태계가 막연히 커지거나 웃자란 경우 쉽게 무너지거나 원하는 열매를 맺지 못할 수 있다. 토큰 경제를 설계할 때는 기존의 비즈니스 모델을 분석해 산업과 결합할 수 있는 구조로 설계해야 한다. 특히, 현 산업에서 암호화폐를 도입함으로써 어떤 문제를 해결할 것인지, 나아가 어떤 가치에 기여할 것인지

에 대한 분석이 필요하다. 이를 위해 타겟 비즈니스의 참여 주체에게서 이끌어낼 특정 행동에 대해 정의하고 이를 강화할 수 있는 정당한 보상 메커니즘을 설계하는 것이 핵심이다.

토큰 경제에서 암호화폐는 시장경제를 성장시키는 데 중요한 보상 수단이자 거래를 촉진시키는 윤활유 같은 촉매제이다. 토큰 경제에서 비즈니스 모델은 본서에서 다루고 있는 블록체인 비즈니스의 핵심 영역이다. 블록체인 프로젝트에서 크라우드 펀딩 형태로 활용하는 ICO도 토큰 경제 모델의 하나라고 볼 수 있다. ICO에는 다음과 같은 사항들이 토큰 경제에 고려되었다고 볼 수 있다.

- 해당 네트워크에서 활동하는 참여자들 모두에게 유틸리티 토큰을 제공
- 블록체인 프로젝트에 필요한 자금 확보를 위해 토큰을 판매
- 토큰의 가치가 상승할 경우 토큰 가치가 참여자, 구성원들에게는 수익 확보의 원천으로 제공
- 해당 블록체인 네트워크 글로벌 플랫폼의 안정적 운영

본서는 미시경제 관점에서 토큰 경제를 근간으로 하는 비즈니스 모델에 중점을 두고 있으며, 프라이빗 블록체인보다 퍼블릭 블록체인 관점에서 비즈니스 모델을 강조하고 있다. 최근 토큰 경제에서는 혁신적인 비즈니스 모델이 등장하고 있다. 3세대 블록체인 시대에서 채택되고 있는 비즈니스 모델의 공통점으로는 블록체인 경제 원리에서 언급한 거래, 계약에서의 신뢰 기능 확보 방안, 인센티브 체계, 스마트 컨트랙트에 의한 코인 발행 방법, 관

리 기준 및 거버넌스 운영체계 정의 등을 들 수 있다.

- 탈중앙화를 가능하게 한 P2P구조 인프라 및 기술적인 이슈의 해결
- 거래 검증과 합의를 위한 보상 체계 마련
- 생태계 활성화를 위한 참여와 활동 범위의 정의 및 그에 대한 보상 체계 설계
- 외부 중개인 개입 없이 블록체인 네트워크의 자율적인 운영
- 다양한 이슈를 해결할 수 있는 협의적인 의사결정과 경제 메커니즘이 담긴 거버넌스 설계

ⓑ 블록체인 플랫폼(BaaS: Blockchain as a Service) 비즈니스 모델

BaaS 모델은 블록체인 개발 및 구축을 쉽고 빠르게 할 수 있도록 필요한 기능을 인터넷으로 제공하는 블록체인 클라우드 서비스이다. 해당 서비스는 클라우드 기반으로 블록체인 서비스를 개발, 운영할 수 있도록 블록체인 시스템의 구성 요소(분산 네트워크, 통신 프로토콜 등) 및 거래정보 검증, 합의, 노드관리 기능, 모니터링 기능 등이 포함된 필수기능과 통합 개발 환경 등을 제공한다.

BaaS 비즈니스 모델은 블록체인 서비스를 쉽게 구현하고 안정적으로 운영할 수 있도록 지원하는 데 목적을 두고 있다. 따라서 블록체인을 활용하려는 스타트업의 경우 초기 투자비용 및 개발 소요시간이 장기화될 수 있는데 이러한 현상은 DApp서비스의 적시 출시에 어려움을 줄 수 있겠다. 이때 BaaS 플랫폼을 사용하면 초기비용 절감, 개발 난이도 감소에 따른 개발기간 단축, 노드의 안정성과 확장성의 용이함 등의 장점이 있다. BaaS는 블록체인

서비스 구축 경험 부족 때문에 발생할 수 있는 다양한 문제점을 사선에 제거하여 개발에 따른 위험을 줄이고 개발 생산성을 높여 저렴한 비용으로 블록체인 시스템을 보다 완전하게 구축하여 적시에 런칭할 수 있는 좋은 접근방법이 될 수 있을 것이다. KT에 따르면 자체개발 대비 BaaS 이용시 개발기간은 95%, 인프라 개발 비용은 85% 정도 감축할 수 있다.

BaaS는 기업용 블록체인 생태계에 더욱 적합한 모델로 전체 블록체인 시장의 60%가 이 방법을 통해 진행될 것으로 예측된다.

대표적인 업체로는 MS의 Azure 블록체인, IBM, 아마존, 오라클 등이 글로벌 클라우드 블록체인 서비스를 제공 중이며, 한국의 미디움 등 후발 주자들도 BaaS를 준비하고 있다.

SDK 또는 DDK(DApp Development Kit)를 포함하는 개발 플랫폼을 제공할 수 있다. 자체 메인넷을 보유할 경우 해당 플랫폼 사용이 용이하도록 돕기 위해 오픈소스화한 개발 툴킷들을 제공한다.

⑬ 퍼블릭 블록체인의 인프라 참여 수익 모델

이 모델은 전제조건이 퍼블릭 블록체인에서 가능한 수익 모델을 말한다. 수익 측면을 고려할 경우, 2가지 유형의 수익 모델이 존재할 수 있다. 첫번째는 참여자를 위한 "채굴 수익 모델"이며 두번째는 중앙화된 기업을 위한 "수수료 수익 모델"이다.

채굴 수익 모델은 우선 메인넷*이 작동해야 가능하다. 메인넷은 블록체인 네트워크에서는 심장과도 같다. 이 심장을 뛰게 만드는 것은 네트워크에

---

* 메인넷(mainnet)은 블록체인 인프라를 실제로 출시하여 운영하는 독립된 플랫폼으로서 그 위에 많은 DApp들과 자체 암호화폐가 작동하는 비즈니스 생태계를 구성한다.

참여하는 컴퓨터 노드들에 의해서 이루어진다. 채굴 수익 모델이 되려면 블록체인 네트워크 인프라가 작동하도록 노드의 참여가 필요하고, 이때 노드는 매번 일정한 기준에 따라 합의를 이루는 데에 참여하여 보상을 받는다. 이 보상은 해당 메인넷의 기축통화격인 암호화폐(코인)로 이루어 진다. 채굴자는 노드로 참여하여 암호화폐 네트워크를 구성하고 블록체인을 작동시킨다. 보상을 받는 노드는 블록을 생성할 수 있는 자격을 갖춘 컴퓨터(사람)를 말하며 그들의 자격은 이미 백서나 알고리즘에 반영되어 공개되어 있다. 블록체인 인프라를 통해 참여자들이 얻을 수 있는 수익은 바로 채굴에 의한 보상이 된다.

예를 들어 비트코인의 경우, 10분 마다 작업증명 과제를 완료하면 블록이 생성되며 그 보상으로 비트코인을 받게 된다. 채굴 수익 모델은 합의 검증을 통해 암호화폐가 일정한 기준으로 매번 신규로 발생되는 수익 모델로서 채굴자가 가져가는 총수익금액은 채굴자에게 지불하는 보상코인이다. 이처럼 블록 생성을 통해 얻는 보상 외에 블록에 담긴 거래들의 거래 수수료도 채굴자의 보상에 포함된다. 비트코인의 보상과 같이 블록체인으로 작동되는 대부분의 네트워크는 이와 같은 '인프라 참여 수익 모델'이 존재한다고 볼 수 있다.

그밖의 수익 모델로서 블록체인 사상과는 다른 중앙화된 거래소를 들 수 있다. 이 모델에서 주요 대상은 암호화폐 거래소의 거래 수수료가 대표적인 모델이 될 수 있다. 중앙화된 거래소에서 투자자들이 코인을 매수 또는 매도하거나 자신의 외부 은행계좌로 인출할 경우에도 수수료는 발생한다. 이러한 수수료는 거래소의 주 수입원이다.

ⓑ 블록체인 컨설팅 서비스 비즈니스 모델

성공적인 블록체인 도입을 위해 기업에게 최적의 컨설팅 서비스를 제공하는 모델로서 여기에는 크게 기술경영 측면과 블록체인 기술 측면이라는 두 가지 유형의 컨설팅 모델이 있다.

블록체인 기술경영 관점의 컨설팅은 기존 기업의 비즈니스 모델에 블록체인 도입을 어떤 분야에 적용하여 혁신적인 비즈니스 모델로 변화시킬 것인가에 초점을 둔다. 이러한 혁신을 블록체인 트랜스포메이션이라고 한다. 기업마다 그들의 비즈니스 유형이 다르고 중점적으로 관리하는 포인트가 상이하기에 블록체인을 적용할 때 얻을 수 있는 장점과 적용에 따른 가치를 분석하여 현재 시점의 사업에 비해 보다 혁신적이고 발전적인 블록체인 기반의 비즈니스 모델이 되도록 컨설팅하는 모델이다. 자신들의 기존 비즈니스 영역에 블록체인의 강점을 반영하려는 기업의 경우는 주로 프라이빗 블록체인 도입에 관심이 많다.

예를 들어 개인정보 유출을 예방하기 위해 데이터를 사용자가 직접 관리하고 제어할 수 있는 탈중앙화 신원 인증 기술인 DID(Decentralized Identity) 도입을 위한 컨설팅이 있다. 또한 공급망관리(SCM) 영역의 물류 및 유통 분야에서는 원자재 수급부터 최종 유통 단계까지 데이터의 위변조 없이 스마트 컨트랙트를 활용해 제3자의 개입 없이도 투명하게 생산 및 유통 이력을 추적할 수 있도록 프로세스 혁신을 컨설팅하는 모델이 가능하다. 블록체인 적용 기업이 많지 않기에 빅뱅 도입보다는 단계적인 도입을 통해 시행착오를 줄이면서 효과를 얻을 수 있는 접근과 전략이 '블록체인 기술경영 컨설팅' 서비스에는 필요하다.

두번째 블록체인 기술 관점의 컨설팅 모델은 메인넷을 구축하거나 DApp

을 개발하는 경우에 적합한 컨설팅 서비스이다. 이때 위에서 언급한 "블록체인 비즈니스 모델 BaaS"를 함께 고려할 수도 있다. 프라이빗 블록체인이든 퍼블릭 블록체인이든 관계없이 블록체인 기술 영역과 채택된 비즈니스 모델을 어떻게 결합하느냐는 매우 어려운 과업이다. 그밖에도 블록체인 도입을 위해 관련성이 있는 컨설팅 영역은 아래와 같다.

- 블록체인 사업 기회 도출, 활용 전략 및 법과 제도 검토 등의 컨설팅
- 기업 비즈니스 모델에 최고의 부가가치 실현 영역 제시
- 블록체인 혁신의 로드맵 수립, 시범 도입, 구현 범위 정의
- 기업의 비즈니스 모델에 필요한 블록체인 서비스 개발 지원

2 | 장

탈중앙화 블록체인 비즈니스 모델

1. 개요

1969년 ARPANET 등장 이후 TCP/IP가 표준화되면서 인터넷 프로토콜과 월드와이드웹이 전 세계를 연결하였다. 이를 기반으로 아마존, 구글, 애플, 페이스북, 알리바바 등과 같은 공룡기업이 탄생하였다. 2003년 이후 모바일 시대가 도래하면서 여러 유형의 킬러앱이 출시되고 플랫폼이라는 양면시장은 더욱 성장하게 된다. 인터넷 50년과 모바일 20년의 세월 동안 우리에겐 중앙화된 플랫폼 양면시장에서 경제활동을 하는 것이 이제 매우 자연스런 일상생활이 된 것이다. 공급자와 소비자가 인터넷 플랫폼에서 만날 수 있게 하는 핵심 기술은 인터넷 프로토콜과 월드와이드웹이다.

인터넷 프로토콜과 월드와이드웹은 중앙집중화된 양면시장을 만들 수 있게 하여 온라인 시장을 활성화시켜 왔다. 중개자의 과도한 정보 독점과 정보 유출, 집중화된 수익구조를 구축하였다는 비판도 있지만, 그 동안 다양한 혁신적인 비즈니스 모델이 출시되었으며 디지털 시장경제를 이끌어 왔음을 부인할 수 없다. 하지만 탈중앙화 블록체인 인프라가 등장하면서 기존의 금융시장, 비금융시장에 양면시장과는 다른 도전장을 내밀고 있다. 블록체인이 새로운 인프라로 인식되는 것은 기존 시스템에 주는 변화의 폭이 클 수 있다는 것을 의미한다. 특히 인터넷 위에서 움직이는 블록체인 이코노미층은 신뢰층 형성, 교환 및 거래 수단, 탈중앙 서비스 등 많은 형태의 비즈니스를 만들어낼 수 있는 저력을 가지고 있다. 이 저력은 블록체인 네트워크에서 단순 결제 수준을 넘어 전통 양면시장에 대변혁을 가져올 수 있는 혁신 도구가 될 것이다.

블록체인 기술은 해당 네트워크에서 발행된 유틸리티 코인의 지불, 결제 시스템의 비즈니스 모델을 넘어 금융시장의 DeFi라는 '크립토파이낸스'서비스 모델을 활성화하고 있다. 탈중앙 신뢰라는 블록체인 사상이 반영되어 기존의 금융시장에도 엄청난 혁신이 요구되고 있는 것이다. 블록체인 기반의 신분증명(DID)에 따른 자산관리, 탈중앙화 거래소 운영, 대출, 보험, 파생상품, 스테이킹과 예탁(Custody) 서비스에 이르기까지 탈중앙화 비즈니스 모델이 시장의 변화를 이끌고 있다.

2. 중앙화된 양면시장의 비즈니스 생태계

양면시장의 개념

디지털 산업의 발전과 정보재 시장의 출현으로 플랫폼 중심의 양면시장이 발전되어 왔다. 양면시장이란 서로 성격이 다른 두 이용자 집단이 플랫폼에 의해 상호작용하며 간접적 네트워크 외부성의 영향을 받아 가치가 창출되는 시장을 의미한다(Rysman, 2009). 여기서 플랫폼이란 서로 다른 이용자 그룹의 원활한 거래나 상호작용을 위해 제공된 물리적, 가상적, 제도적 환경을 뜻한다. 간접적 네트워크 외부성(Indirect Network Externality) 또는 교차 네트워크 외부성(Cross Network Externality)은 플랫폼을 기준으로, 한 측면의 이용자가 얻는 효용이 다른 측면 이용자의 수 또는 소비량에 의해 결정되는 것을 말하는데 이 플랫폼은 시장경제 메커니즘을 의미한다.

양면시장(two-sided market)은 양면 네트워크(two-sided network)로도 불리며, 두 개의 개별 사용자 집단을 가지고 각 집단에 네트워크 혜택(network benefit)들을 제공하는 중개 경제 플랫폼(intermediary economic platform)이다. 양면시장은 아래 그림에서 표현된 바와 같이 하나의 플랫폼에서 두 그룹 또는 멀티그룹인 서로 다른 이용자 그룹들에게 플랫폼을 제공하는 구조이다. 플랫폼상의 이용자 그룹은 최종 소비자일 수도 있고 플랫폼을 이용해 사업을 하는 사업자 또는 상품을 제공하는 공급자일 수도 있다. 플랫폼을 이용하는 사용자들은 상대방 그룹의 이용자들과 플랫폼을 통해 거래하거나 상호작용하기를 원하며, 이러한 상호작용을 통해 이용자들의 편익과 경제적 가치가 창출될 수 있다.

[그림 4-2] 양면시장 개념도

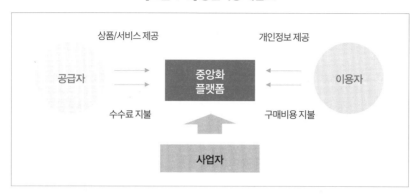

이러한 양면시장 개념은 주로 프랑스의 경제학자 장 티롤(Jean Tirole)과 장 샤를 로셰(Jean-Charles Rochet)에 의해 이론화되었다. 양면시장에 대한 논의는 2000년대 초반에 서로 다른 시장 수요의 상호작용에 의한 요금 구조가 전통적인 경제학 이론으로는 예측하지 못하는 의미와 효과가 있다는 점에서 시작되었으며, 재화 및 용역의 공급을 위해 공통 기반이 되는 서비스를 제공하는 유·무형의 공간이라고 정의하였다. Choi(2010)는 양면시장을 "상대측과 거래하기 위해 향상된 기회를 통해 발생하는 간접 외부효과 또는 그룹 간 네트워크 외부성"이라고 정의하였다.

라파(Rappa)의 분류 체계에 따른 비즈니스 모델 유형에는 중개형 모델, 광고형 모델, 제조형 모델, 상거래형 모델 등 9가지 종류가 있다. 양면시장의 모델은 일반적으로 제품과 서비스 제공자와 사용자 간의 상호작용을 플랫폼이라는 장터에서 중개하고 양측으로부터 수수료를 부과하여 수익을 얻는 구조이다. 또한, 플랫폼 사업자에게 공급자와 사용자가 개인정보를 제공하고 중개인은 그 정보를 활용하여 또 다른 마케팅 및 광고를 제공하는 구조이다. 예를 들어 광고 수익을 공급과 수요함수로 설명하자면, 공급의 제품에 대한 광고수에 따라 사용자의 광고 클릭횟수가 많을수록 광고 클릭단가는 증가하게 되므로 '중개인이 얻게 되는 수익 = 광고 개수 * 광고 클릭 이용자 수'가 된다.

따라서 플랫폼 비즈니스 모형을 가진 양면시장이 성공하기 위해서는 안정적인 수익모델을 확보해야 한다. 두 그룹 간의 관심사, 상호 연결 등이 주요한 가치 창출 부분이 되겠다. 즉 플랫폼을 필요로 하는 이용자 두 그룹(사용자 그룹, 공급자 그룹) 간의 효용을 극대화시키는 데 중점을 두어야 한다는 뜻이다. 두 그룹 간의 효용은 결국 네트워크 효과에 따른 수익 창출을 유도하기 위해서이다. 이때 효용이 증가하면 이용자 그룹들이 빠져나가지 않도록 이용 그룹을 고착화시키는 데 주력해야 사용자의 가치는 더욱 커지게 된다. 이러한 구조가 양면시장의 비즈니스 모델이다.

양면시장의 특징

중앙화된 플랫폼 기반 양면시장의 가장 큰 특징은 공통적으로 간접 네트워크 외부효과(또는 교차 그룹 네트워크 효과)를 들 수 있다. 네트워크 외부효과에 관한 가장 대표적인 학자를 꼽자면 Katz & Shapiro(1985)라고 할 수 있는데, 양면시장의 학문적 정의로는 유일하다고 일컬어지는 Rochet-Tirole도 양면시장을 정의함에 있어 Katz & Shapiro(1985)의 네트워크 외부효과 정의를 인용하고 있다.

일부 연구에서는 간접 네트워크 외부효과가 한 방향으로만 발생하여도 양면시장이라고 보는 경우도 있고, Hesse(2007)는 양면시장의 가장 핵심적인 특징으로 ⑴ 상품과 서비스에 대해 상호 구분되는 두 그룹의 고객이 존재해야 하고, 그러한 상품과 서비스가 존재하기 위해서는 두 그룹의 고객이 동시에 필요한 점 ⑵ 고객 그룹간에 양(+)의 간접적 네트워크 외부성이 존재하는 점을 들었다.

간접적 네트워크 외부성 또는 양면시장의 그룹간 네트워크 효과란 어느 한 그룹의 플랫폼 가입 또는 이용의 증가가 다른 쪽 그룹의 편익을 증대하는 효과를 말한다. 어느 한 쪽 이용자가 플랫폼 이용으로부터 느끼는 가치가 다른 쪽 이용자 수와 함께 증가한다는 것이다. 이는 이용자 규모의 증가가 개별 이용자의 편익에 기여하는 통상적인 네트워크 외부성의 개념이 양면시장의 구조에 맞게 확장된 것이라고 볼 수 있다.

양면시장은 서로 다른 두 타입의 이용자 집단이 플랫폼을 통하여 상호작용을 하며 이때 창출되는 가치는 간접적 네트워크 외부성의 영향을 받는 시장임을 알 수 있다. 여기서 플랫폼이란 서로 다른 이용자 그룹이 거래나 상호작용을 원활하게 할 수 있도록 제공된 물리적·가상적 또는 제도적 환경인 장터이다. 플랫폼을 제공하는 사업자는 양측 또는 어느 한 쪽에 플랫폼 이용료를 부과함으로써 수익을 창출한다.

또한, 일반적인 시장에서 우리는 수요의 탄력성과 한계 비용의 측면에서 가격과 비용이 오르는 것을 정의할 수 있다. 그러나 양면시장에서의 가격 결정에는 상대방의 반응 탄력성과 상대방에게 부과되는 이윤도 함께 포함된다. 플랫폼의 다른 쪽에서도 유사한 계산에 직면하기 때문에 시장 양쪽의 가격은 수요 탄력성과 한계 비용이 합쳐진 결과에 따라 달라진다.

양면시장의 경제원리를 포함하여 수익 구조, 가치 제공 측면에서 특징을

정리하면 다음과 같다

[표 4-1] 중앙화된 양면시장 생태계의 특징

구분	주요 특징
전제조건	– 공급자와 사용자간의 상호연결을 위해 고객그룹 간의 거래 (Transaction)를 중재하는 중개인 존재
경제원리	– 간접, 교차 네트워크 외부성 존재 – 한 측면의 그룹이 얻는 효용이 다른 그룹의 사용자나 제공하는 가치에 직간접적 영향을 주고받는 메커니즘
수익구조	– 높은 거래비용으로 양측(소비자, 공급자)집단 간의 직접거래가 불가능 – 플랫폼 사업자는 차별적으로 양면에 가격차별적 이용료를 책정하여 수익 확보가 가능함. 즉 세품에 내한 홍보를 통해 공급자에게 수수료를 취득하거나 제품 구매 또는 서비스 이용자에겐 사용료를 받아 중개인의 수익을 창출
가치제공	– 플랫폼 기술을 이용하여 사람, 조직, 자원을 생태계로 연결하여 엄청난 가치를 창출 – 공급자는 다양한 거래 품목, 부가 서비스를 제공하고 소비자는 플랫폼에 참여하여 저가격, 고품질 상품 및 서비스로 만족도 증가

중앙화된 양면시장의 문제점

그 동안 플랫폼 기반의 양면시장은 30년이 넘게 인터넷 경제를 발전시켜 왔고, 전통적인 시장경제와는 다른 플랫폼 비즈니스 생태계를 만들어 공급자와 사용자에게 온라인 상에서의 상호작용을 통해 경제활동을 할 수 있는 기회를 제공하였다. 공간과 시간을 초월해 생산자의 네트워크와 소비자를 중개하고 하드웨어 및 솔루션 시스템을 통해 생산자를 대리해 마케팅을 도와주고 일정한 수수료와 광고 수입을 가져가면서 부를 창출하였다. 그러나 자본주의가 추구하는 이윤 극대화와 개인주의 시장경제가 팽배하면서 다양한 문제가 발생하기 시작하였고, 빈익빈 부익부 등의 양극화가 더욱 심해지는 양상을 보이고 있음은 부정할 수 없는 사실이다.

기존 양면시장의 문제는 다양하다. 플랫폼 기업은 플랫폼에서 발생하는 가치와 이익을 독점하는 비즈니스 모델을 실행하고 있으며, 공급자에게 비싼 수수료 부과와 적시에 금융거래가 어려운 환경에서 수수료를 지불해야 하는 비용이 발생하는 구조이다. 또한 금융권, 정부, 공공기관, 플랫폼 소유기업 등 소수인이 경제 메커니즘을 좌지우지하면서 상거래의 제도 수립과 수시로 통제하는 시장이었다. 다시 말해 사실상 중개자 역할을 하는 플랫폼 사업자인 기업, 정부, 기관들은 사업에 적극적으로 개입하여 그들에게 적합한 쌍방 대리 행위를 하는 경우가 비일비재하다. 이와 같이 중개인 중심의 플랫폼 경제를 이끄는 양면시장에서 나타나고 있는 이슈를 정리하면 다음과 같다.

- 경제 시스템의 신뢰를 보증하는 중개인이 존재하고 거래에 따른 보증을 담당
- 중개인에 의한 집중화, 상거래 제도 및 규정을 정의하여 자신들의 이윤 추구를 극대화시키는 시장 메커니즘을 구성하고 있음
- 공급자에겐 광고 수수료와 상품 판매 수수료, 사용자에겐 상품과 서비스 이용에 따른 가격 책정을 주도함
- 사용자들에게 플랫폼 이용을 위한 전제조건으로 개인정보를 요구하여 플랫폼 운영자가 개인정보를 보관, 관리, 운영하거나 개인정

보 보호 관리 미흡으로 개인정보 유출 및 판매가 발생하여 사용자 개인의 자산 피해가 증가

- 중개자 파워(권력), 수익 창출위주의 의사결정으로 개인들의 삶에 피해를 주고 있음
- 간접 네트워크 효과로 인하여 시장을 선점한 기업이 시장을 독점하고, 'Winner takes all'이라는 규모의 경제를 이루어 공룡기업으로 성장하는 기회시장이 됨
- 플랫폼 노동자의 노동력 착취 및 생산자, 소비자 권리 보호 미흡

3. 탈중앙화된 삼면시장의 생태계

개요

기존의 플랫폼 중심의 양면시장은 참여자들에게 상호작용할 수 있도록 온라인 장터를 제공하였다. 그러나 공급자에게 과도한 수수료를 부과하고 구매자의 개인정보를 과도하게 요구하는 등 피해가 여전히 발생하고 있다. 또한 독점형 플랫폼을 제공하면서 효율적인 플랫폼 운영이라는 명목 하에 온라인 상거래 규약과 거래단가 기준을 중개인 중심으로 책정하고 때로는 수시로 변경함으로써 그들의 수익 증대에만 초점을 둔 시장이라고 주장해도 과언이 아니다. 대부분 양면시장의 플랫폼 기업들은 공급자 참여와 구매

자의 구매력에 의해 막대한 수익을 창출해 온 셈이다.

한편, 블록체인은 전통적 양면시장이 보여준 정보의 비대칭, 경제활동에서 중개자에게 집중된 중개인의 파워와 주도권, 거래의 투명성 미흡 등에 도전장을 제시하는 혁신적인 비즈니스 모델을 창출하고 있다. 자본시장에서 발생하고 있는 여러가지 문제를 새로운 비즈니스 모델을 통해 근본적으로 개혁하려는 것이다.

여기에서는 탈중앙화 구조 기반의 분산 환경에서 새롭게 출현하고 있는 삼면시장은 무엇이며, 삼면을 형성하는 탈중앙화 금융 사이드 축이 되고 있는 디파이(DeFi)서비스에 대해 알아보고자 한다.

삼면시장과 탈중앙화 금융(DeFi)의 등장

❸ 삼면시장의 정의

삼면시장 개념은 필자들이 기존의 블록체인 경제에서 좀 더 정리하고 심화시킨 비즈니스 모델로서 광의적 관점에서 나타나는 특성들을 새로운 시장경제 구조를 의미한다. 삼면시장은 자본주의가 보여준 많은 폐단을 치유하기 위해 토큰이라는 암호화폐의 역할과 지금까지 이어져 온 금융기관의 다양한 서비스와 기능을 포함하면서 블록체인 경제가 추구하고자 하는 경제 메커니즘이 반영된 시장을 말한다. 삼면시장이란 탈중앙화된 양면시장 구조에 'Crypto-Finance Side'인 또 다른 한면이 추가된 것으로서 암호화폐가 적극적인 기능을 담당하는 새로운 경제 시스템이다. 기존의 비즈니스 모델과 다른 탈중앙화된 금융시장이 생겨나고 그 시장 내에서 다양한 상품과 서비스가 디지털 가상자산인 암호화폐로 거래되면서 자율적인 경제활동이 이루어지는 비즈니스 모델로 표현할 수 있겠다. 크립토파이낸스 사이드는 DeFi* 가 등장하면서 삼면시장의 시작을 보여주고 있다.

❸ 삼면시장에서 DeFi의 등장

DeFi란 탈중앙화 금융(Decentralized Finance)의 약자로서, 탈중앙화된 분산 금융 또는 분산 재정을 말한다. 디파이가 기존의 금융시장과 다른 차이점은 블록체인 기술과 암호화폐가 결합됨에 따라 인간에 의해 작동되어 온 은행 같은 중개기관이 없다는 점이다. 디파이에서는 송금, 결제, 대출 등이 인간의 손에 의해 실행되지 않고 블록체인 프로토콜의 금융 기능에 의해 움직인다는 것이 가장 큰 차이점이다. 주로 암호화폐를 담보로 걸고 일정 금액을 대출을 받거나, 혹은 다른 담보를 제공하고 암호화폐를 대출받는 방식으로 작동한다. 사용자는 자신의 자산을 완전히 통제할 수 있으며, 피어-투-피어 (P2P)와 탈중앙화 애플리케이션(DApp)을 통해 양면시장 생태계의 다른 두 면과 상호작용한다.

DeFi가 기존의 금융 서비스와 가장 큰 차이점은 4가지로 요약해볼 수 있겠다.

- DeFi는 특정 고객이 없다.
- 금융 시스템에서 제3의 신뢰기관 역할을 담당한 은행, 카드사 등과 같은 중개인 없이 인터넷과 블록체인 기술에 의해 금융 서비스

---

* DeFi(Decentralized Finance): 블록체인 네트워크 위에서 작동하는 탈중앙금융 생태계로 예금, 이자 및 타인에게 코인을 대출해주고 이자를 받는 등 특정 기관의 중개자가 없이 금융 활동을 하는 것을 말한다.

가 가능하다. 이 점이 중앙화된 시스템 안에서 법정화폐를 기반으로 운영되는 핀테크나 CeFi(Centralized Finance)와 다르다

- 탈중앙 네트워크에서 개인 간의 대출, 송금, 교환이 가능하며 투명성과 보안의 안정성도 제공된다.

- 대부분의 디파이는 블록체인의 디앱(DApp)에서 스마트 컨트랙트를 통해 구동된다. 즉 이 기능은 프로그래밍에 의해 작동된다.

[표 4-2] 중앙화 금융시장과 탈중앙화 금융시장 비교

구분	전통 금융	DeFi(탈중앙화 금융)
중개자	– 신뢰기관 필요(은행, 카드사, 보험사)	– 네트워크에 참여하는 모든 고객
운영방법	– 중앙화	– 탈중앙화
화폐발행	– 전통 금융기관(중앙은행)	– 블록체인 네트워크(스마트 컨트랙트)
투명성	– 특정 사용자만 접근 가능	– 모든 사용자가 거래정보 공유
검열방지	– 검열기관에 의해 특정 거래 삭제	– 특정 주체가 거래 무효화 불가능
투자수단	– 주식, 채권 등	– 토큰화된 상품과 서비스 모두 가능

대표적인 서비스 사례로는 체인링크, 테라, 컴파운드 등이 있다. 이들 탈중앙화 금융은 크립토 금융권을 형성하면서 기존 금융기관의 역할을 대체하고 있다. 스마트 컨트랙트를 이용하여 모든 금융 서비스가 자동으로 이루어지고 법정화폐에 연동된 스테이블 코인이 발행될 수도 있으며 다양한 크립토 금융이 작동될 수 있다. 스테이블 코인은 기존 화폐, 실물 자산과 연동하여 코인 가격의 안정성을 확보하는 차원에서 다른 코인들과 동일하게 금융거래가 가능하다. 특히 US 달러에 페깅된 스테이블 코인 등은 USD와 1:1로 연동되어 불안정한 코인 가격을 안정화시킬 수 있는 서비스로 각광받고

있다. 뿐만 아니라 예치한 암호화폐를 이용하여 대여도 할 수 있고, 필요시 자신의 디지털 자산을 담보로 대출도 가능하다. DeFi는 현재 중앙화된 금융권에서 제공하는 대부분 서비스를 포함하여 그 이상의 블록체인 암호화폐 경제의 가능성도 보여줄 것이다.

삼면시장은 공급자와 사용자가 참여하는 시장에서 암호화폐가 발행되고 암호화폐에 의한 금융영역이 반영된 시장이다. 암호화폐라는 코인으로 플랫폼에서 거래가 이루어지고 금융서비스가 작동하는 시장이라고 정의할 수 있다. 무엇보다 거래가 투명해져 시장에서 형성되는 가치의 배분이 공정해질 수 있다. 이것은 부와 권력이 집중화된 기존 플랫폼 시장과는 다르게 사용자가 생산자이자 주주이고 창출된 가치가 공정하고 개방적이며 투명하게 수익의 재분배로 이어지는 시장이 될 수 있다. 기존의 양면시장이 집중화된

[그림 4-3] 블록체인 기반의 삼면시장 개념도

[탈중앙화 크립토금융]

플랫폼에 가치가 있었다면, 삼면시장은 P2P라는 탈중앙화된 플랫폼에서 참여자 모두에게 생산가치가 재분배되는 시장이 될 것이다.

삼면시장의 주요 기능 및 역할

삼면시장은 이와 같이 양면시장의 문제와 통화정책의 문제를 개선하려는 데 목적을 두고 있다. 돈 탭스콧은 그의 강연에서 플랫폼 경제의 이슈에 대한 솔류션을 다음과 같이 제시하고 있다.

- 변조 불가능한 기록으로 각종 권리 보장
- 진정한 공유경제 창출
- 과다한 송금 수수료 종식
- 일반인들이 개인 데이터 기반의 수익 창출 가능
- 가치 창출자들에게 확실한 보상 제공

탭스콧이 제시한 중앙화된 시장의 이슈와 미래 탈중앙화 시장의 모습을 구체적으로 해석해보면 다음과 같다.

첫째, 개인 소유권과 재산권이 분산원장에 저장·기록되어 합당한 절차에 의하지 않고는 변경할 수 없는 권리를 보호하자는 데 의의가 있다.

둘째, 현재 대부분의 공유경제 사업들은 진정한 공유경제가 아닌 플랫폼 중개인이 중심이 되어 공유경제라는 명목 아래 서비스가 이루어지고 있다는 의미다. 플랫폼에 다양한 서비스를 집결시켜 판매하는 셈이다. 그 대표적인 기업으로 우버, 에어비앤비, 리프트, 태스크래빗 등이 있다. 최근 실리콘 밸리에서는 위와 같은 공유경제 회사들의 경제 모델에 반대하는 입장을 발표하는 경우가 많다.

셋째, 해외 영주권을 지닌 사람들, 이민자들은 자국에 송금하기 위해 많은 수수료를 지불하고 있다. 10~30%의 수수료와 송금에 최소 2-3일 소요되는 불편함 속에서 생활하고 있는 것이다. 2019년 기준으로 전 세계 성인 중 약 17억 명이 금융 혜택을 받지 못하는 비계좌 인구라 한다. 선진국은 90% 이상인 반면, 브라질 55.8%, 러시아 48.1%, 인도 35.2%, 엘살바도르 국민 30%만 금융계좌를 보유하고 있으므로 인구의 절반에도 미치지 못하고 있는 실정이다. 은행 인프라가 취약한 아프리카에서 은행계좌 없이 모바일 폰을 통해 송금이 가능하도록 한 케냐의 엠페사(M-Pesa)는 2G폰의 SMS를 이용한 자금이체 서비스로 금융 혁명을 일으켰다. 이 부분을 블록체인 기술로 전환하면 2-3분이면 송금이 가능하고 수수료도 대폭 저렴해진다.

넷째, 블록체인 기반의 시장에서는 일반인에게도 자신의 개인정보로 돈을 벌 수 있는 기회가 제공된다. 개인 사생활 보호도 가능하고 새로운 디지털 자산(암호화폐)을 이용하여 대출 또는 빌려주는 활동이 가능해진다. 뿐만 아니라 자신의 개인정보는 스스로 주권을 가지고 관리가 가능해진다. 이것은 데이터 경제를 만드는 새로운 비즈니스 모델이 될 것이다.

마지막으로 그 동안 플랫폼에 참여한 우리들은 공정한 보상을 받지 못했다. 우리의 지식재산권, 저작권도 제대로 인정받지 못했다. 그러나 블록체인 네트워크에서 활동하고 기여하는 이들은 그들의 활동에 의해 경제적·재산적 가치가 발생하면 함께 공정하게 보상을 받을 수 있는 것이 훨씬 수월해진다.

지금까지 중앙화된 양면시장에서 경험해 온 불합리한 시장구조에서는 블록체인 기반의 삼면시장 등장이 어쩌면 당연한 변화라고 볼 수 있다. 삼면시장에서 크립토파이낸스 사이드가 담당하는 기능과 역할은 지금의 금융권에서 제공하는 기능 그 이상이 될 것으로 예상한다. 탈중앙화 금융은 블록체인의 경제원리와 상호 운용성, 오픈소스, 접근 용이성, 익명성의 원칙을 활용하여 금융 보안과 투명성을 높이고 유동성과 성장 기회를 향상시킨 표준화된 경제 시스템을 지원할 것으로 기대한다.

다음은 삼면시장에서 '크립토파이낸스 사이드'영역의 기능을 서비스 영역별로 요약한 표이다.

[표 4-3] 삼면시장의 크립토파이낸스 사이드 주요 기능

서비스 영역	세부 서비스 내용
Borrowing & Lending (대출 & 대부)	– 개인간 손쉬운 대출 및 대부 서비스가 가능 (디지털 담보기능 · 신용 · 거래정산 등 표준화 필요)
Monetary banking services (금융서비스)	– 암호화폐로 '통화은행 서비스' 가능, 유동성 증가 채무자〉채권자 – 보험, 모기지, 신용카드 결제, 송금 등의 기능 제공 – 증권형 토큰화
Decentralized Marketplaces (탈중앙화 시장)	–'탈중앙화 시장' 형성 가능(금융혁신 영역) – 탈중앙화 금융시장(DEX) 진출 가능 – 토큰화 시장(실물자산 디지털화) 형성 – 변동성보호, 안정적 가치 및 화폐 저장 기능이 있는 스테이블 코인 시장 확대 전망

크립토파이낸스 영역에서 제공하는 서비스는 이처럼 스마트 컨트랙트 기술을 활용해 계약 실행을 자동화한 금융 서비스를 제공한다. 뿐만 아니라 금융 서비스에 필요했던 은행, 변호사 등의 중개 기능도 대체하고 있다.

최근 디파이 시장규모가 큰 폭으로 확대되며 급부상 중이다. 2021년 3월 현재 전 세계 디파이 예치금액(Total Value Locked)이 418억 달러에 달하며 대출(lending)이 47%로 가장 높고 탈중앙화 거래소(Decentralized exchange: DEX)가 36%이며, 점차 자산관리(Assets), 파생상품(Derivatives) 등으로 영역이 다양화되는 추세이다.

이러한 DeFi의 성장 모습은 블록체인 경제가 점차 탈중앙 삼면시장으로 확대되고 있음을 보여주는 긍정적인 예이다. 지금은 대출, 대부, 금융 서비스에 집중되어 있으나 장래에는 블록체인 기반의 부동산 수익증권 등이 시장에서 많은 관심을 받을 것이며 나아가 디파이에 의해 상장 또는 비상장주식, 채권, 상거래를 포함해 다양한 탈중앙화 거래시장에서 디지털화·자산화와 디지털 분할(Piecewise Asset)이 가속화되면서 유동성이 더욱 확대되고 거래가 활성화될 것으로 예측하고 있다.

최근 DeFi와 같은 크립토파이낸스 사이드에서 제공하고 있는 서비스가 속속 등장하고 있다. 대표적인 서비스로 DEX(Decentralized Exchange: 탈중앙 거래소)는 중개인 없이 개인 간 암호화폐 자산을 직접 교환하는 플랫폼이다. 공유경제를 리딩하고 있는 블록체인 마켓플레이스 오리진 프로토콜은 2020년 9월부터 OUSD 스테이블 코인을 발행하여 개인 간 담보대출 서비스를 지원하고 있고 전자지갑에 예치하면 연 20%의 고수익을 제공한다. 그밖에도 암호화폐 대출을 통해 이자 수익을 낼 수 있는 컴파운드(Compound)나 에이브, 사건 결과에 베팅하는 미래 예측 플랫폼 어거(Augur), 일반 통화, 귀금속 등 실물자산의 파생상품을 생성·거래할 수 있는 신세틱스, 다이(DAI), USDC 등 일반 통화, 상품 등에 가치를 연동시킨 스테이블 코인 매입, AI에 연동한 소액대출 서비스 등이 활발하다.

이처럼 블록체인 기반의 대출 시장은 거래 상대방의 위험을 줄이고, 대출 및 대부를 더 저렴하고 빠르게 하여 더 많은 사람들이 이용할 수 있게 하는 데 중점을 두고 있다. 또한, 크립토파이낸스 영역에서 제공하는 결제 시스템은 코인 거래와 저장을 용이하게 하여 일반 사용자의 사용성을 더욱 향상시키고 있다. 블록체인 네트워크에서 작동되는 스테일블 코인은 가상화폐의 일종으로 달러와 같은 법정화폐 가치와 연동되는 큰 특징이 있어 암호화폐의 큰 시장 변동성으로부터 자산가치를 보호할 수 있는 장점을 지닌다. 스테이블 코인의 가치가 안정되기 때문에 언제 어디서나 즉시 거래될 수 있고 실제 달러보다도 오히려 유용해질 것으로 블록체인 전문가들은 예측하고 있다.

4. 탈중앙화 삼면시장의 미래 모습

삼면시장의 To-Be 모습

삼면시장은 양면시장이 지닌 여러 가지 문제점을 개선하려는 시도에서 출발하였으며, 필자들은 이렇게 변화되는 시장을 삼면시장으로 정의하였다. 트레버 슐츠 교수는 "양면시장에서는 과잉공급과 제품 품질로 인해 발생하는 위험은 모두 공급자와 생산자의 몫이었고 이윤은 플랫폼 기업이 독점하는 시장이었다. 공급자는 독립적 생산 주체로 참여하지 못하는 양상이었다"

고 주장하였다. 그러나 삼면시장에서는 생산자, 공급자를 포함하여 직극적인 경제활동을 하는 모든 참여자들에게 그만큼의 경제적 보상이 이루어지는 시장이 될 것이다. 양면시장에서 적용된 디지털 핵심기술은 그대로 적용하되 블록체인 기술과 암호화폐의 적용으로 경제 메커니즘 차원에서 소유와 분배구조가 변경되는 시장경제로 변화될 것으로 보고 있다.

삼면시장은 인터넷 기반의 양면시장과는 달리 다음과 같은 블록체인의 철학과 사상이 반영된 새로운 경제 메커니즘이 적용되는 시장이 될 것이다.

- 디지털 자산과 수익에 있어서 소유와 분배구조가 변경되는 시장
- 삼면시장에서 만들어진 플랫폼의 소유자들은 플랫폼에 참여하는 공급자, 사용자, 그밖의 네트워크에 참여한 다양한 참여자들로 구성(중개인 소유에서 참여자 오너십으로 변화)
- 특정 기업, 기관 등 플랫폼을 독점하는 소수의 이익에서 참여자들 (stakeholder)(사용자, 공급자, 기타 참여 구성원 등) 전체의 이익으로 진화 중

삼면시장에서 만나게 될 커다란 변화는 크게 3가지로 정리해 볼 수 있다.

ⓑ 시장에서 신뢰를 형성하는 주체가 변화된다

고대사회는 시장이 없었다. 그 시대는 어떻게 거래가 이루어졌을까? 바로 신뢰를 기반으로 peer-to-peer방식으로 거래하였다. 거래품목이 다양해지면서 시장이 생겨나고, 신뢰의 강화를 위해 화폐(조개껍데기, 담배, 금·은 주화, 지폐)가 발행되어 거래되고 중개인까지 등장한다. 문명의 발달로 거래가 복잡

해짐에 따라 신뢰의 문제가 발생하면서 제도적 기관(Institutional Organigation)이 필요하게 되었다.

18세기부터 국가 간 무역이 활발해지면서 국제 간 거래가 가능한 무역회사가 설립되기 시작한다. 시장에서는 무역회사가 국가 간 교역을 위해 신뢰기관으로 기능을 담당하면서 발전되어 왔다. 즉, 자본주의 시장이 등장하면서 시장의 신뢰는 기업이 규제와 통제를 담당하는 역할을 수행한 셈이다. 아마 그 당시 국제교역이 활발해지자 시장 내 제 3 자로 신뢰할 수 있는 공급업체를 선정하여 신뢰기관의 역할을 맡게 하였고, 개인 재산권의 보호와 계약 집행의 감독도 담당하게 되었을 것이다.

하지만 인터넷 경제가 등장한 이후 기업이 플랫폼을 독점하면서 제조사, 생산자의 역할도 대신하는 모습으로 바뀌게 되었다. 즉 플래폼 안으로 다양한 제조업체들이 집결되어 그들의 상품과 서비스를 판매하는 생태계가 이루어진 셈이다. 그렇다면 블록체인 기반의 비즈니스 생태계의 신뢰는 누가 담당할 것인가? 그 누구도 아닌 블록체인의 알고리즘이 맡고 있음을 우리는 이해하고 있다.

그 동안 기업 또는 중개인이 주관해 온 경제활동에서의 신뢰는 블록체인 인프라(P2P구조)와 소프트웨어가 작동하는 스마트 컨트랙트 내부의 합의 알고리즘, 그리고 시장의 역게임 이론이 적용되는 인센티브 체계가 그 역할을 대체하게된. 탈중앙화 삼면시장의 신뢰는 블록체인 프로토콜이라는 합의 메커니즘과 거버넌스 운영체계에 의해 컴퓨터 시스템에서 자동처리가 되는 방식으로 보장된다. 이 부분은 앞에서 언급한 블록체인 경제원리 중 신뢰 메커니즘을 프로그래밍 기술로 제공한다는 뜻이다. 즉 시장의 신뢰는 블록체인 기술에 의해 관장되지만 그 기술은 네트워크에 참여하는 모두가 오너십을 갖게 되는 주체가 된다. 이처럼 네트워크에 참여자 수가 증가할수록 네트워크 효과에 의해 만들어지는 신뢰는 더욱 막강해질 것이다.

❸ 신뢰기관의 파워와 권력이 참여자들에게 분산 및 이양된다.

그 동안 특정 기업 또는 플랫폼 기업에 집중된 권력의 힘은 네트워크에 참여하는 다양한 구성원들에게로 이동될 것이다. 참여자들이 이익을 창출하고 가치를 만들기 때문에 그들의 노력만큼 보상이 주어진다는 의미가 된다.

과거 기업은 수직계열 조직체계로 상명하달에 의해 기업이 운영되다 보니 기업의 대표가 가장 큰 힘을 지니는 구조였다. 양면시장의 비즈니스 생태계가 보편화되면서 플랫폼 기업이 해당 플랫폼 비즈니스의 권력과 부의 대부분을 취했던 것이다. "시장에 참여하는 공급자는 플랫폼 기업이 제공하는 부스러기를 나누는 경제에서 일하고, 소비자의 편의만을 강조한 채 노동자(공급자)에게는 고용 불안정, 고립, 파편화 등이 초래되고 있다"는 UC 버클리대 Robert B, Reich 교수의 주장은 시사하는 바가 크다.

따라서 블록체인 비즈니스 모델을 설계할 때에는 어떤 이해 관계자들 간에 어떤 데이터를 어떻게 공유해야 하고 어떤 구조로 상호 감시할 것인가에 대한 권력의 균형과 협업 모델을 설계하는 것이 혁신적인 사회경제적 가치를 만드는 데 가장 중요한 작업이 될 것이다. 삼면시장은 기업과 플랫폼 제조사에 집중화된 부와 권력을 블록체인 네트워크에 참여하는 참여자들(기업, 개인, 제3의 기관들, 생산자, 소비자 등)에게 공평하게 나누는 시장으로 발전할 것으로 기대한다. 참여자 모두에게 소유권과 권력의 이동은 블록체인 경제 모델이 가지는 가장 큰 가치이자 미래 변화의 모습이 될 것으로 전망하는 이유이다.

❽ 탈중앙화 거버넌스 기반의 참여자들에 의한 숙의적 민주주의 (Deliberative Democracy)가 활발해질 수 있다

돈 탭스콧(Don Tapscott)의 저서 '블록체인 혁명'에서는 블록체인에 의한 큰 변화 중 하나가 개인정보에 대한 소유권과 통치권을 개인이 갖게 되어 자신의 개인정보에 대한 가치 부여가 가능하게 된다고 하였다. 소유권과 재산권이 분산원장에 저장. 기록되어 본인 외에는 변경할 수 없는 권리를 보호받게 하는데 우리는 이 점에 주목해야 한다. 지금까지 우리의 개인정보는 중개자들이 소유하였다. 우리는 플랫폼 이용 대가로 제공하는 나의 개인정보에 대해 그 어떤 의사결정권도 갖기 어려운 구조였다. 블록체인이 가져올 변화의 본질은 바로 '정보(Information)의 민주화(Democratization)'이다. 이것은 블록체인 기반의 새로운 '거버넌스(Governance)'에 의해 가능해질 수 있다.

우리의 거래정보나 개인정보를 수집, 검증, 관리하는 중개인을 제거함으로써 우리는 경제적·사회적 활동에서 민주주의의 발전에 기여하게 된다. 뿐만 아니라 블록체인 기반의 거버넌스 체계에서 구성원으로 의사결정에 직접 참여하거나 의사결정을 유도할 수 있다. 이 점도 참여자들의 집단지성을 이용하여 다양한 의사결정을 할 수 있는 환경이 마련된다는 점에서 큰 의의가 있다. 기존에는 누군가의 통치, 전문가, 중개인에 의해서 경제활동에 대한 주요 의사결정이 이루어지다 보니 상호 간의 의견 조율과 협의 체제 수립에 많은 시간과 노력이 필요하였다. 이처럼 신뢰 파워가 참여자들에게 이양되는 권력의 분산은 데이터의 분권을 수반하는 새로운 패러다임을 만들 것이다. 개인이 참여하는 사회적 의사결정 과정이 블록체인에 의해 투명하게 기록되고 데이터의 위변조가 불가능해지는 신뢰가 보장될 때, 숙의 과정은 더욱 빛을 발할 수 있다.

블록체인 거버넌스는 바로 통치가 아닌 참여자의 협치에 의해 서로의 의견을 공유하여 합의를 도출하는 합리적인 의사결정 도구이므로 민주주의의 발전에 더욱 기여하게 될 것으로 예측한다.

탈중앙화 삼면시장의 발전 방향

이제 탈중앙 양면시장이 형성되고, 탈중앙 금융 비즈니스 모델의 등장으로 삼면시장이 시작되고 있다. 인터넷 기술이 등장한 이후 곧바로 세상을 변화시키고 빛을 발하지 못한 것처럼 블록체인 기술과 혁신적인 비즈니스 모델의 만남도 여러가지 시행착오 속에서 진전될 것으로 본다. 시간이 필요하다는 뜻이다. 향후 금융시장은 탈중앙화 금융기관과 중앙화 금융기관이 공존하면서 암호화폐를 중심으로 다양한 서비스가 출시될 것으로 예상된다. 지금까지 이어져 온 중앙화된 금융시장이 사라지고 탈중앙 금융기관으로 한꺼번에 전체가 전환되기란 어려운 일이다. 이미 우리는 신뢰기관이 금융거래와 계약체결에 관련되어 굳이 신경을 쓰지 않아도 알아서 지원해주는 규제에 익숙해졌다. 수동적인 우리의 습관을 자율적으로 바꾸기는 쉬운 일이 아니다. 단순한 예로 암호화폐를 다루려면 전자지갑을 만들어야 하고 개인 인증을 받아야 하며 개인 간의 거래에서도 항상 자기 권리에 책임을 지는 자기 주도권이 정착되어야 한다. 이런 변화를 빠르게 수용하고 참여하는 이들은 새로운 시장에서 강자가 되고 부를 쌓는 기회를 얻을 수 있다고 본다.

삼면시장으로 이제 출발하고 있는 크립토파이낸스가 디파이 서비스만으로 성장하는 것에는 한계가 있다. 실물경제와 함께 탈중앙 금융수단으로 작동되는 역할을 수행할 때 진정한 삼면시장이 기대하는 효과와 추구하는 미션이 지금보다 빨리 이루어질 것으로 예상되기 때문이다. 즉 디파이와 같은 크립토 금융과 탈중앙화 토큰 경제 시장 또는 중앙화 양면시장이 함께 작동될 때 디파이의 수요는 더욱 커지고 블록체인 비즈니스 생태계도 폭발적으로 확산될 수 있을 것이다.

탈중앙화 금융 서비스를 지원하는 삼면시장이 서서히 형성되면서 탈금융 시장으로서의 발전과 확산은 토큰 경제를 가속화시킬 것이다. 뿐만 아니라 기존의 상거래에서 발생한 수수료, 시간, 신뢰 문제, 개인정보 관리, 추가비용 지불 등의 프로세스를 보다 합리적으로 변화시킬 것으로 본다. 또한, 스마트 컨트랙트에 의한 거래 메커니즘이 자동화됨에 따라 사람이 개입되어 발생하는 업무의 오류 또는 누락, 협의 등에 소요되는 시간 문제는 급격하게 줄어들 것으로 예상된다.

5. 탈중앙화 삼면시장의 긍정적 효과

삼면시장이 가져올 파급효과

디파이와 같은 크립토파이낸스는 중개기관 없이 법적인 제재 사항들을 넘어 사용자들이 가상화폐 거래를 더욱 빠르게 사용하고, 블록체인이나 추가

석인 KYC(Know Your Customer) *요구사항 없이도 다양한 금융 서비스를 효율적으로 제공하는 장점 때문에 사용자들의 관심이 커지고 있다. 또한 디파이를 주도하는 측에서는 기존 금융 방식에 비해 금융기관을 통한 절차를 스마트 계약과 블록체인의 투명성으로 대체하기 때문에 업무처리 자체가 효율적이며, 다른 금융 상품과의 결합이 용이하다는 점을 장점으로 내세우고 있다.

디파이는 약정기간이 없고, 본인 인증 과정이 요구되지 않기 때문에 이용자의 접근이 용이하다. 따라서 블록체인에 분산·보관되어 있는 개인정보의 소유권을 보장받을 수 있다. 또한 다른 프로토콜과의 결합으로 암호화폐를 기반으로 하는 다양한 금융 상품뿐 아니라 기존 금융 서비스와의 결합도 가능하다. 이로 인해 새로운 금융 서비스를 계속해서 만들 수 있어 보다 경쟁력 있는 금융 시스템이 구축될 수 있다. 이 부분은 금융 서비스 측면에서 보고 있는 긍정적인 효과일 것이다. 크립토파이낸스라는 탈중앙 금융이 비금융권의 블록체인 비즈니스 모델과 결합할 때 디지털 경제의 패러다임은 크게 전환될 것이며 그 파급효과도 매우 클 것이다.

탈중앙 금융과 탈중앙 토큰 경제가 결합되면 과연 어떤 점이 좋아질까? 첫째, 기존 양면시장에서는 생산자와 소비자들이 그들의 역할을 수행하는 데 필요한 자금과 소비 비용 측면에서는 제한적이었다. 즉, 자금이 필요할 경우 대출을 받거나, 개인 간에 차용을 해야 하는데 금융기관의 요구 조건은 까다롭다. 또한, 서류를 준비하고 증빙하는 데 많은 시간이 소요될 경우 그

---

* 본인인증 혹은 신원인증을 의미하는 용어로서 고객확인절차, 본인인증절차로 부르기도 한다. 블록체인의 가상화폐시스템에서 자주 등장하고 있는 용어이지만, 사실은 자금세탁방지(AML, Anti Money Laundering)와 관련된 용어이다. KYC는 금융기관(예 :은행)이 자신의 서비스를 사용하려는 사용자의 신원이나 거래 목적 등을 확인하기 위한 절차를 의미한다.

만큼 많은 수수료가 개입되기도 한다. 한마디로 돈을 빌리기가 무척 어려운 환경이다. 개인의 신용 점수, 직업, 재산 등을 평가하여 대출 금액의 한도가 정해지는 구조였다. 그러나 삼면시장에 디파이와 같은 크립토파이낸스가 추가되면 무엇보다 필요한 자금, 돈의 흐름이 원활하고 유동성이 극대화될 수 있다. 유동성이 커질 경우 크라우드 펀딩(Crowd Funding)과 같이 자금이 필요한 곳에 쉽게 참여가 가능하고, 개인 투자가 용이하며, 디지털 화폐로 상품과 서비스를 마우스 클릭에 의해 쉽게 사용할 수 있는 환경이 마련된다.

둘째, 디파이 서비스가 금융산업 자체에만 머무는 것은 성장에 한계가 있다. 그러나 디파이 기반의 금융이 실물경제를 뒷받침하는 금융 수단으로 그 역할이 확대된다면, 즉 탈중앙화 금융(DeFi)이 보편화되면 개인의 금융 역량과 FQ(Finance Quantity)가 증가하여 개인들은 시장에 더욱 적극적으로 참여하게 되고, 해당 블록체인 생태계는 폭발적으로 확산되어 경제활동이 지금과는 다른 차원의 모습으로 변하게 될 것이다. 이것은 디지털 경제원리에서 학습한 네트워크 효과, 블록체인의 인센티브 경제원리 및 자기 주도권 등이 동시에 작동되면서 얻게 되는 변화가 될 것이다. 개인들은 IQ, EQ 뿐만 아니라 블록체인과 크립토파이낸스 경험으로 FQ가 크게 높아질 것이다.

셋째, 삼면시장은 맞춤형 제품과 서비스의 수요가 증가되어 세계의 시장은 롱테일의 법칙이 더 증폭될 것으로 예상한다. 즉 기존의 대량생산 방식은 생산~소비 과정에서 그 사이클이 길고 공급사슬(supply chain)에 따라 자본이 수시로 경직되곤 하였다. 롱테일의 법칙에 따르면 개별 매출액은 적지만 이들 매출을 모두 합하면 주력 히트상품 못지 않은 매출을 올릴 수 있다. 이 법칙은 선택과 집중을 강조하는 기존 패러다임인 파레토 법칙과는 다르다. 파레토 법칙이 기존의 제조업 패러다임에 잘 부합한다면 롱테일의 법칙은 디지털 시대의 패러다임에 적합하다. 롱테일의 법칙이 잘 작동되는 요인으로는 생산 도구의 대중화, 유통 도구의 대중화, 그리고 수요와 공급의 쉬운 연결 등 이 세 가지를 꼽는다. 바로 이 세번째 요인때문에 삼면시장의 제3면이 잘 작동할 것이므로 장차 삼면시장에서는 롱테일의 법칙이 증폭될 것으로 예상한다.

삼면시장에서는 블록체인 생태계 또는 시장에 참여하여 얻게 되는 암호화폐로 크라우드 펀딩과 Micro Payment가 신속하게 이루어질 수 있다. 개인 간의 P2P방식에 의해 지불이 간편하게 이루어지다 보니 개인이 원하는 맞춤형 주문생산과 소규모 소비가 가능해지고 증가할 것이다. 블록체인 쇼핑몰에서 판매하는 다양한 제품들을 암호화폐로 구매하는 것이 용이하다는 얘기다. 이것은 개인의 취향과 니즈가 크게 반영되는 미래 트렌드와도 같은 맥락이다. 다수 소비자들이 적은 비용으로 각자 다양한 상품을 소비하지만 그 가치는 소수의 소비자들이 소비하는 다량의 히트상품에서 나오는 가치와 비슷하거나 더 클 수 있다. 이러한 트렌드는 삼면시장에서 더 잘 작동할 것이다.

삼면시장에서 해결해야 할 과제

이와 같은 긍정적인 효과가 나타나려면 많은 시간이 필요하고 해결해야 할 과제도 많다. 탈중앙화된 금융권 이용의 편리성과 그로 인한 시장의 유동성 확보는 현재 암호화폐와 거래소, 그리고 기존 금융권 간의 갈등 이슈로 나타날 수 있다. 혁신적인 서비스 등장으로 사용자가 그것에 집중하려고 할 경우에 흔히 기득권 싸움이 발생할 수도 있을 것이다. 그러나 언제나 변화와 개혁은 진통이 수반되면서 서서히 발전하고 때가 되면 어떤 평형점과 균형점을 향해 정착하곤 한다. 이런 갈등적인 이슈가 보다 빨리 개선되려면 법과 제도권에서도 블록체인 비즈니스 생태계의 변화를 이해하고 미래 지향적인 금융제도로 정비가 할 필요가 있다.

[표 4-4] 삼면시장 도입에서 해결해야 할 과제

과제 구분	해결해야 할 과제 내용
법.제도	– 크립토파이낸스를 보증해 줄 수 있는 법적 장치 마련 (디지털 담보 기능 · 신용 · 거래 정산 등 표준화 필요)
삼면시장 환경	– 탈중앙화 환경 유지 및 지속화 – 블록체인 기반에서 작성된 전자문서, 전자거래를 분산원장에서 수용 – 개인정보 유출 관련 법 · 제도 정비 – 신뢰, 보안, 안정적 네트워크 운영을 위해 정교한 DAO 마련
기술측면 과제	– 서로 다른 블록체인 플랫폼 간의 데이터 통합(인터페이스) – 블록체인 플랫폼 간 상호 운영성 유지 및 표준화 체계 수립 – 암호화폐 관련 기능 접근에 따른 사용자 편의성 확보 – 개인정보 보호 기술 상용화 – 탈중앙화 시스템인 오픈블록체인 네트워크 보안과 운영의 책임 소재

또한 탈중앙화된 새로운 비즈니스 모델이 등장함에 따라 개인은 자신의 금융 지식, 암호자산에 관련된 지식, 금융 자기주권 능력을 높여야 할 시점이다. 즉, 개인의 FQ를 높여야 한다. 세상은 변화되고 있는데 여전히 블록체인 경제와 암호화폐의 내재 가치에 무관심하다면 그들은 변화에 낙후될 수 있다. 결국 삼면시장은 네트워크에 참여하는 대여자, 이용자, 공유업체 등등 구성원 모두가 윈-윈하는 구조의 시장으로 발전할 것이다. 암호화폐라는 가상자산의 증가와 블록체인 비즈니스 생태계의 활성화, 나아가 메타버스의

경제화(메타노믹스)를 고려할 때 삼면의 크립토파이낸스 사이드의 역할은 더욱 중요해지고 확대될 것으로 전망한다.

제2의 인터넷이라 불리는 블록체인이 시작의 초기인 만큼 지금의 삼면시장도 이제 시작으로서 제1, 2면에 견주어 볼 때 아직 정삼각형으로의 균형을 이루지는 못하고 있다. 앞으로 공급자, 사용자 및 크립토파이낸스 사이드의 3면이 원만하게 활성화되어 균형을 이루는 삼면시장이 된다면, 자원의 효용성과 생산된 가치의 분배라는 관점에서 볼 때 더욱 "포용적(Inclusive)이고 ESG 친화적인 경제 시스템"이 될 수 있을 것이다. 기존의 양면시장에서는 독점적인 자본 소유자(shareholder)들이 자신들의 이익 극대화를 위해 단기성과에 치중하였고, 시장 선점을 통해 'Winner takes all'이라는 플랫폼을 독점하는 배타적 경제 시스템이 작동하였다. 삼면시장은 이러한 배타적 경제 시스템과는 달리 참여자들 모두(stakeholder)에게 더 공평하게 기여하는 포용 경제 시스템의 방향으로 시장을 움직일 수 있을 것이다.

3 | 장

삼면시장의
경제 모델 적용(공유경제)

　블록체인 경제는 탈중앙 토큰 경제 메커니즘이 주축을 이루면서 다양한
비즈니스 경제 모델을 구축하고 있다. 최근 부각되고 있는 크립토파이낸스
가 추가된 탈중앙화 삼면시장에서는 여러가지 유형의 경제 모델을 만들 수
있다. 대표적인 비즈니스 모델은 토큰 경제 모델이 될 것이며, 공유경제, 데
이터 경제, 메타노믹스 등의 모습으로 탈중앙 금융 사이드와 함께 작동을 시
도하고 있다. 여기서는 탈중앙화된 삼면시장의 대표적인 비즈니스 모델과
시장에 적용 중인 공유경제 생태계의 사례를 살펴보고자 한다.

1. 삼면시장의 진정한 공유경제 출현

공유경제 개념은 1970년부터 태동하였다. 이미 오래전부터 미래학자들은 공유경제의 출현을 예측한 바 있다. 스위스의 발처 슈타헬이 언급한 공유경제는 제품이 아닌 서비스에 기반한 경제 모델로 기업은 재고를 보유하여 생산, 판매하는 것보다 재활용하는 데에서 더 큰 이익을 낼 것으로 말한 바 있다. 세계경제포럼(WEF: World Economic Forum)은 2015년에 6대 메가트렌드 중 하나로 '공유경제와 분산된 신뢰'를 지목하였으며 신뢰 기반 기술인 블록체인에 대해서도 언급하였다(WEF, 2015). 또한 다보스포럼에서는 2025년에 공유경제 시대가 도래할 것으로 전망하였다.

이것은 자본주의 시장이 이끌어 온 산업 경제와 인터넷 기반의 플랫폼 경제에서 형성된 공유경제 거래방식과는 다른 '공유(sharing)'라는 새로운 소비 행태가 전세계적인 트렌드로 형성되고 있음을 시사한다. 블록체인이 등장하면서 개인과 기업이 소유하고 있던 물건과 공간, 경험, 서비스 등 다양한 자원들을 거래해 왔던 공유경제 개념은 탈중앙화된 다른 차원의 협업경제(Collaborative Economy) 또는 P2P Economy 형태의 진정한 공유경제로 진화하고 있는 것이다.

공유경제 출현 배경

2008년 하버드대학교의 로렌스 레식(Lawrence Lessig) 교수는 리믹스라는 저서에서, 경제를 상업경제와 공유경제로 분류하였다. 상업경제는 돈과 노동, 수요와 공급에 따라 작동하며, 인터넷이 등장하면서 시공간의 제약 없는 서비스 제공으로 가격 차별화를 통해 디지털 경제가 활성화되었다고 설명하였다. 즉 인터넷이 또 다른 경제 메커니즘을 만들어냈다고 언급하였다. 그것이 바로 공유경제이다.

2008년 세계 경제 위기로 사회문제가 심해지자 과소비를 줄이고 합리적인 소비생활의 필요성이 대두되면서 소셜네트워크서비스(SNS)와 인터넷을 기반으로 개인 간의 거래를 보다 편리하게 처리하는 공유경제 시장이 등장했다. 비용과 진입장벽이 낮아 효율성이 높고, 자원 낭비로 인한 환경오염도 적다는 장점으로 세계 금융위기 이후 움츠러든 경제 상황에서 급성장한 것이다.

2009년 자동차와 숙박 공유(에어비앤비)에서 시작된 공유경제는 오피스·장비 등을 거쳐 유통·배달 분야(아마존 플렉스, 우버 플렉스)까지 영역을 넓히고 있다. 공유경제 비즈니스 모델은 글로벌 소비 패러다임을 소유에서 공유로 변화시켰고, 세계시장에서 다양한 분야를 융합한 차세대 비즈니스 모델로 부각되었다. 숙박, 자동차, 오피스 사무 공간, 명품 의류, 명품 핸드백 공유 등 영역에서 공유경제 비즈니스 모델은 기존 거래 행태를 변화시킴과 동시에 소비자들에게 많은 관심과 참여가 이루어지게 만들었다. 공유경제는 인터넷 기반의 e-비즈니스에 의해 이루어진 경제활동과 철학적 측면에서 큰 차이가 있다. 즉 과잉 소비와 소유를 통해 이윤을 창출하는 인터넷 기반의 경제활동에서 플랫폼의 참여자들이 가지고 있는 재화, 서비스, 경험을 공유하고 협력적 소비를 통해 가치를 창출하는 공유경제 철학과는 대조를 이룬다.

일반적으로 플랫폼 기반의 중앙화된 대부분의 공유경제 비즈니스는 공통된 특징이 있다.

소비자와 공급자 관점에서 장점은 아래와 같다. 첫째, 소비자들은 공유경제 이전에 이용할 수 없었던 유휴 자원인 제품과 서비스에 쉽게 접근함으로써 그들의 삶을 보다 효율적으로 개선할 수 있었다. 유휴 자원을 제공하는 공급업체는 플랫폼을 사용하여 보다 쉽게 고객을 만날 수 있는 구조이다. 둘째, 공급자와 사용자 사이에 거래가 이루어질 수 있는 정보 환경과 거래의 투명성 및 신뢰성을 가질 수 있다. 셋째, 리프트(Lyft), 포스트미(Postme) 및 도어대시(DoorDash)는 각각 사용자 및 공급업체 프로필, 구매 경험, 일치하는 알고리즘, 리뷰 및 등급에 대한 솔루션을 개별적으로 구축하고 있다. 따라서 소비자들은 수십 개의 계정을 등록하여야 하고 플랫폼 사업자는 개인 데이터 및 트랜잭션 기록을 저장하고 개인의 계정을 생성하고 관리하고 있다.

플랫폼 사업자 관점에서는 아래와 같은 특징이 있다. 첫째, 공유경제를 위한 마켓플레이스(플랫폼)를 구축하려면 초기에 많은 투자 자금이 필요하고 고객을 플랫폼으로 유인하기 위해서 홍보, 네트워크 효과에 집중해야 한다. 즉 초기시장 진출을 위해 투자 대비 손실이 크지만 시간이 지남에 따라 기하급수적인 수익을 올릴 수 있는 특징을 지니고 있다. 둘째, 개인들의 유휴 자원 및 개인정보에 대해 데이터베이스를 구축하고 공급자와 사용자 간의 매칭을 통해 거래가 이루어질 수 있도록 중개인 역할을 수행한다. 셋째, 거래 참여자들 간의 거래와 결제가 안전하게 이루어질 수 있도록 보안 및 통제 기능을 제공한다.

그러나 중개 플랫폼 기반의 중앙화된 공유경제는 많은 비판을 받고 있다. 기존 공유경제 모델은 이용자가 창출한 가치와 데이터, 이익을 중개 플랫폼이 대부분 독차지하는 구조의 비즈니스 모델이다. 공유 플랫폼에 참여하는 많은 공급자(생산자)와 이용자들에 의해 창출된 수익은 플랫폼을 제공한 사업자에게 엄청난 수익을 안겨주었지만, 실제 가치를 제공한 참여 그룹들은 불안정한 노동 환경과 자원 공유에 따른 대가는 플랫폼 사업자가 가지고 간 수익에 비하면 너무 미미한 것이 현실이기 때문이다.

플랫폼 기반의 중앙화된 공유경제는 결과적으로 분배의 불평등과 독점의 형태를 만들어 부정적인 외부효과를 양산한 것이다(Reich, 2015). 이것은 진정한 탈중앙화된 공유경제 개념에서 볼 때, 궁극적으로 신뢰 하락으로 이어지고 있고 기존 공유경제 비즈니스 모델은 참여자가 아닌 플랫폼 사업자를 위한 경제 구조로 변질되고 있는 상황이다. 플랫폼 사업자는 플랫폼 운영 비용이 적게 들면서 온라인 플랫폼이 거래의 신뢰를 확보해 주는 공유경제를 표방하면서 플랫폼의 네트워크 효과를 통해 독점적 수익을 창출하지만 진정한 공유경제 생태계의 마련은 매우 미미하였다.

이와 같은 문제점을 해결하기 위해 블록체인 기반의 탈중앙화된 공유경제 생태계에 관심이 집중되기 시작하였고, 블록체인 전문가들과 투자자들은 기존 공유경제 사업의 P2P 버전을 구축하고 인터넷 상거래를 보다 효율적으로 수행할 수 있는 방법을 구축하기 위해 여러가지 시도를 하였다.

Goldman Sachs Research(Blockchain: Putting Theory into Practice)에 의하면, "에어비앤비와 같은 P2P 숙박 사이트는 안전 및 고객의 보안과 주인의 재산 손상에 대한 우려로 인해 채택이 제한될 수 있다. 그러나 블록체인 기반으로 디지털 자격 증명 및 평판을 관리하기 위한 안전한 변조 방지 시스템을 구현함으로써 P2P 숙박의 채택을 가속화시킬 수 있다"고 언급하였다.

기존 플랫폼 공유경제의 문제점

이 책에서 언급하고 있는 진정한 공유경제(Sharing Economy)는 자본주의 시장에서의 공유 개념과 다르게 블록체인 기반으로 새로운 형태의 경제 시스템을 결합한 개념을 말한다. 즉 네트워크에서 만들어진 모든 가치를 플랫폼을 운영하는 사업자가 대부분 독점하는 생태계가 아니고 가치 생산에 기여한 모든 참여자들에게 해당 가치를 공평하게 재분배하는 개념이다. Botsman & Rogers(2010)에 따르면, 공유경제는 '협력적 소비(Collaborative Consumption)' 의 개념으로 개인이 소유하고 있는 자원을 타인과 공유, 교환, 대여하여 가치를 창출한다고 주장하였다. '협력적 소비'란 특정 자원을 가진 개인과 해당 자원이 필요한 개인을 연결하는 공유경제의 철학이다.

공유경제는 플랫폼 비즈니스 생태계이다. 플랫폼 비즈니스는 참여자인 판매자(또는 공급자)와 구매자(또는 이용자)가 상호작용할 수 있는 장터에서 경제활동을 하는 비즈니스를 말한다. 유럽집행위원회(EC, European Commission) 도 공유경제를 플랫폼의 한 종류라고 언급하였다. 중앙화된 공유경제의 문제점을 이해하려면 앞에서 언급한 플랫폼 경제의 이슈 또는 양면시장의 문제점을 상기해 볼 필요가 있다. 그 이유는 플랫폼 경제 모델이 안고 있는 문제의 대부분이 우버, 에어비엔비 공유 플랫폼에서 발생한 문제와 유사하기 때문이다. 플랫폼을 중간에 두고서 생산자와 소비자는 높은 거래비용을 지불하면서 거래를 하고 있다. 직접 거래는 거의 어려운 것이 현실이다. 그러나 디지털 경제 시대의 기본 경제원리가 적용되면서 네트워크 효과에 따른 규모의 경제와 수확체증의 법칙에 의한 'Winner takes all' 및 수익 대부분을 중개인이 차지하는 비즈니스 모델로 되어 버린다.

Sundararajan(2014)은 공유경제를 'P2P 기반의 혁신적인 비즈니스 모델'이라고 주장하였는데 그 대표적인 기업으로 우버, 에어비앤비 등을 들었다. Codagnone, Biagi, & Abadie(2016)는 개인이 타인과 재화 또는 서비스의 구매, 임대 또는 교환을 통한 가치 창출을 위하여 중개 플랫폼을 활용하는 일련의 경제활동을 공유경제라고 주장하였다. 반면, Reich(2015)는 기존의 공유경제에서 '창출되는 이익은 플랫폼 기업들이 차지하고 노동자와 이용자에게는 찌꺼기만 남는 부스러기 경제(The Share-the-Scraps Economy)'라고 비난하였다.

에어비앤비, 우버, 겟어라운드, 파이버 및 테스크레빗 등 구매자와 판매자를 이어주는 공유경제 마켓플레이스가 크게 성장을 이루면서 자산의 부분 사용은 이제 단일 품목처럼 쉽게 판매될 수 있다. 전세계 사람들은 재정적 이익을 위해 잉여 재고, 시간 및 기술을 교환하고 있지만 이러한 플랫폼은 광고, 마케팅 등에 많은 비용을 지출하면서도 독점적인 수익을 창출하고 있는 문제를 낳았다. 기존 공유경제 사업이 가지고 있는 이슈를 정리하면 아래와 같다.

첫번째 문제점은 중앙화된 공유 플랫폼 구조로 창출된 수익을 중개인이 대부분 독점하는 부분이다. 이는 공정하지 않은 가치 독점이다. Reich가 언급했던 공유경제는 자신이 소유한 기술, 재산을 다른 사람과 공유함으로써 새로운 가치를 창출하는 협력적 소비에 중점을 두고 있지만, 기존의 공유경제 플랫폼 사업은 '공유와 협력'이라는 공유경제가 표방하는 가치에서 협력보다는 공유를 통해 '이익'을 창출하는 목적으로 변질되고 있다(Hill, 2016).

둘째, 초기 플랫폼 네트워크에 참여한 사람들은 합당한 보상을 받지 못하고 있다. 즉 공급자, 생산자, 이용자 등 참여자들은 플랫폼이 성장하는데 크게 기여를 하였지만 이에 대한 보상은 매우 미약하다. 공유경세 모델 내에서 창출되는 가치가 참여자들에게 공정하게 분배되지 않고 플랫폼 사업자가 대부분 독식하고 있기 때문이다. 대표적인 공유경제의 사례로 Airbnb와 같은 기업들은 개인 간 거래(P2P)의 과정에서 플랫폼 중개업체로서 신뢰성, 안전성, 편리성을 제공하면서 '수수료'를 통해 부를 창출하고 있다. 플랫폼 회사는 네트워크 참여자들의 유휴 자원을 과도하게 채우는 데 급급하고, 공급자들에겐 마치 봉건제도 시대의 농노와 같은 역할을 요구하는 방식으로 회사를 운영하기도 한다. 플랫폼 구축 초기에 기여한 참여자들에게 보다 나은 공평한 보상을 하지 않는 것이다.

셋째, 일반적으로 공유사업자는 공유 플랫폼 사용과 개인화된 서비스 제공 명목 하에 사용자에게 개인정보 수집, 보관, 관리 과정에서 빈번한 유출 사례가 발생하고 있다. 대다수 유명한 기업들은 공유경제 플랫폼에서 자신들이 사용자의 보안과 신뢰에 책임을 지고 있다고 언급하나 네트워크 참여자들의 데이터를 그들이 저장, 제어 관리하고 있다. 그러나 플랫폼 기업의 취약한 정보보호 관리 체계 때문에 개인정보는 지속적으로 유출, 해킹되어 왔다. 불룸버그에 따르면 2016년 우버 사이트에서 고객과 공급자인 기사 5700만 명의 개인정보가 유출되었다고 보도한 바 있다. 그럼에도 우버는 이 사실을 1년 이상 은폐해 왔고 페이스북 등 SNS계정 유출도 비슷한 상황이다.

넷째, 공유 플랫폼의 혁신성 부족이다. 해당 비즈니스로 시장을 선점한 공유기업들은 사용자 시스템 환경의 편의성 부족, 평판 시스템 부족, 손쉬운 거래 수단의 한계 등이 빈번히 발생하는 불편함이 있으나, 시장을 선점하였다는 이유만으로 많은 수익을 얻고 번창하였다. 구매자와 판매자·공급자에게 더 안전하고 쉬운 구매 경험을 제공할 수 있는 혁신적이고 고도화된 플랫폼에는 관심이 적은 반면, 네트워크 가치 향상에만 몰입해 있다는 불만을 지적하고 있다. 참여자는 플랫폼 사업자의 수익과 가치를 제공하는 단순한 노동자일 뿐 아니라 커뮤니티 멤버들의 불만 제기, 개선 요청 등이 발생할 경우 일부에서는 불이익을 감수할 수밖에 없는 사례까지 발생하곤 한다.

Tapscott & Tapscott(2016)도 Airnbnb 나 Uber와 같은 비즈니스 모델이 진정한 가치를 공유하지 않으면서도 시장에서는 성공하고 있음을 지적하고 있다. 이와 같이 기존 중앙화된 플랫폼 내 공유경제가 안고 있는 문제는 참여자들에 의해서 창출된 플랫폼의 가치를 독점하고, 개인정보 수집과 활용 및 관리의 취약, 이해 관계자들과 이익의 불공평한 배분, 사용자의 신뢰와 정보의 안전성과 거래의 편리성을 위한 플랫폼의 혁신성 부족 등으로 요약할 수 있다.

[표 4-5] 중앙화된 공유경제 이슈

저자	중앙화된 기존의 공유경제 특징
Sundararajan (2014)	- P2P(Peer-to Peer) 기반의 혁신적인 비즈니스 모델 - 대표 기업은 우버, 에어비앤비
Codagnone, Biagi, & Abadie (2016)	- 타인과 재화 또는 서비스의 구매, 임대 또는 교환을 통한 가치 창출을 위하여 중개 플랫폼을 활용하는 일련의 경제 활동
Reich (2015)	- 기존 공유경제에서 '창출되는 이익은 플랫폼 기업들이 차지하고 노동자와 이용자에게는 찌꺼기만 남는 부스러기 경제(The Share-the Scraps Economy)'라고 비난
Rysman (2009)	- 공유 비즈니스 모델이 주로 플랫폼의 형태로 운영됨에 따라 발생하는 네트워크 효과에 기인한 독점의 문제(Rysman, 2009) - 사용자의 데이터 수집에 따라 발생되는 이슈들이 개선 대상임
Tapscott & Tapscott (2016)	- Airnbnb 나 Uber의 비즈니스 모델은 진정한 가치를 공유하지 않음

블록체인 기반의 진정한 공유경제

블록체인 기반의 공유경제란 기존 공유경제 개념에서 탈피한 블록체인 사상과 기술이 적용된 개념이다. 스마트 계약에 의해 개인 간의 거래가 이루어지고 참여자 누구에게나 공개되는 사용자 평판 시스템, 코인에 의한 디지털화된 방식의 지급 결제 기능 등을 제공한다. 새로운 이 모델은 중앙집권화된 기존의 공유경제 플랫폼이 제공하는 거래 중개의 필요성을 대체한 개념이다(Filipp, 2017). Birr와 Stocker(2016)도 블록체인 기술을 적용하면 중개기관 없이 개인 간의 직접 거래를 할 수 있기 때문에 유휴 자원을 거래하는 행위가 매우 안정하고 신속·정확하게 이루어져 블록체인 공유경제가 더욱 주목을 받을 수 있다고 하였다

삼면시장이 말하고 있는 공유경제란 블록체인 기술과 경제원리를 토대로 기업과 기관이 주인공이 아니고 참여자인 대중이 주인공이 되는 것을 의미한다. 이를 위해 우선 생산자와 소비자가 쉽게 만나 거래가 이루어지는 장터가 마련되어야 한다. 이것을 P2P 마켓플레이스라고 부른다. 특히 탈중앙화 구조에서는 유휴 자원의 공유 및 거래에 따른 지불 행위가 쉽고 자유로워야 한다.

따라서 삼면시장의 공유경제가 되려면 필수조건이 신뢰가 보장된 P2P 마켓플레이스가 활성화되어야 할 것이다. 즉 블록체인 기술을 공유경제에 적용하면 중재자, 중앙관리자를 배제한 P2P 거래가 가능하고, 이용자는 블록체인에 공유하고자 하는 기술, 재산에 대한 자세한 정보를 안전하게 등록한 후 타인과 거래할 수 있다. 이러한 거래는 현재 공유경제에서 거래하는 방식과 달리 중개자에 수수료를 지불하지 않아도 된다. 또한, 누구든 거래내역을

볼 수 있다.

공유경제에서 블록체인은 어떻게 적용이 가능할까? 먼저 스마트 컨트랙트에 의해 거래 서비스와 관련된 주요 정보(상품정보·이력정보, 운전자 범죄이력·보험정보, 유휴자원 제공자 신뢰정보 등) 및 거래 조건, 지불 방법 등을 확인할 수 있다. 공급자는 상품과 서비스 제공을 위해 별도 수수료를 지불하지 않고 플랫폼 제공자가 정의한 규칙과 제도와는 별도로 개인 간의 직거래 방식의 공유 거래가 이루어진다. 즉 개인 간의 거래 요건이 성립되면 스마트 컨트랙트에 의해 자동 거래되는 방식이다. 이 모든 과정이 스마트 컨트랙트라는 시스템에 의해 자동 처리되기 때문에 거래의 복잡성 없이 일관성과 안전성을 유지할 수 있어 상호 신뢰를 바탕으로 경제활동을 할 수 있다.

Xu et al(2017)이 제시한 [그림 4-5]에서 진정한 공유경제 메커니즘은 사용자와 자원 소유자 간의 스마트 계약에 의해 거래에 부합한 합의와 결재가 이루어지는 과정을 보여 주고 있다. 절차에 따라 거래 조건이 성사되면 사용자는 소유자가 제공한 유휴 자원에 접근 가능한 권한을 받아 자신이 원하는 맞춤 서비스를 제공받는다. 공유경제 플랫폼에 등록된 모든 자원은 블록체인 프로토콜과 시스템에 의해 자동 처리되고 절차와 규칙에 따라 서비스가 제공된다.

또한, 사용자 평판 게시도 누구나 접속하여 의견을 기술하지 않고 DID 인증 기능을 통해 신원을 확인한 후 올바른 평판이 이루어지도록 하고 있다. 지급 결제는 해당 플랫폼에서 발행된 코인, 스테이블 코인 등으로 가능하다. 이처럼 거래 성사, 지급 결제 등이 블록체인 기술을 적용함으로써 분산원장에 이 모든 기록이 저장되고, 다수 참여자들의 검증을 통해 거래가 이루어지므로 투명성, 보안성 및 신뢰성이 확보된다. 블록체인 경제에서는 굳이 중개인이 필요없는 공유경제 생태계가 가능하다.

블록체인 기반의 공유경제가 추구하는 방향은 개인 간의 거래 네트워크(마켓플레이스)를 활성화하여 협력적 소비를 통해 가장 효율적으로 유휴 자원을 매칭시켜 거래를 이루게 하는 데 있다. 그 과정에서 암호화폐가 통용되고 이것으로 인해 네트워크에서 창출된 가치와 이익은 공급자와 사용자에게 균등하게 배분하는 데 그 목적이 있는 것이다.

블록체인 기반의 진정한 공유경제는 개인 간 암호화된 거래만 존재할 뿐이고 고객의 신원 정보와 금융 결제 정보가 해킹 당할 위험이 없으며, 거래 내역을 조작할 수도 없다. 따라서 기존의 공유 서비스에서 문제가 되고 있는 많은 부분들이 개선될 수 있다. 나아가 이용자의 과거 거래내역, 평판을 확실히 검증할 수 있고, 이 평판을 근거로 불량 사용자들에 대해서는 접근 권한을 차단할 수도 있다. 뿐만 아니라 공유 네트워크에서 창출되는 가치는 이곳에 기여한 참여자들에게 공평하게 배분되는 모델이다.

동굴에 살던 시절 우리는 모두 직접 음식을 자급자족하는 자생업자였다. 자본주의 시대가 시작되면서 기업의 역할이 강조되고 그들이 시장경제의 신뢰를 보증하는 역할을 담당함에 따라 그들의 파워와 권력은 갈수록 막강해졌다. 이에 대응하는 블록체인의 철학은 바로 기존 중앙화된 플랫폼 기업의 파워와 권력을 대체할 수 있는 탈중앙화된 P2P 인프라와 스마트 컨트랙트, 이를 뒷받침하는 거버넌스를 제공함으로써 거래에 대한 신뢰를 제공하는 것이다. 따라서 블록체인 기반 공유경제는 시장 참여자들이 중심이 되는 의사결정 주체로서 보상권의 파워를 제공해야한다. 블록체인 기반의 신뢰와 인센티브 구조의 경제원리가 플랫폼 네트워크에서 생산된 부의 가치를 참여자들에게 재분배할 수 있도록 도와야 한다.

그러려면 네트워크에 참여한 모든 사람들이 커뮤니티의 이익을 위해 협력하고, 함께 혁신할 수 있는 동기를 창출하는 오픈된 탈중앙 네트워크에서 만나야 한다. 이를 통해 해당 생태계는 유지되면서 지속적으로 발전하고 그 가치가 참여자에게 귀결되는 구조로 될 수 있다. 이와 같이 공유 비즈니스 모델이 주로 플랫폼의 형태로 운영됨에 따라 발생하는 네트워크 효과에 기인한 독점적 이득의 문제(Rysman, 2009)는 수익의 독점과 경쟁이 아닌 공유와 협동의 경제, 중개자 없는 개인 간 직거래(P2P), 유휴 자산의 공유를 통한 부수입 창출이 기본 전제가 되는 모델로 변화되어야 한다.

[그림 4-5] 진정한 공유경제 모델

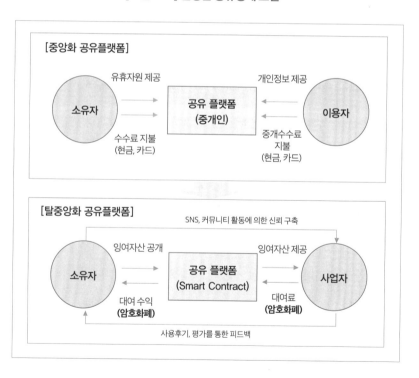

Tapscott & Tapscott(2018)은 블록체인 기술이 기존 공유경제 플랫폼 중개자들의 존재의 필요성을 와해시키는 '파괴적 혁신(Disruptive Innovation)'을 이끌 것이라고 주장한 바 있다. Birr & Stocker(2016)는 블록체인 기술이 공유경제에 접목되면 개인 간 직접적인 유휴 자원의 공유가 매우 안전하면서도 신속해짐에 따라 Airbnb나 Uber와 같은 기업의 필요성이 낮아질 것이라고 예측한다. 이러한 혁신적인 힘은 블록체인이 추구하는 신뢰와 중개인 없는 탈중앙화에서 비롯된다고 볼 수 있다. 또한 암호화폐 금융이 추가되고 참여에 대한 인센티브 구조 및 거버넌스 체계가 참여자들에게 바람직한 행동을 하도록 강화시킴으로써 탈중앙 공유경제는 더욱 부각될 것이다.

2. 삼면시장에 의한 공유경제의 진화 방향

공유경제 확산을 위한 설계 방안

지금까지 탈중앙화된 진정한 공유경제 메커니즘에 대해 살펴보았다. 블록체인 경제에서 생태계 활성화의 필수 요건으로 채택되는 기술은 탈중앙 구조(P2P), 디지털 암호화폐, 스마트 컨트랙트에 의한 거래와 거버넌스 확립일 것이다. 공유경제가 이루어지기 위해서는 먼저 생산자와 소비자가 쉽게 만나고 거래와 지불이 쉽게 이루어져야 한다. 즉 신뢰가 보장되는 P2P 마켓플레이스가 작동되어야 하고 이 플랫폼이 글로벌하게 활성화되면 더욱 좋은 모델이 될 수 있다. 또한 개인의 유휴 자원을 마켓플레이스에 쉽게 공유하고 잉여를 나눌 수 있는 모델이어야 한다.

기존의 중앙화 공유경제는 자본주의의 폐단인 탐욕을 만든 대표적인 경제 행위였다. 이러한 맥락에 따라 진정한 공유경제가 유지되고 발전되기 위해 비즈니스 모델 설계 시 중점적으로 다루어야 할 부분을 비즈니스 관점과 기술 측면에서 언급하고자 한다.

첫째, 비즈니스 측면에서 우선적으로 고려할 사항은 탈중앙화 환경 및 거버넌스 운영이다. 블록체인 기반의 비즈니스 모델 구현에서 가장 중요한 것은 탈중앙화된 생태계 모델의 설계이다. 이 모델은 계층적 조직 구조에서 자발적으로 조직화하는 비즈니스 모델을 의미한다. 탈중앙화된 생태계 모델을 어떻게 설계하느냐에 따라 기존의 공유경제 모델이 될 수도 있고, 블록체인이라는 모자만 씌운 플랫폼 경제 모델이 될 수도 있다. 블록체인 기반의 공유경제 구축시 시장의 규약과 제도를 거버넌스에 어떻게 설계하느냐에 따라 이 알고리즘이 반응하는 결과는 탈중앙화된 공유경제로 갈 수도 있고 집중화된 유사 공유경제 생태계로 갈 수도 있다는 의미다.

다시 말해 탈중앙화된 공유경제 구현을 위해 공유경제 거버넌스 구조를 제대로 설계하여 작동되도록 해야 한다. 또한, 이더리움에서 시도된 DAO(Decentralized Autonomous Organization) 사상을 반영하면서 현실 세계의 의견 수렴을 위해 LAO(Limited Liability Autonomous Organization)와 융합이 필요할 수도 있다. DAO는 탈중앙화 분산화된 자율 조직이다. 진정한 DAO는 완전히 분산화되어야 하고 표준화된 규정 하에서 자격을 갖춘 누구든지 참여할 수 있어야 한다. 또한 자율적인 자금 조달 방식과 지원 방식을 갖추어야 하며, 의사결정을 위해 상호 간의 협치가 이루어져야 한다. 블록체인 네트워크에서는 수직계열의 조직이 존재하지 않는다. 참여자가 신뢰를 확보하고 활동한 결과에 따라 자율적인 계층 구조가 결정될 수 있다. 이와 같은 자율 조직이 시스템에서 자동으로 이루어지려면 거버넌스가 제대로 작동할 수 있는 명확한 룰과 규칙이 필요하다.

둘째, 기술적인 측면에서 공유경제 생태계를 설계하려면 DApp서비스를 어떻게 개발하고 제공할 것인가에 중점을 두어야 한다. 현재는 서비스를 통한 거래보다는 자체적으로 발행한 코인 거래에 비중이 매우 높은 상황이다. 글로벌 블록체인 기업에서는 빠르고 쉽게 DApp 서비스 개발을 위해 표준화된 DApp개발 툴킷을 제공하고 시스템 간 호환성과 데이터 통합성을 위해 기술개발과 연구가 진행 중이다. 이것은 시장 환경을 고려하여 적시에 메인넷 출시, DApp 서비스 출시, 블록체인 시스템 안정성 및 호환성에 매우 중요하게 작용하고 있다.

공유경제 생태계를 구축하려면 기본 구조를 나타낸 그림에서도 알 수 있듯이 기술 측면에서는 퍼블릭 블록체인 인프라가 기본적으로 뒷받침되어야 한다. 즉 누구나 참여 가능한(permissionless) 사용자이어야 한다. 그 이유는 다수 사용자가 탈중앙화 공유경제 플랫폼(P2P 마켓플레이스)에 들어와 다양한 서비스를 이용하고 해당 코인을 유통함으로써 네트워크 가치 향상에 기여하기 때문이다. 탈중앙 공유경제의 대표적인 플랫폼이 될 수 있는 것으로는 이더리움, 폴카닷, ADA, 테조스, EOS 플랫폼 등을 들 수 있다. 현재 탈중앙화 블록체인 플랫폼은 DAO의 사상을 추구하고 있으나 운영조직 자체는 플랫폼 개발자 중심이며, 유럽, 미국은 DAO, LAO에 대한 연구개발이 활발하나 국내는 암호화폐 투자 관점에 머물러 있는 점이 아쉬운 측면이다.

[그림 4-6] 진정한 공유경제 생태계 지향 방향

돈 탭스콧은 블록체인 사상에 가장 적합한 경제 모델이 공유경제라고 강조한 바 있다. 진정한 공유경제 생태계를 갖추기 위해서는 프로토콜 경제가 이루어져야 한다. 이 부분이 표준화되려면 블록체인 비즈니스 모델에서 소개한 서비스형 블록체인(BaaS: Blockchain as a Service) 영역이 BaaP(Blockchain as a Proocol)로 발전하여야 한다. 여기에서 P는 Protocol로 이 부분이 국제 표준기술로 등재될 수 있도록 W3C, ISO, ITU 등에서 표준화 활동이 이루어져야 한다. 그래야 비로소 블록체인 프로토콜은 인터넷 계층에서 상위층인 'Economic Layer' 층을 형성하여 탈중앙 마켓플레이스가 활성화되고 개인 간의 신뢰에 기반한 거래가 더욱 확산될 것이다.

탈중앙화 공유경제의 발전 방향

　블록체인 기반의 탈중앙화 비즈니스 모델은 기존의 선형 구조인 조달·생산·유통·판매라는 가치사슬의 구조를 빠르게 재편하는 과정에 있다. 특히 유통을 거치지 않는 개인 간의 거래가 증가하고 있으며, 대량 거래에서 커뮤니티 또는 개인 간 거래로 이동 중이다. 이것은 인터넷과 모바일 시대로 진입하면서 참여자들이 플랫폼에서 커뮤니티를 형성하여 그 권력이 커뮤니티로의 이동이 가능하기 때문이다. 이와 같은 환경은 블록체인 기반의 코인 경제가 시작되면서 새로운 국면을 맞이하고 있는데 바로 탈중앙화된 공유경제 모델에서 그 현상을 찾을 수 있다. 블록체인 P2P 네트워크는 생산자와 소비자, 개인과 개인 간의 직거래가 가능해지면서 산업혁명 시대 이후 무대 뒤로 물러난 고객을 다시 무대의 주인공으로 올려 고객이 생산자로서 수익을 창출할 수 있는 방향으로 갈 것으로 예측한다.

　이러한 변화는 지금까지 물질적이고 개인주의적인 개념이 팽배하였던 자본시장이 협동조합과 같은 공동체 시장으로 움직이고 있음을 보여주는 좋은 사례가 된다. 그 동안 경제주체인 개인은 기업과 기관을 통해서만 B2C, B2B, G2C 등의 경제활동을 수행해 왔다. 개인인 소비자 또는 공급자는 산업 경제와 디지털 플랫폼 경제의 가치사슬에 의해 움직이는 시장보다는 P2P 네트워크 기반의 협력적 이익을 확보하고, 상호 간의 연결 속에서 수익을 공유하려는 데 더욱 갈망하고 있다는 증거일 것이다. 이것은 자기 이득에 기반하고 물질적 이득에 의해 유인된 자본시장이 공동의 이익에 의해 동기 부여가 되는 공유지 형태의 시장으로 변화를 추구하고 있음을 보여 주고 있다.

블록체인 기반의 공유경제는 누구나 자유롭게 참여가 가능하고 거래할 수 있으며 불합리한 수수료 부과 없이 수평적인 P2P 거래시장을 만들 것으로 예측된다. 시장 참여자는 중앙화된 플랫폼 사용보다는 더 많은 보상과 이득 그리고 편리한 서비스 제공을 얻을 수 있어 탈중앙화 공유경제가 경제 모델의 변화와 함께 사람들의 생활을 바꾸어 놓을 것으로 전망된다. 즉, 공유경제는 소비자들에게 다양성을 제공하기 때문에 그들의 다양한 요구를 수용할 수 있고, 공유 서비스에 대한 다양한 선택권을 가질 수 있으며 무엇보다 개인이 생산과 소비의 주체로 전면에 나서는 기회가 될 것이다.

한국공유경제협회장은 공유경제를 '시민 중심의 경제'로 봐야 한다고 강조한다. 공유경제는 놀고 있는 자동차, 빈집 등 유휴 자원의 공유에서 시작됐지만 점차 시민 중심의 경제 및 사회 현상으로 옮겨가고 있다. 단지 소극적인 소비자로서 지출자인 경제주체가 아닌 스스로 사업가로서, 플랫폼의 가치를 향상시키는 홍보맨으로 역할을 담당하게 될 것이다. 블록체인에 의한 진정한 공유경제는 기관 또는 기업이 아닌 개인이 경제적 가치를 만들어 내는 동시에 유휴 자원의 혜택을 누릴 수 있는 시장이 됨에 따라 그 경제 규모는 커지면서 경제 활성화의 기폭제가 될 것이다.

3. 진정한 공유경제가 주는 시사점

지난 200년 이상 지속된 산업 시대의 사업이란 제품을 잘 만들어 소비자에게 판매하여 이익을 얻는 구조였다. 대량생산 시대의 공유경제는 특정 업종에 해당되는 사업에만 가능하였다. 컴퓨터 기술의 발전과 블록체인의 출현은 인류 문명의 전환이고 거스를 수 없는 변화이다. 이처럼 공유경제에 열광하는 것은 원시시대 공동체로 회귀하고 싶은 집단의식의 바램이 한 몫을 하는지도 모른다. 블록체인 기반의 공유경제는 다음과 같은 변화를 시사하고 있다.

- 중개인 없이 신뢰할 수 있는 개인 간의 거래 활성화
- 협력적 소비 정착(유휴 자산·디지털 자산)
- 지속 가능한 경제 체제로서의 공유경제 활성화
- 자본주의 경제의 치유자로서의 공유경제 발전 가능성
- 시민의식, 거래 및 신뢰 향상
- 영업권, 소유권, 접근권, 이용권 개념의 법 질서 내 조화 필요

공유경제의 미래 모습은 자본주의 경제가 발전되면서 만들어 온 다양한 경제·환경·사회적 양극화의 문제점을 해결할 수 있는 진정한 치유자의 형태로 발전되어야 할 것이다. 그렇다면 우리인류가 사는 세상은 지금보다 더욱 행복한 곳이 될 것이다. 사업의 목적이 돈을 버는 것이 아닌 사람을 얻는 행위에 있어야 한다고 보는 관점이다. 비록 글로벌 거래소에 등록된 코인

의 종류만큼 공유경제 모델을 지향하는 탈중앙화 비즈니스 모델이 흔하지 않은 현실이지만. 블록체인의 등장과 삼면시장이 열리는 현상은 인간의 진정성이 진정한 공유경제로 귀결될 수 있음을 시사하고 있다. 시스템적으로 ESG 친화적인 경제 모델이 가능하다는 의미이기도 하다.

4장

공유경제 모델 사례
(오리진 프로토콜)

1. 오리진 프로토콜 개요

　오리진(Origin)은 P2P(Peer-to-Peer) 시장 및 전자 상거래 응용 프로그램을 만들 수 있는 오픈소스 플랫폼이다. 오리진 플랫폼은 글로벌 공유경제 시장 구축을 목표로 시작되었으며, 이 프로토콜이 지향하는 미래는 공유경제 시장에 참여하는 구매자와 판매자가 자신이 소유하고 있는 재화와 서비스를 부분적으로 구매 및 판매할 수 있는 블록체인 기반의 공유경제 시장을 만드는 데 두고 있다. 기존의 공유경제 모델과는 차별화된 블록체인 기반의 탈중앙화된 분산구조로 이루어져 번거로운 거래 비용이 수반되지 않으며, 플랫폼에 참여한 네트워크 참여자들에게 인센티브 체계에 따른 보상을 제공하고 있다.

삼면시장을 형성하는 시장경제를 만들겠다는 뜻이다. 이를 위해 오리진 프로토콜은 이더리움(Ethereum) 블록체인 및 IPFS(Interplanetary File System)를 사용하여 커뮤니티 참여자들이 오리진 플랫폼 상에서 서로 P2P 방식을 통해 직접 상호작용이 가능하도록 하였고, 중개자 없이도 서비스와 제품을 직접 거래할 수 있도록 상거래 네트워크를 활성화시키려고 노력하는 중이다. 또한 오리진의 OUSD(Origin Dollar)가 출시됨으로써 전체 디파이(DeFi) 생태계에서는 꼭 필요한 구성요소로 환영을 받고 있다.

오리진 프로토콜이 추구하는 철학은 다음과 같다.

- 상품 판매, 거래 및 서비스 수수료 등의 직접적인 경제적 가치를 개인 구매자와 판매자에게 제공하는 것이다.
- 생태계에서 얻게 되는 개인정보 및 거래 데이터의 간접적 경제가치 추구를 데이터 경제 모델로 발전시키려는 것이다.
- 마켓플레이스 참여자들을 위한 새로운 경제적 가치 창출에 기여한다([예] 오리진 플랫폼을 위한 새로운 기술 개발, 새로운 제품 라인 개발, 새로운 사용자 및 사업 추천).
- 보다 투명하게 협업할 수 있도록 개방적이고 분산화된 공유 데이터를 구축하여 그 가치를 공유하고자 한다.
- 오리진에서는 다른 기술자, 기업 및 소비자가 오리진과 함께 오리진 생태계를 구축하여 기여하고 확장함에 따라 보상 및 인센티브를 제공할 수 있는 오리진 플랫폼을 제공한다
- 오리진에서는 오리진 표준과 공유 데이터를 기반으로 구축된 다

양한 새로운 사용 사례([예] 딩기 숙박 임대, 프리랜서 소프트웨어 엔지니어링, 고용을 위한 과외 등)와 같은 더욱 다양한 상품이 시장에 등장하는 미래를 꿈꾸고 있다.

오리진은 왜 블록체인 기반의 삼면시장 공유경제 모델을 구축하였을까? 기존 공유경제 기업의 이슈를 리뷰하면서 그 배경을 찾아보고자 한다.

- 에어비앤비는 고객에게 5-15% 요금을 부과하고 모든 예약의 3-5%를 직접 운영하고 있다. 또한 거래비용의 20%를 가져가고 있으며 지방세를 공제받고 있다.
- 우버는 공급자인 기사(운전자)로부터 15~30% 수수료를 얻고 있다. 운전자는 어떤 결정에도 영향을 줄 수 없는 구조이다. 따라서 운전자들은 차량 공유기업의 확장에 따라 자신들이 이용되었다고 생각한다.

에어비앤비가 성장함에 따라 그 회사 주주들은 상당한 보상을 받게 되었지만 에어비앤비의 호스트, 즉 숙박을 제공하는 공급자는 어떤 이익을 얻고 있는가? 마치 플랫폼의 숙박재고를 과도하게 채우기 위해 숙박을 제공하는 이들에게 봉건제도의 한 형태인 농노 역할을 시키고 있는 점은 우리가 눈여겨 볼 문제이다. 또한 이들 운영자는 거래 데이터와 사용자들의 데이터를 소유하며 제어하고 있다. 기존의 공유경제 모델에서 발생하고 있는 이러한 문제를 개선하기 위해 오리진은 네트워크의 가치를 창출하는 플랫폼의 참여자가 아닌 네트워크 운영자에게 집중된 불공정한 가치 획득에 도전장을 제시한 것이다.

2. 오리진 프로토콜 플랫폼

오리진은 그들이 추구하고 있는 보다 투명한 협업을 위해 필요한 개방적이고 분산화된 공유 데이터를 구축하여 그 가치를 공유하고자 오리진 플랫폼에 다음 세 가지의 주요 구성 요소를 만들어 오픈소스화하였다. 오리진 프로토콜 플랫폼에는 블록체인 기반의 비즈니스 모델 유형 대부분이 포함되어 있다. 그것은 토큰 경제 모델뿐 아니라 블록체인 플랫폼 비즈니스 모델, 개발자를 위한 개발 툴킷(toolkit) 모델 및 삼면시장의 크립토파이낸스 사이드인 탈중앙화 금융 영역이다.

첫째, 기본 오리진 시장 분산형 디앱(DApp)이 존재한다. 여러 개의 다양한 제품군 디앱(DApp)들([예] 숙박 공유 또는 서비스 제품군)이 제공되며. 오리진 플랫폼을 기반으로 타사 애플리케이션도 여러 개 실행되고 있다. 또한, 오리진 모바일 앱 또는 이더리움 지갑과 코인베이스 월렛(Coinbase Wallet), 아임토큰(imToken), 트러스트 월렛(Trust Wallet) 또는 메타마스크(Metamask)와 같은 웹 3 브라우저가 있는 경우에는 오리진 플래그십(flagship) 마켓플레이스 앱을 사용할 수 있다.

판매자는 상품 목록을 생성하고 그들의 목록의 구매 가능 여부를 설정한 후, 지불을 승인한다. 구매자는 오리진(Origin) 마켓플레이스 및 디앱(DApp)

싱에서 제공하고 있는 모든 상품 및 서비스를 통합적으로 검색하고 찾아볼 수 있으며, 무엇보다 중요한 것은 해당 상품을 구매할 수 있다는 점이다. 오리진 디앱(DApp)은 오리진 플랫폼에서 경량 클라이언트 역할을 수행한다.

둘째, 오리진은 개발자 인프라를 제공하고 있다. 오리진은 많은 타사 애플리케이션을 성공적으로 지원할 수 있는 강력한 개발자 에코시스템을 구축하고 있고, 타사 개발 프로세스를 간소화하여 개발자들이 사용하기 쉬운 개발자 라이브러리를 출시할 계획이다. 개발자들이 사용하기 쉬운 모듈화를 제공함으로써 오리진은 블록체인 프로그래밍에 익숙하지 않은 많은 개발자들이 블록체인 기술과 더욱 친숙해질 수 있도록 지원할 예정이다. 이 라이브러리 중 첫 번째는 웹 개발자가 웹 응용 프로그램에서 사용할 수 있는 Javascript GraphQL 라이브러리이다. 향후 라이브러리에는 Apple iOS 및 Google Android와 같은 널리 사용되는 모바일 운영체제용 모바일 라이브러리가 포함될 수 있다.

셋째, 오리진 프로토콜(Origin Protocols)을 제공한다. 오리진 프로토콜은 사용자 신원, 게시 목록 및 P2P 거래를 포함하여 많은 시장 기능에 대한 오픈 소스 표준을 포함하고 있다. 이 프로토콜에는 또한 마켓 플레이스 컨트랙트의 사용자, 목록, 기타 데이터의 공개 및 공유 데이터 레이어가 포함된다. 이더리움 블록체인 및 개방적이고 영구적인 웹을 위한 분산 데이터 저장소인 IPFS를 사용하여 참여자들에게 오리진 플랫폼에서 직접 상호작용 상거래를 지원하는 프로토콜이다. 오리진 플랫폼에서는 숙박 공유, 고급 전자 상거래 및 미술품과 같은 다양한 제품군 사업과 타사 디앱 실행이 가능하다. 이것은 오리진 프로토콜에서 지원하는 '디샵' 서비스 기능에 의해 가능하다. 사용자 계정 하나로 원하는 수 만큼 자신의 매장을 오픈할 수 있고, 암호화폐 결제를 지원한다. 또한 Stripe, Printful 및 Sendgrid와 통합되어 있어 다양한 서비스 기능들을 통합할 수 있다. 추가적으로 분석 보드 기능까지 제공함에 따라 기간별 제품 판매 수익을 그래프로 확인할 수 있다. 즉 개발자 없이 자신만의 매장을 무료로 만들고 운영할 수 있다.

[그림 4-7] 오리진 프로토콜의 특징과 구조

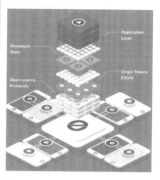

기
존
공
유
경
제

이
슈

• N/W 운영자가 가치포착
• 운영자는 사용자/거래정보 통제
• 변덕스런 정책/규칙 변경
• 네트워크효과로 기하급수적인 수익창출(독점유지)
• 공급자/ 사용자 의한 부(富) 축척

오
리
진

플
랫
폼

• 탈 중앙화 마켓플레이스 구축
• 구매자/공급자 저렴한 수수료
• Origin Token 발행(OGN)
  : 보상/커미션, 운영, 지불 토큰, 스테이킹

오리진 아키텍쳐 구조

출처 : https://www.originprotocol.com/

3. 오리진(OGN) 토큰 경제

오리진이 삼면시장의 한 축인 코인을 발행한 이유에는 여러가지가 존재한다. 무엇보다 플랫폼에서 주요 기능을 제공하기 위함이고 네트워크 극대화를 위해 리워드용의 코인 제공, 커미션용의 코인, 지불 토큰 등으로 사용하기 위함이다. 또한 스테이킹, 거버넌스 토큰으로 사용하려는 목적에서 코인을 발행하였다.

리워드 OGN 코인

OGN 코인은 경제주체인 사용자, 개발자, 시장운영자, 생태계에 참여하는 참여자들의 경제적 유인책으로 그들의 행동 촉진 목적으로 코인을 사용한다. 이것은 인센티브와 보상의 개념으로 제공되고 있다

오리진은 리워드를 통해 사용자가 자신의 프로필을 만들고 신원 인증을 얻게 되면 그에 대한 보상으로 OGN을 제공한다. 이 제도는 플랫폼의 네트워크를 성장시키는 데 가장 좋은 방법으로 사용자를 네트워크로 유인하여 오리진 플랫폼에서 거래량을 늘리려는 수단이며, 코인으로 그들의 참여를 보상하는 제도이다. 또한, SNS 계정을 팔로우할 경우 또는 공식 채널에서 오리진 프로토콜과 관련된 소식을 홍보할 경우에 OGN을 보상받는다.

오리진은 커미션을 제공한다. 개발자와 마켓플레이스 운영자에게 오리진 플랫폼을 사용하도록 OGN을 통해 경제적 유인체계를 작동시킨다. 판매자가 OGN을 통해 상품 목록을 홍보하며 상품 목록을 만들 때 자신의 상품 목록에 수수료를 OGN으로 추가할 수 있다. 이때 OGN은 자사 마켓플레이스의 스마트 계약 내의 에스크로에 이 코인을 예치한다. 판매가 확정되면 OGN을 통해 구매자가 오면 판매를 이행하고 개발자는 판매자들의 상품 목록을 홍보하며 판매자가 가장 많은 판매량을 얻도록 서로 경쟁할 수 있다.

오리진 커미션은 기존의 유료 마케팅보다 우수한 새로운 광고, 프로모션 모델이다.

지불 토큰 OGN

구매자와 판매자 간의 지불 수단으로 사용한다. 즉 교환 수단의 토큰이다. OGN은 지불 토큰으로 사용된다. 오리진 리워드를 통해 OGN을 얻은 사용자는 자사를 대표하는 마켓플레이스 앱에서 즉시 재화나 서비스를 구매할 수 있다. 오리진 플랫폼 사용자들은 OGN으로 바로 구매가 가능하기 때문에 편리한 지불 수단으로 OGN이 사용된다. 네트워크의 거버넌스 체계 수립에 중요한 역할을 제공한다

오리진 DeFi , 스테이블 코인(OUSD)

탈 중앙화 P2P 마켓플레이스 오리진 프로토콜이 자체 스테이블 코인 OUSD를 출시하였다. 이더리움을 기반으로 하는 OUSD는 미국 달러와 연동되고 USDT, USDC, DAI와 1:1로 연동되는 암호화폐로서 OUSD를 지갑에만 예치하여도 이자를 제공함으로써 자동적으로 수익률을 올려 준다. P2P 마켓플레이스 사용자들에게 더 많은 혜택을 제공하기 위하여 출시된 스테이블 코인 'OUSD' 가 더욱 주목받게 된 이유는 OUSD는 대중적 편의성, 안정적 수익률, 보안성의 삼박자를 갖춘 디파이(DeFi) 상품이므로 OUSD

가 2021년 디파이 시장을 선도할 것으로 보고 있기 때문이다.

오리진의 스테이블 코인은 미래 버전의 P2P 상거래를 활성화하기 위해 개발하였지만 OUSD의 장점은 디파이 수율을 얻기 위해 필요한 락업 또는 스테이킹 등의 조건 없이 이자를 제공한다는 점이다. 사용자가 가상자산 지갑에 예치해 두기만 해도 두 자리 수의 안정된 수익을 제공함으로써 기존 스테이블 코인보다 많은 가치를 기대할 수 있다는 점이 장점으로 부각되고 있다. 사용자는 공식 오리진 달러 댑(DApp)에서 기존 스테이블 코인을 OUSD로 변환할 수 있다

오리진의 OUSD는 오리진이전체 디파이(DeFi) 생태계에 참여하기위해서는 꼭 필요한 구성 요소이다. 오리진은 여러 디파이 보험회사들과 적극적으로 협력하고 있으며, 앞으로 더 나아가 오리진은 OUSD가 AMM(자동화 시장)에서 대출 프로토콜에 이르기까지 많은 다른 프로토콜과 호환되는 기본적인 디파이 자금 중 하나가 될 수 있도록 다른 디파이 프로젝트들과 협력하기 위해 노력할 계획을 가지고 있다. 오리진이 주화(USDT, USDC, DAI 등)와 같은 다른 스테이블 코인과 새로운 알고리즘 스테이블 코인(BAC, MIC, ESD 등)을 포함하여 OUSD와 다른 거래 쌍 사이의 높은 유동성을 보장하기 위한 노력을 하고 있는 점은 크립토파인낸스 사이드라는 삼면시장의 활성화 측면에서 매우 고무적인 일이다.

오리진 코인의 장점과 혜택은 다음과 같다.

- 송금과 지불 측면에서 사용법이 용이하다.
- 특별한 활동 없이도 이자를 얻을 수 있다.

- OUSD를 사용하면 수익을 얻기 위해 추가적 자본을 락업할 필요가 없다.
- 기본 자산을 다양한 디파이(DeFi) 프로토콜 세트에 배치하여 수익률 생성이 가능하다.
- 탄력적인 공급과 안정적인 가격을 위해 OUSD는 미국 달러에 고정되어 있다.
- OUSD를 사용하기 위해 복잡한 활동을 진행할 필요가 없다.
- 오리진 마켓플레이스와 오리진 디샵에서 결제 수단으로 사용된다.
- 100% 오픈소스, 온체인, 탈중앙화 방식(Permissionless)으로 운영된다.

또한 오리진 디샵을 사용자에게 제공하고 있다. 디샵은 탈중앙화 공유경제를 지향하는P2P 마켓플레이스다. 사용자의 상거래 시장 직거래를 지원하는 플랫폼이다. 중개인에게 지불하는 거래 수수료 절감, P2P 네트워크 검열 방지 기능을 통한 자유로운 상거래 실현 등이 특징이다. 이 장터에서 제공하는 주요 기능은 사용자 계정 하나로 원하는 만큼의 매장을 열 수 있으며, 암호화폐 결제 지원, 주 단위 제품 판매 수익 통계량 분석 보드 제공, 인기 있는 서비스들의 통합 기능 등을 서비스하고 있다.

현재 OGN 보유자들은 OUSD를 주변에 홍보하는 역할을 수행하면서 더 많은 인센티브를 얻을 수 있다. 이를 통해 OUSD는 순환 공급량이 증가하게 되고, 이는 총 수익률 증가로 이어짐에 따라 결국 OGN 토큰 보유자들의 수익도 함께 증가하게 된다. 오리진에서는 수만 명의 OGN 토큰 보유자와 수십만 명의 커뮤니티 회원들이 OUSD 보유자가 될 것을 권장하고 있다.

이와 같이 오리진 OUSD는 수익률 측면과 사용자 편의성 측면에서 다양한 장점을 보유하고 있어 오리진 프로토콜은 OUSD가 탈중앙화 상거래 플랫폼 시장의 성장을 가속화할 것으로 예측하고 있다.

오리진 NFT

오리진의 목표는 점점 더 많은 사람들이 NFT 시장에 참여할 수 있도록 사용이 매우 쉬운 플랫폼을 구축하는 데 있다. 2021년 2월 오리진이 디샵을 통해 'NFT 시장'에 본격적으로 진출하였다. NFT 경매에서 오리진 프로토콜은 세계적으로 유명한 아티스트인 DJ 블라우(3LAU)의 한정판 바이닐 레코드 등을 성공적으로 진행하였다. 이로써 오리진의 NFT 경매 플랫폼을 통해 그 효과를 입증한 셈이다. 오리진 프로토콜 역시 현재의 트렌드에 맞춰서 NFT 런치패드 플랫폼을 내놓고 수많은 유명인들과 아티스트 그리고 인플루언서들의 NFT 경매를 진행하고 있다. 오리진 프로토콜의 NFT 플랫폼을 이용해 음원 NFT를 발행한 이후 오리진 프로토콜은 그래미상 수상자인 루페 피아스코, 구독자 2040만 명의 유튜버 제이크 폴 등 유명 인사들과 NFT 관련 협업을 진행하였다.

오리진 프로토콜은 주로 음악 아티스트들과 협업하면서 음원을 NFT로 발행하고 있다. 하지만 향후에는 음원뿐 아니라 디지털 예술품, 스포츠 용품 등 다양한 분야로 NFT의 영역을 넓힐 예정이다. 또 런치패드는 유명인사 뿐 아니라 최대한 많은 사람들이 NFT를 발행할 수 있는 플랫폼으로 나아갈 전망이다. 프레이저 CEO는 "디파이(DeFi) 탈중앙화 금융 분야와 NFT간 결합도 지향할 계획이다"라고 말했다. 오리진 프로토콜은 이미 디파이 서비스의 일환으로 스테이블 코인 OUSD를 출시한 바 있다. 프레이저 CEO는 "우리는 디파이와 NFT 간 경계가 흐릿해지고 있다고 생각한다"며 "OUSD를 NFT 런치패드의 결제 수단으로 활용하면서 활용처를 늘려갈 것"이라고 덧붙였다.

2021년도 오리진은 아마존 AWS와 파트너십을 맺고, 블록체인 기반 전자상거래 솔루션 디샵(Dshop) 서비스를 지원했다. 해당 업무 협약을 이번에 NFT 거래 서비스까지 확장하기로 한 것이다. 사용자들은 아마존 AWS 디샵에서 NFT 거래를 할 수 있게 된다. 디샵은 아마존 AWS 외에 구글 클라우드, 브레이브 포함 현재 약 70개 기업과 파트너십을 체결했다. 오리진 프로토콜은 "NFT 시장 진출을 지원함으로써 탈중앙화 삼면시장의 생태계 확장에 기여할 것"이라고 밝혔다.

제5부에서는 앞에서 살펴본 블록체인 경제의 핵심 적용 분야이기도 하고, 근간이기도 한 데이터 경제를 다룬다. 빠르게 통합되고 있는 물리 세계와 사이버 세계의 특징 중 하나는 거의 모든 것이 디지털화하고 있다는 것이다. 기술들의 연결은 가속화되면서 사이버 물리 세계(CPW) 또는 메타버스 형태로 진화하고 있다. 여기에서 중요한 기본 소재가 데이터인데, 블록체인은 기본적으로 데이터에 대한 얘기이다.

여기에서는 블록체인을 중요한 데이터 플랫폼으로 다루고, 데이터의 품질 특성과 표준화의 중요성, 데이터의 공공재적 성격을 살펴본다. 특히 미래 부(富)의 원천이 될 개인의 존재 자체(Being)를 데이터 경제에 연결시켜 주는 블록체인 기술과 데이터 저장 기술(Personal Data Vault), 개인 브라우저 기술(Browser Persona) 등을 살펴본다.

메타버스에 적용될 경제 패러다임을 '메타노믹스(Metanomics)'로 정의하면서 그 속성을 살펴보고, 개인 데이터에 의한 데이터 경제는 블록체인 경제 안에서 진정한 개인 기본소득(UBI)의 재원을 보장해 줄 수 있음도 살펴본다.

제5부

블록체인과
데이터 경제

1 장

블록체인
데이터 리소스

1. 사이버 물리 세계와 메타버스, 그리고 메타노믹스

    문명의 도구들은 인간을 증강시켜 왔다. 안경은 우리의 시력을 증강시키고 스마트폰은 우리의 인지력을 증강시켰다. 빅데이터와 인공지능(AI)은 인간에게 증강 지능(Augmented Intelligence)을 갖게 하고, 4D프린터와 나노기술의 융합은 증강된 장기를 인간에게 이식시켜 준다. 사람은 증강 인간(Augmented Human, AH)이 되어가고 있는 것이다. 우리의 환경 또한 많은 지능형 장치와 장비, 정보 및 연결기술, IoT와 로봇기술, 드론 등이 연결되면서 더욱 똑똑해져가고 있다. 즉 증강인간과 지능형 환경, 이 두 흐름의 경계는 점점 더 희미해지고 결국 합쳐져 진정한 사이버물리 세계(CPW)가 다가오고 있다. 이 사이버물리 세계에서는 사이보그 융합 형태가 나타날 수도 있을 것이다.

이러한 사이버물리 세계는, 메타버스라는 형태로 구체화되고 있다. 메타버스는 초월 또는 추상을 의미하는 '메타(Meta)'와 우주를 의미하는 '유니버스(Universe)'의 합성어로, 현실 공간이 디지털로도 옮겨오면서 추상과 현실이 혼합된 초월적 세계이다.

인류의 역사를 단순화하여 볼 때, 농경시대, 산업 시대, 정보시대를 거쳐 지금은 '의식기술(CT, Conscious Technology)시대'라고 보는 미래학자들이 많다. 농경시대의 주 생산품이 식량이라면, 산업 시대는 기계, 정보시대는 정보와 서비스, 의식기술 시대는 '연관(Linkage)'이 그것이다. 의식기술들을 통해 인간은 확장 현실(XR, eXtended Reality)에 연관을 갖게 되고 경험하게 된다. 개인은 XR의 도움으로 확대된 자아를 가질 수도 있고, 확장된 경험(Extended Experience)을 할 수도 있다. 우리는 현실(Reality)을 경험할 때 시각, 후각, 청각, 미각, 촉각의 오감으로 한다. 물론 우리가 '현실'을 말할 때, 오감에 잡히는 것만 현실인 것은 아니다. 상상력과 추리력, 그리고 영감으로 잡히는 현실도 있다.

확장 현실(XR)에는 VR(가상 현실), AR(증강 현실), MR(혼합 현실)이 있는데, 아직 현재 기술은 다분히 시각에 집중되어 있다. 장차 타 감각들과 연관된 XR 기술도 급속하게 발전해 나갈 것이다.

VR은 현실과 분리된 상태에서 가상 세계를 경험하게 해주는 기술로서, 가상의 공간만 보여지기 때문에 몰입도가 높다. AR은 현실세계에 연결하여 그 위에 가상정보를 입혀주는 기술이다. 비슷한 듯 다른 VR과 AR 기술의 경계는 '현실과의 연속성'이 있느냐 없느냐이다. VR에는 없고 AR에는 있다. MR은 VR의 몰입감, AR의 현실감이라는 장점을 결합해 사용자 경험을 극대화한 기술이다. MR은 현실 공간에 가상의 물체를 배치하거나 현실을 토대로 가상의 공간을 구성하기도 한다. 전문가들은 향후 VR과 AR이 MR로 통합될 것으로 본다. 기술이 발전하면서 현실과 가상의 융합은 훨씬 더 자유로워질 것이다. 이러한 기술은 결국 인간을 확장된 경험의 세계로 안내할 것이다.

메타버스 세상은 초월이면서 또한 현실과 연관(Linkage)된 세계인 것이다. 위에서 살펴본 확장 현실(XR)은 메타버스의 모습으로 진화하여 발전하고 있다. 초기 단계인 현재의 메타버스는 온라인 속 3차원 입체 가상세계에서 아바타의 모습으로 구현된 개인들이 서로 소통하면서 돈도 벌고 소비하며, 놀이도 하고, 회사 업무도 보는 등 현실에서의 활동과 유사하게 복제할 수 있다.

메타버스는 1992년 미국의 공상과학(SF) 작가 닐 스티븐슨이 소설 '스노 크래시'에서 가상의 신체인 아바타를 통해서만 들어갈 수 있는 가상의 세계를 뜻하는 말로 처음 등장했다. 2020년 9월, 3D 아바타 제작 스튜디오인 '제페토'에서 만든 가상공간에서 이뤄졌던 걸그룹 '블랙핑크'의 사인회 역시 메타버스를 활용한 사례이다. 전 세계 5000만 명의 팬들이 아바타를 만들어 가상의 사인회에서 블랙핑크 아바타로부터 사인을 받았고, 블랙핑크 아바타와 자신의 아바타가 함께 찍은 셀카를 기념품으로 받았다. 엔비디아, 마이크로소프트(MS), 페이스북, 로블록스, 유니티 등 주요 테크 기업들은 일제히 메타버스를 미래 '기회의 땅'으로 규정하여 투자를 확대하고, 각종 플랫폼과 제품 그리고 필요한 기술을 출시하고 있다. 특히, 엔비디아의 CEO인 젠슨 황은 2020년 10월에 열린 'GPU기술 컨퍼런스(GTC 2020)'에서 "메타버스의 시대가 오고 있다"라며 "메타버스는 인터넷의 뒤를 잇는 가상현실 공간이 될 것"이라고 강조했다. 이와 관련해 엔비디아는 가상공간에서 자유롭게 협업할 수 있는 시뮬레이션 협업 플랫폼인 '옴니버스(Omniverse)'를 내놓았다.

최근 코로나19 확산으로 메타버스를 이용한 게임 등이 부상했으며 메타버스 내에서는 NFT가 주로 쓰인다. NFT를 활용하는 블록체인 게임인 더 샌드박스, 디센트럴랜드를 비롯하여 '미러 월드(Mirrored World)'의 모습으로 사이버 공간에 '제2의 지구(Second Earth)'를 구축하는 프로젝트 등도 메타버스 플랫폼이다.

메타버스에서도 물리적인 현실 세계의 경제 행위들이, 오히려 더 풍성하고 자유롭게 일어날 수 있다. 이러한 경제 패러다임의 변화에도 확장 현실(XR)과 유사한 프레임이 적용될 수 있을 것으로 생각한다. 경제는 '현실'이기 때문이기도 하다! 가상 경제(Virtual Economy, VE)는 현실 경제와 연결성 없이 블록체인 위에서 토큰과 스마트 컨트랙트로만 이루어지고, 증강 경제(Augmented Economy, AE)는 현실 경제의 아이템들을 증권형으로 토큰화한 토큰 이코노미로 가능할 것이다. 이 두 형태는 블록체인 기술이 발전하고 규제가 정비되면서 잘 혼합된 모습, 즉 혼합경제(Mixed Economy, ME)로 현실화되고 있는 것처럼 보인다. 이러한 세 가지 토큰 이코노미의 모습을 합하여 확장 경제(eXtended Economy, XE)라 말할 수도 있겠다. 확장현실(XR)은 메타버스에서 제대로 된 모습으로 드러날 것이므로 메타버스에서 일반화될 확장 경제를 '메타노믹스(Metanomics, Metaverse + Economics)'라 부를 수 있을 것이다.

메타노믹스에 중요한 것은 메타버스 내에 신뢰와 강건성이 프로토콜처럼 존재해야 하는데, 블록체인 기술, 특히 NFT, 스마트 컨트랙트, 그리고 블록체인웹이 그러한 가능성을 보여 준다.

2. 분산원장과 스마트 컨트랙트

위에서 살펴본 내용과 같이 인류 사회의 커다란 변화와 흐름 속에서 그 핵심 소재는 데이터라는 점은 주목하여야 한다. 과학자들은 외계 우주에서 생명체가 있는 곳을 찾을 때, 물이 그곳에 있는가 또는 없는가를 먼저 살핀다고 한다. 그 이유는 물과 생명이 필수 불가결한 관계이기 때문이다. 다시 말해 데이터는 디지털 생태계(Digital Ecosystem)에 중요한 자양분이다. 즉, 데이터는 새로운 '물'이고 '생명'인 셈이다.

블록체인은 '데이터 분산 관리 기술', 즉 '디지털 데이터를 기록하고 관리하는 분산 컴퓨팅 기술'이다. 이렇게 관리되는 분산원장은 단순히 복제되어 여러 곳에서 관리되는 원장이거나 또는 하나의 원장을 나누어 여러 곳에 분산 저장하는 분산원장과는 다른 개념이다. 원장 개념은 아니지만, 하나의 파일을 컨텍스트로 조각조각 나누어 분산된 여러 컴퓨터에 저장하는 방법으로는 IPFS가 있다. 블록체인에 의한 분산원장은 이중지불의 문제를 해결하는 데 그 초점을 둔 거래 관련 데이터들이지만, 데이터 리소스로서도 특별한 성격을 갖는다. 블록체인의 원장에 저장되는 전 세계의 그 방대한 데이터들을 간과하기에는 너무 아까운 데이터 리소스로서의 특징을 충분히 갖추고 있다.

분산원장에 저장된 데이터는 그 원본성이 보장되고, 한번 기록되면 위조나 변조가 거의 불가능한 특성을 갖는 데이터 리소스가 된다. 사람 사이의 직접 거래뿐만 아니라 사람-디바이스, 디바이스-디바이스 간의 거래도 기하급수적으로 늘어나는 미래에는 이러한 데이터의 중요성이 더욱 커질 것이다. 미국 IT 시장조사 기업인 IDC(International Data Corporation)에 의하면, 앞으로 연결될 IoT 디바이스의 수가 2025년까지 416억 개이며 모든 디바이스가 만들어내고 소비하는 데이터 양이 79.4제타바이트(ZB)에 달할 것으로 전망하고 있다. 머신끼리 서로 수없이 주고받는 통신과 여기에서 파생되는 데이터를 처리하는 과정에서 해킹, 담합, 조작 등 범죄에 악용되거나 단일 장애 지점(single point of failure)이 발생할 가능성이 있다. 이러한 문제는 블록체인에 의해 예방할 수 있어 데이터의 무결성이 확보되기에 아주 좋은 데이터 리소스가 된다.

스마트 컨트랙트는 분산원장에서 실행 가능한 프로그램 코드로 온라인에서 거래를 자동화할 수 있도록 하는 기술이다. 프로그래밍된 조건이 모두 충족되면 자동으로 계약이 성립되는 자동계약 시스템이다. 스마트 컨트랙트의 목적은 이처럼 프로그래밍이 가능한 거래, 더 넓게는 경제행위가 가능한 기능이 제공되고 있지만, 스마트 컨트랙트들 자체와 그것들의 실행 결과 및 과정의 부산물들은 데이터 리소스로서도 훌륭한 가치다. 앞에서 살펴 보았듯이, 블록체인에 의한 경제 메커니즘은 프로그램이 가능하다. 그 메커니즘 안에는 중요한 경제활동들의 의도와 과정, 그리고 결과물이라는 데이터가 존재한다.

3. 데이터 오라클 이슈 및 해결 방안

블록체인 기반의 데이터 경제가 실현되기 위해서는 먼저 해결되어야 할 문제가 있다. 이것은 데이터 오라클(Oracle) 문제이다. 블록체인 네트워크를 기준으로 외부 오프체인 데이터가 블록체인 내부의 온체인 데이터와 상호 작용하기 위해서는 이런 환경을 만들어 줄 수 있는 중간 자가 필요하다. 그것은 SW가 될 수 있고, 또 다른 인터페이스 장치 또는 수동으로 처리할 수 있는 사람이 될 수도 있다. 현실 세계와 블록체인의 중간에서 데이터를 블록체인 안에 넣어줄 수 있는 역할이 필요한 것이다. 이것을 우리는 데이터 오라클이라고 정의한다. 여기에서, 그 중간자 역할을 하는 사람이나 장치를 어떻게 신뢰할 것인가 하는 문제가 발생된다. 오라클 문제는 하드웨어와 소프트웨어 영역에 모두 존재한다. 하드웨어 문제는, 센서, IoT 디바이스, 내장형 디바이스 등의 오작동 문제이다. 소프트웨어 문제로는 자료를 수집하는 봇의 실수나 의도적인 왜곡, 빅데이터 분석기 에러, 인공지능의 오류, 소프트웨어 버그, 해킹된 소프트웨어 등의 다양한 문제가 존재한다

데이터 오라클 문제의 해결 방안에는 크게 세 가지가 있다.

- 첫째, 온체인 입장에서 암호화폐 소유자들의 투표로 선택할 오프체인 데이터를 결정하는 방법
- 둘째, 다양한 데이터의 중간값(Median)을 선택하는 방법
- 셋째, 신뢰할 수 있는 데이터를 제공해주는 중간자(Middleware)를 활용하는 방법이다.

제시하고 있는 3가지 방법은 현재 데이터 오라클 문제를 완전하게 해결하지는 못한 상태이다. 세번째 방법인 중간자 서비스 형태로 이 문제를 해결해 주는 사업체들이 각광을 받고 있다. 그 중에서도 Provable과 Chain Link에서 제공하는 데이터 오라클 서비스가 활발하다.

2｜장

블록체인
데이터 플랫폼

1. 데이터 성격

정보통신기획평가원(IITP)은 2021년 '데이터 경제를 위한 블록체인 기술 개발 사업'을 본격적으로 추진한다고 발표하였다. 데이터 경제란 데이터를 여러 산업 발전의 촉매제로 활용해 새로운 가치를 창출하는 경제를 뜻한다. 데이터 경제는 차세대 원천 기술 및 산업화 융합 기술을 확보하여 블록체인 기술 생태계를 강화하는 데 초점을 두고 있다. 블록체인 기반의 데이터 경제에서 다루는 데이터는 거래 데이터, 상품정보, 지불정보 또는 개인정보 등 여러 유형으로 존재할 수 있다.

이러한 데이터에 대해서는 세 가지 다른 관점이 있다. 첫째, 데이터를 천연자원(Data as Resource)처럼 보는 것이다. 많은 플랫폼 기업들이 이 관점에서 데이터를 수집하고 분석, 해석·가공하면서, 자신들의 그러한 기업 활동이야 말로 가치를 만든다고 주장한다. 둘째, 데이터의 생성을 개인의 노동의 결과(Data as Labor)로 보는 관점이 있다. 이러한 관점에서 '데이터 노동조합'이 만들어진 곳도 있고, 머신러닝 방식에 의한 AI가 주목을 받으면서 이러한 관점도 힘을 받고 있다. 그러나, 취미활동과 존재 자체로서 생성되는 데이터까지도 노동의 결과라고 보는 데는 무리가 따른다. 셋째, 데이터를 공동자산(Data as Commons)으로 보는 관점이다. 데이터는 만들어지는 순간 사회성과 공공성을 갖는다.

여기에서 가장 중요한 데이터는 우리 자신의 개인 데이터이다. 개인에 의해 생성된 데이터는 이미 사회성이 있고, 그 데이터들은 연결되어 있기 때문에 빅데이터(Bigdata)형태로 2차원적인 '자연'을 형성한 것으로 간주한다. 즉, 개인 데이터 그 소유권에 있어서 개인과 사회라는 이중적 성격이 내포되고 있다는 특징이 있다. 이것은 개인이 탄생되는 순간 더 큰 사회의 일원이 되는 것과 같다.

2. 데이터 공유지(Data Commons)

공유지 개념은 두 사람 이상이 공동으로 소유하거나 이용하는 토지를 의미한다. 커먼즈(Commons)는 일종의 '공유지'로 지역 주민들의 커뮤니티 모임이나 자유로운 여가활동 등이 이루어지는 공간이나 지하자원, 공기, 호수에 있는 물고기와 같이 공동체 모두가 사용해야 할 '공유새'를 뜻한다. 데이터 공유지 개념이 가장 활발하게 확산되고 그 플랫폼들이 구축·연결되어 성과를 나타내고 있는 영역이 연구 데이터이다. 온라인 상의 연구자들이 주체가 되는 일종의 데이터 공유지를 만듦으로써 활발한 연구활동 및 상호 협력이 이뤄지고 있다. 연구 데이터는 연구의 '재현성' 문제가 매우 중요하여, 연구 데이터 공유지는 특히 정확하고 신뢰성 있는 데이터를 확보함과 동시에 일관성(Coherence)있게 유지 및 관리하고, 필요 시 조정(Coordination)의 기능도 작동될 수 있는 정책과 플랫폼과 서비스가 필요하다.

공정하고 개방적이며, 신뢰할 수 있는 데이터는 모든 분야 연구에 있어 큰 영향을 주므로 초국가적인 협력뿐만 아니라 일관된 국제적 협력이 이뤄져야 한다. 현재 한국의 연구데이터 플랫폼은 KISTI를 중심으로 글로벌 대용량 실험데이터허브센터, 한국정보화진흥원, 국가생명연구자원정보센터 등 3개의 전문기관, 한국지질자원연구원과 한국표준과학연구원 등 2개의 정부출연연구기관이 함께 연구 데이터를 수집 및 연계하고 있다. 해외 기관인 유럽의 OpenAIRE, 호주의 ARDC, 일본의 국립정보학연구소와 활발한 교류를 하고 있다. 이러한 연구 데이터 플랫폼의 대표적인 활용 사례로는 KISTI와 국립기상과학원이 함께한 딥러닝 기반 강수량 예측, KISTI와 대전시의 딥러닝 기반 도로 영상 개체인식 사례 개발, 한양대의 플랫폼 기반 뇌영상 분석 사례 개발, 한국항공우주연구원의 이동통신 기반 비가시권 드론 활용 부산항만 대기오염 분석 사례 개발 등이 있다.

데이터 커먼즈도 '공유지'이므로 '공유지의 비극(The Tragedy of the Commons)'이 적용된다. 이것은 공동체 모두가 사용해야 할 자원을 사적 이익을 추구하는 시장의 기능에 맡겨 두면 당대에서 남용하여 자원이 고갈될 위험이 있다는 이론이다. 따라서 공유지는 시장실패의 요인이 되며 이러한 자원에 대해서는 국가의 관여, 혹은 이해당사자 사이의 일정한 합의를 통해 이용권을 제한하는 제도를 형성해야 한다는 내용도 담고 있다. 공유지의 비극은 미국 캘리포니아 대학교 산타바바라 캠퍼스(UCSB, University of California, Santa Barbara)의 생물학과 교수인 개럿 하딘(Garrett Hardin)에 의해 만들어진 개념이며, 1968년 12월 13일자 사이언스지에 실렸던 논문의 제목이기도 하다.

그 사례로, 100 마리의 양을 기를 수 있는 제한된 공유지에서, 100 마리 이상의 양을 기르면 결국 목초지는 과도하게 풀이 뜯겨 재생산이 되지 못하고 점차로 황폐해져 간다는 것이다. 축산업자들은 너도 나도 공유지를 이용할 것이고, 자신의 부담이 들지 않는 공짜이기 때문에, 공유지에 양을 계속 풀어 놓기만 하지 줄이지는 않을 것이다. 결국 풀이 없어진 초지에는 양을 기를 수 없게 되어 축산업자들 전체가 손해를 보게 된다. 결국 개인들의 이익 추구에 의해 전체의 이익이 파괴되어 공멸을 자초한다는 개념이다.

이 공유지의 비극을 해결하기 위해 여러 이론들이 제시되었다. 그 중에서 미국 인디애나대 정치학과 엘리너 오스트롬(Elinor Ostrom) 교수의 이론이 주목을 받고 있다. 그는 시장·정부가 아닌 지역 주민이나 공동체가 공유 재산을 맡아야 효율적으로 관리되고 자원 고갈도 막을 수 있다고 주장한다. 시장 만능의 위험을 피하면서 정부 통제에 따른 비효율도 예방하려면 건강한 지역 사회가 참여하고 관리하는 것이 중요하다는 논리다. 어민들의 마구잡이 때문에 바닷가재를 잡지 못할 위기에 처한 미국 메인 주 연안의 어부들이 통발 놓는 규칙·순서에 대한 자치 규율을 만들어 어장을 유지한 사례를 예로 들었다.

또 하나의 실제 사례를 든다면, 역사적으로 오랜 기간을 거쳐 형성되고 유지되어 온 몽골 부락이나 시골의 소규모 공동체 같은 경우도 있다. 자신의 이익과 공동체의 이익이 교육에 의해서든지 또는 그것이 문화적으로 뇌리에 존재하든지 간에 어떠한 이유로든 동일시되고 있다. 따라서 공공의 관점을 고려해 이른바 자율 규제를 하면서 공유자원을 활용하는 것이 공유지의 비극이 일어나지 않을 수 있다고 했다. 엘리너 오스트롬은 이 연구로 2009년 노벨 경제학상을 받았다.

3. 블록체인 페르소나

개인 데이터와 개인 브라우저

블록체인은 프로토콜화되고 있다. 신뢰의 프레임워크로서 블록체인은 새로운 경제층 (Economic Layer)을 형성해가고 있다는 의미다. 이러한 블록체인의 성격을 BaaP(Blockchain as a Protocol)라고 할 수 있겠다. 프로토콜로서의 블록체인이 만들어내는 경제가 프로토콜 경제이다. 여기에 필요한 소재는 데이터이다. 데이터 호수(Data Lake) 또는 데이터 바다(Data Ocean)로 형성된 데이터는 공공자산처럼 보이지만, 그 가치가 제로인 것은 아니다. 개인의 데이터는 블록체인에 의해서 구현된 개인 데이터 금고(PDV, Personal Data Vault)에서 개인의 키와 스마트 컨트랙트에 의해서 효과적으로 관리될 수 있다.

이 PDV가 개인 브라우저(Browser Persona : AI가 내장된 아바타 브라우저)에 연결되고, 개인의 브라우저 페르소나는 월드와이드 블록체인웹(WWBW)에 연결되면서 개인 데이터를 활용하여 수익을 창출할 수 있다. 개인이 자고 있는 동안에도 이 브라우저 페르소나는 소득을 창출해내고 있는 것이다. 희소성이 있는 개인 데이터, 특히 신체 건강 데이터 같은 경우는 더 높은 소득을 창출해낼 수도 있다.

개인 데이터는 개인 인격의 발현으로 본다. 이것은 또 하나의 나인 '데이터 페르소나 (Data Persona)'라고 부를 수도 있을 것이다. OECD는 개인 데이터의 카테고리를 이용자 생성 콘텐츠, 활동·습관 데이터, 소셜(Social) 데이터, 위치 데이터, 인구학적 데이터, 그리고 공공행정 데이터 등으로 구분한다. 이것을 좀 더 함축한다면, 개인 데이터는 신원 데이터, 활동 데이터, 신체 건강 데이터, 콘텐츠의 카테고리로 볼 수도 있다. 이러한 개인 데이터는 사이버물리 세상에서의 데이터로서, 공공데이터, AI가 생성해내는 데이터 등과 함께 데이터 호수, 데이터 바다를 형성하게 된다.

[표 5–1] OECD 기준의 데이터 분류

	신원 데이터	활동 데이터	신체 건강 데이터	콘덴츠
이용자 생성콘텐츠		✔		✔
활동 습관 콘텐츠		✔		✔
Social 데이터		✔		✔
위치 데이터		✔		✔
인구학적 데이터	✔		✔	
공공 행정 데이터	✔		✔	

IPFS(InterPlanetary File System)

IPFS는 "InterPlanetary File System"의 약자로, 분산형 파일 시스템에 데이터를 저장하고 인터넷으로 공유하기 위한 프로토콜로서 블록체인에서 활용할 수 있다. 냅스터, 토렌트(Torrent) 등에서처럼 P2P 방식으로 대용량 파일과 데이터를 공유하기 위해 사용한다. 기존의 HTTP방식은 데이터가 위치한 곳의 주소를 찾아가서 원하는 콘텐츠를 한꺼번에 가져오는 방식이다. 하지만 IPFS는 데이터의 내용을 변환한 해시값을 이용하여 여러 컴퓨터에 분산 저장되어 있는 콘텐츠를 찾아서 데이터를 조각 조각으로 잘게 나눠서 빠른 속도로 가져온 후 하나로 합쳐서 보여주는 방식으로 작동한다.

즉 IPFS는 파일 조각들을 동시에 분산되어 있는 여러 컴퓨터 노드로부터 가져오는 구조이다. 해시 테이블은 정보를 키와 값의 쌍(key/value pairs)으로 저장하는데, 전 세계 수많은 분산화된 노드들이 해당 정보를 저장하기 때문에 사용자는 IPFS를 사용함으로써 기존 HTTP 방식에 비해 훨씬 빠른 속도로 데이터를 저장하고 가져올 수 있다. IPFS의 가장 큰 장점은 인터넷 연결이나 특정 노드의 연결 여부에 상관없이 분산 저장된 파일의 지속적인 가용성이다. 개인 데이터를 이러한 IPFS에 영구히 저장할 수 있고, 이것이 블록체인의 DID(Decentralized Identity) 등 다른 기술들과 연결되어 개인 데이터 금고(PDV)를 구현할 수 있는 것이다.

데이터 레이크와 데이터 오션

데이터 레이크(Data Lake)는 데이터의 종류가 어떤 유형이든지 관계없이 저장하는 공간을 말한다. 기업에서 발생하는 데이터를 모아서 한 곳에 저장해두는 접근법은 데이터웨어하우스(DW)와 같다. 하지만 데이터 레이크와 데이터 웨어하우스는 각각 대상으로 하는 데이터의 종류가 다르다. DW는 구조적 정형 데이터가 대상이지만, 데이터 레이크는 모든 데이터가 대상이다. 비즈니스 인텔리전스를 위한 "데이터 웨어하우징"은 구조화된 데이터를 대상으로 관리하는 다중 도메인 저장소이다. 그런데 모든 데이터를 저장한다는 것은 쉬운 일이 아니다. 데이터는 기하급수적으로 증가하는데 기업 내 데이터센터는 한정적이기 때문이다.

하둡 같은 기술이 등장하면서 빅데이터를 저장하는 것이 쉬워졌지만, 무한대로 하둡 노드를 늘릴 수도 없고 늘린다 해도 분석이 쉽지 않다. 이 때문에 클라우드에 데이터 레이크를 구축하는 것이 합리적이다. 클라우드는 데이터가 늘어나는 대로 빠르게 대응할 수 있기 때문이다. 데이터 레이크는 각 데이터가 본래의 형식과 스키마에 따라, 일반적으로 "블롭(blob)" 또는 파일로 저장되는 다중 구조 데이터의 시스템 또는 저장소다. 일반적으로 데이터 레이크는 소스 시스템 데이터의 원형 사본과 보고, 시각화, 분석, 머신 러닝 등의 작업에 사용되는 변환된 데이터를 포함한 모든 기업 데이터의 단일 저장소 역할을 한다. 분산 파일 또는 객체 저장소, 머신러닝 모델 라이브러리, 그리고 고도로 병렬화된 프로세싱 및 스토리지 리소스 클러스터를 포함한다. 또한 데이터 레이크는 저장되는 객체를 대상으로 공통적인 스키마와 의미 체계를 강제하는 대신 일반적으로 읽기 스키마(schema on read)를 수행하며 통계적 모델을 사용해서 유의미한 상관 관계와 패턴을 추출한다.

데이터 레이크의 특징은 원시 데이터(Raw Data)를 그대로 저장한다는 점이다. DW에 데이터를 담기 위해서는 데이터를 추출-변형-적재(ETL)라는 과정을 거쳐야 했다. 구조가 각각 다른 DB에서 나온 데이터이기 때문에 하나의 구조로 맞춰야 하기 때문이다.그러나 데이터 레이크는 이런 ETL과 같은 중간 과정이 필요없다. 다양한 원시 데이터를 저장해두고 있다가 분석을 할 때 필요한 형태로 데이터를 가공한다. 데이터를 저장하는 시점이 아니라 분석하는 시점에 정의하는 것이다. 이 때문에 즉시(ad-hoc) 분석이 가능하다. 대신 데이터 레이크에는 '카탈로그'라는 기능이 필요하다. 어떤 데이터가 어디에 저장돼 있는지 카탈로그를 만들어 놓고, 분석이 필요할 때 그것을 보고 필요한 데이터가 있는 곳의 데이터에 쉽게 접근하는 것이다.

데이터 레이크에서 한걸음 더 나아간 개념이 데이터 오션(Data Ocean)이다. 데이터 레이크가 그래도 약간의 특수한 비즈니스 영역별로 나누어 진다면, 데이터 오션은 그야말로 모든 영역의 데이터들이 표준화 형태인 사전처리 없이 저장되어 있는 곳이다. 의미 그대로 데이터의 바다인 셈이다.

3 | 장

데이터 품질 및
표준화

1. 데이터의 품질 특성

앞서 논의했듯이 디지털 생태계(Digital Ecosystem)에서 '생명'과도 같은 데이터가 이러한 '물'의 속성이 있다면 어떠한 물이어야 좋을까. 물은 흘러야 하고(Flow), 깨끗해야 하며(Clean), 갇혀 있지 않아야(Free from Capture) 좋은 물일 것이다. 데이터에 적용한다면, 그러한 데이터가 품질 좋은 데이터이다. 데이터는 인터넷과 온라인 상에서 여러 계층의 하드웨어와 소프트웨어를 물처럼 잘 흘러갈 수 있어야 한다. 이것은 데이터의 모습이 서로 약속된 인터넷 표준 프로토콜을 잘 지킬 때 가능하다. 표준화된 데이터가 바로 물처럼 흐르는 데이터이다.

W3C(World Wide Web Consortium)에서는 1998년에 데이터의 표준을 XML

(eXtensible Markup Language)로 정의하였다. XML은 다른 특수한 목석을 갖는 마크업 언어를 만드는데 사용하도록 권장하는 다목적 마크업 언어이다. XML은 SGML의 단순화된 부분집합으로서 다른 많은 종류의 데이터를 기술하는 데 사용할 수 있다. XML은 주로 다른 종류의 시스템, 특히 인터넷에 연결된 시스템끼리 데이터를 쉽게 주고 받을 수 있게 하여 HTML의 한계를 극복할 목적으로 만들어졌다. 많은 API가 개발되어 XML 데이터를 처리하고자 하는 소프트웨어 개발자들이 활용하고 있다. 또한, 여러 가지 스키마 시스템이 있어서 XML 기반 언어의 정의를 보다 쉽게 사용할 수 있도록 하고 있다.

데이터의 위조나 변조가 불가능하고, 쉽게 공유될 수 있어서 숨기는 항목이 거의 사라지게 되면, 이것은 깨끗한 데이터이다. 블록체인의 역할이 이 부분에 큰 도움이 될 것이다. 데이터가 자유롭다는 것은, 응용 소프트웨어에 갇혀 있지 않음을 뜻한다. 어떤 비표준 응용 소프트웨어가 그 데이터를 꼭 잡아서 처리해주어야만 그 안의 내용을 사람이나 프로그램이 볼 수 있다면, 그러한 데이터는 그 응용 소프트웨어에 갇혀 있는 것이다. XML로 표현된 데이터는 다른 응용 소프트웨어의 도움 없이, 또는 다른 응용 소프트웨어를 위해 로컬로 다운로드할 필요 없이, 표준 웹브라우저만으로 어디에서나 자유롭게 볼 수 있고 처리할 수 있다. 이처럼 W3C에서 정의한 데이터 표준인 XML로 표현된 데이터는 브라우저나 AI와 같이 프로그램으로 된 것들에서도 쉽게 인식될 수 있다. 품질이 좋은 데이터는 데이터 표준을 따르고 메타데이터를 가지고 있으며, 이러한 데이터는 고품질 데이터로 활용가치가 다양하기 때문에 공유 자산(Commons)이 될 수 있다.

2. 데이터 표준화

우리는 4차산업혁명의 핵심에 데이터가 있다고 강조한다. 이 의미는 그저 많은 데이터가 필요한 것이 아니라 국제 표준화된 데이터 기술에 의해 생성된 영양가 있는 고품질 데이터이어야 가치가 있다는 뜻이다. 이러한 데이터는 사람과 기계가 인식하기 쉽고, 빅데이터, 클라우드, 인공지능, 블록체인, 보안 영역에서도 매우 간단하고 편리하게 활용할 수 있다. 300개가 넘는 산업별 표준 또한 XML로 정의된 점을 고려한다면, XML로 표준화된 데이터의 생성과 활용이 필요해 보인다.

인류가 생성하는 데이터들의 95% 이상이 비정형 데이터이다. 이 비정형 데이터에 들어있는 인간적인 면과 정보의 가치는 이루 다 말할 수 없을 것이다. 특히, AI가 인간 친화적이고 인간과 공생적 방향으로 성장하게 하는 데에는, AI가 이러한 비정형 데이터를 많이 학습하도록 해야 한다.

3. 데이터 엔트로피

엔트로피(Entropy)는 무질서의 정도를 나타내는 값으로서 '무질서도'를 뜻한다. 완전한 질서 상태에 있으면 엔트로피는 제로이다. 엔트로피는 열역학 제2의 법칙에서 도입된 개념으로서 단위 온도 당 열의 입출입으로 정의되어 있고, 과정이나 경로를 나타내는 함수가 아니라 어떤 상태를 나타내는 상태함수이다. 엔트로피를 확률적 관점에서 보면, 자연현상은 엔트로피가 증가하는, 즉 무질서하게 되는 방향으로 진행된다.

정보공학적 관점에서의 엔트로피는 정보의 의미나 내용보다는 '정보의 양'을 중시한다. 따라서 데이터 엔트로피는 평균 정보량, 최대 정보량, 정보 효율성과 같이 정보량의 측정이 중요한 포인트이다. 여기에서 말하는 평균 정보량이 데이터 엔트로피이다. 데이터 엔트로피가 낮다는 것은 데이터에 예측성이 있고 확정적인 정보가 많거나, 특정 심볼이 발생할 확률이 높은 경우 등과 같다. 반면, 데이터 엔트로피가 높다면 데이터 내에 예측성이 어렵고 심볼들이 발생할 확률이 동일하거나 무작위적이어서 랜덤성이 높고 중복성이 거의 없음을 뜻한다. 이러한 경우를 평균 정보량, 즉 데이터 엔트로피가 높다고 표현한다.

정보이론에서 정보량은 '놀람의 정도'를 말한다. 놀람의 정도라는 것은 모두가 알만한 정보가 아니라 새롭고 특이해서 사람들로 하여금 놀람을 일으키는 정도라고 볼 수 있다. 식상한 정보일수록 정보량이 적고, 놀라움을 주는 정보일수록 정보량이 크다. 놀람의 정도를 반영하는 이 '정보의 양'은 다음과 같이 수치화될 수 있다. R. V. Hartley라는 사람이 처음 제안했다.

$$I_{(x)} = -\log p_{(x)}$$

여기서 $p_{(x)}$는 x가 발생할 확률로서, 0이상 1이하의 어떤 실수이다. log의 밑은 어떤 정보를 측정하느냐에 따라 임의로 결정된다. 주로 2를 많이 사용한다. 밑이 2일 때 정보량의 단위는 비트(bit)고, 밑이 e일 때 정보량의 단위는 nat(natural unit)이다. 정보량 I(x)는 p(x)가 0에 가까울 수록 무한대로 커지고, p(x)가 1에 가까울 수록 정보량 I(x)은 0에 가까워진다. p(x)는 1보다 클수 없기 때문에, 정보량은 음수가 될 수 없고 최소값이 0이다. 즉, 발생 확률이 작은 사건은 큰 정보량을 갖고, 발생 확률이 큰 사건은 작은 정보량을 갖는다. 엔트로피는 바로 이 가능한 모든 결과들에 대한 정보량들의 기대값(평균)을 의미한다. 비트로 표현되는 데이터에 대한 엔트로피는 다음과 같이 계산한다.

$$H(x) = E\{I(x_j)\} = -\sum_{j=1}^{n} p(x_j) \log_2 p(x_j)$$

여기서 $E\{\cdot\}$는 기대값을 구하는 함수다. 엔트로피는 평균 '놀람의 정도' 또는 평균 불확실성으로 생각할 수 있다. 모든 결과가 비슷한 확률로 일어날 때 엔트로피가 가장 크다. 엔트로피는 확률분포의 모양이 어떤지를 나타내는 특성값 중 하나로 볼 수도 있다. 확률 또는 확률밀도가 특정값에 몰려 있으면 엔트로피가 작다고 하고, 반대로 여러가지 값에 골고루 퍼져 있다면 엔트로피가 크다고 한다.

4장

데이터 경제와 기본소득(UBI)

1. 개인 데이터 금고(PDV)

    월드와이드웹(WWW, World Wide Web)은 흔히 인터넷의 꽃이라고 말한다. 1990년대 초반, 팀 버너스리가 웹을 쉽게 제작할 수 있는 언어 HTML을 정의하기 전에는 인터넷을 일상생활에서 쉽게 쓰는 것이 매우 어려웠다. WWW가 이처럼 탄생한 후, Web의 역사는 빠르게 전진해 왔는데, 그 역사는 여러 각도에서 조금씩 다르게 설명되기도 한다. 경제적 관점에서 보면, Web 1.0으로 말미암아 'Read'와도 같은 단방향 기능에 기반하여 정보 경제가 가능해졌다. 야후, 넷스케이프, 인터넷익스플로러 등이 그 예이다. Web 2.0은 'Read, Write'와도 같은 양방향 기능을 갖게 되어 플랫폼 경제가 가능해졌다. 페이스북, 유튜브, 워드프레스 등이 그 예이다. Web 3.0은

'Read, Write, Execute'와도 같은 기능을 갖게 되면서 토큰 경제가 가능해졌다. Web 3.0을 가능하게 하는 많은 기술들이 있는데, 그 중에서도 핵심은 블록체인이다. 'Execute'는 흔히 스마트 컨트랙트에 의해 표현된다. Web 3.0은 탈중앙화된 Web의 모습과 DApp들의 Web형태(World Wide Blockchain Web, WWBW)도 포함하고 있는데, 탈중앙화된 웹을 구현하는 데 필요한 데이터 저장 핵심 기술이 IPFS이다.

데이터 레이크와 데이터 오션을 구현하는 데는 앞에서 설명한 IPFS 기술이 활용될 수 있다. IPFS와 같은 기술로 구현된 데이터 레이크와 데이터 오션은 수많은 개인 데이터 금고(PDV)들이 실제 위치하는 곳이기도 하다. 많은 물줄기가 호수로 모이고, 하천과 강들이 바다로 모이는 것처럼 개인 데이터들도 데이터 레이크와 데이터 오션에 모여 있을 수 있다. 이처럼 섞여서 모여 있는 데이터들의 각 소유권은 머클 댁(Merkle DAG)와 유사하게 분산 저장된 데이터의 계층적 총합 해시 인덱스(Hierarchical Summary Hashed Index)와 개인의 DID를 연결하여 구별해낸다. 방대한 개인 데이터가 개인 데이터 금고 안에 원본 형식으로 실제 저장되는 것이 아니다. PDV에는 해시 인덱스만 저장되어 있고, 이 인덱스를 통해서 언제라도 해당된 실제 데이터를 데이터 레이크나 데이터 오션에서 불러낼 수 있다. 이것은 마치 동네의 여러 목동들이 각각 몰고 나온 많은 양떼들이 함께 모여서 풀을 뜯지만, 저녁 나절에 집에 돌아가려고 목동이 양들을 부르면 그 목동에 속한 양들만 따라가는 것과 유사하다.

블록체인과 그 DApp들이 보편화되기 전에는 개인 클라우드(Personal Cloud)가 많이 거론되었다. 개인 클라우드는 개인 맞춤형 App들과 개인 데이터 금고로 구성되어 있는데, 이 개념에 블록체인이 제공하는 여러 프로토콜을 결합하여 개인 맞춤형 DApp 형태로 진화한 개념이 개인 브라우저(Personal Browser)이다. 개인 클라우드에 나타나는 개인의 네이티브 데이터 저장소도 블록체인의 IPFS로 구현된 데이터 호수와 데이터 바다로 진화한 셈이다. 개인 브라우저는 이러한 개인 데이터의 계층적 총합 해시 인덱스와 DID만 관리하면 된다. 이 개인 브라우저는 블록체인 위에서 작동하는 개인화된 DApp과 같다. 마치 개인 브라우저가 PC라면 개인 데이터 금고는 파일 시스템과 같다고 비유할 수 있을 것이다.

이처럼 개인화된 브라우저에는 자기 자신을 가장 잘 알 수 있는 AI기능이 탑재될 것이고, 그 AI도 학습에 의해 자기 자신과 함께 성숙하고 진화해 나갈 것이다. 이것은 물리적 공간의 개인이 사이버 공간에서 발현되고 존재하는 또 하나의 자신, 즉 아바타와 같은 자신이 되므로 '브라우저 페르소나(Browser Persona)'라고 볼 수 있다. 이처럼 사이버 물리 공간(Cyber Physical World)에 존재하는 두 페르소나가 합쳐질 때 인간은 더욱 온전한 인격체가 되는 세상이 다가오고 있는 셈이다.

개인 브라우저가 작동하는 곳은 흔히 개인 휴대용 장치이겠지만, 그 디스플레이 방법은 다양할 것이다. 특히 확장 현실(eXtended Reality)이 구현되는 메타버스 안에서는 개인 브라우저의 역할이 중요할 것이고, 홀로그램도 그한 방식이 될 것이다.

PDV와 개인 브라우저가 중요한 이유는 자신의 개인 데이터에 대해 자기 주권(Self-sovereign data)을 확보할 수 있고, 개인 데이터를 활용하여 기본소득을 얻는 등 다양한 데이터 경제에 참여할 수 있기 때문이다.

2. 개인 데이터 경제에 의한 기본소득(UBI)

농경시대에는 땅(Land)이 부(富)의 핵심적인 원천이었다. 산업 시대에 와서는 자본(Capital)이 그 역할을 했고, 정보시대에는 정보에의 접속(Access)이 핵심적인 부의 원천이었다. 구글, 아마존, 애플, 페이스북 등 많은 플랫폼 기업들과 거대 금융회사들의 예를 보아도 정보에의 접속이 부의 원천임을 알 수 있다. 미래학자들은 장차 다가오는 시대에서 핵심적인 부의 원천을 '존재 자체(Being)'로 본다. 부의 원천과 마찬가지로 권력(Power)의 핵심 역할을 보면, 농경시대에는 종교(Religion)가, 산업 시대에는 국민국가(Nation-State)가, 정보시대에는 기업(Corporation)이 각각 자리하였다. 미래 시대에는 '개인(Individual)'이 권력의 핵심을 이루는 세상이 될 것으로 미래학자들은 보고 있다. 어떻게, 그리고 왜 개인과 그 존재 자체가 권력과 부의 핵심이 될 수 있는가? 이미 다가와 있으나 아직은 완성된 모습이 아닌 데이터 경제의 모습에서 그 가능성을 우리는 볼 수 있다. 우리는 어쩌면 '나'라는 개인이 그 존재 자체로서 힘과 부의 원천이 되는 세상의 새벽을 살고 있는 것 같기도 하다.

데이터 경제를 견인하는 핵심 기술로는 블록체인과 빅데이터 및 각종 스마트 디바이스 기술이 있겠고, 데이터 경제를 완성하는 핵심 기술로는 AI와 보안(Security)이 중요하다. 데이터 경제가 이룰 미래 사회의 모습 또한 사람을 중심으로 포괄적인 번영을 가져오려면 AI의 음식이 되는 데이터가 인간과 개인에 충실한 것들이어야 하고, 정직한 보안이 이 모든 과정을 지켜줄 수 있어야 할 것이다.

보편적 기본소득(Universal Basic Income)은, 정부에서 수혜자의 소득 수준에 따라 차별적으로 지급하며 교육, 의료 같은 서비스를 제공하는 '선별적 복지제도'와는 다르게, 수혜자의 소득 수준에 관계 없이 모든 구성원에게 복지 서비스가 아닌 현금의 형태로 제공하여 개인에게 일정한 소득을 보장해 주는 복지제도다. 현재, 저소득층과 고소득층 간의 소득의 차이가 너무 크게 벌어지고 있어 이에 대한 해결책으로 보편적 기본소득이 전세계적으로 거론되고 있다. 모든 구성원의 기본적인 삶을 보장한다는 점에서 보편적 복지이지만, 단순한 재분배정책이 아니라 사회적, 생태적 전환의 기초가 될 수 있는 심오한 제도이기도 하다. 기본소득은 정의상으로는 매우 단순하지만 필요성, 정당성, 지향성의 측면에서는 복합적이고 심층적이다. 인공지능과 로봇기술의 발달로 인한 산업의 자동화에 의해 많은 사람이 직업을 잃게 될 가능성이 커짐에 따라, 실리콘밸리의 많은 CEO들이 보편적 기본소득을 주장하고 있다. 그리고 최근 미국 대선에서 민주당 경선 후보였던 앤드루 양(Andrew Yang)이 정책 플랫폼의 핵심으로 이 보편적 기본소득을 내세우면서 눈길을 끌었다. 테슬라의 CEO인 일론 머스크도 앤드루 양을 지지하면서 "보편적 기본 소득은 필수적이다"라고 말한 바 있다.

그렇다면, 이러한 보편적 기본소득(UBI, Universal Basic Income)의 재원은 어떻게 마련할 수 있을까? 개인이 권력이 되고, 개인의 존재 자체가 부의 원천이 되는 것이 미래 사회의 모습이라면, 보편적 기본소득의 재원은 그 '개인'에게서 찾아야 할 것이다. UBI를 정부에 의지해야 한다면 그것은 구시대적인 패러다임일 것이다. 또한, 정부가 그 재원을 다른 곳에서 충당하려고 한다면 많은 조세 저항에 부딪힐 수도 있다. 더 가진 자들에게서 거두어 덜 가진 자들에게 나누어 주는 형태로 UBI의 재원을 마련하여야 한다면 많은 사회적 갈등이 일어날 수 있고, 범사회적으로 합의를 이루는 데 많은 시간이 걸릴 수도 있다.

개인 데이터에는 신원 정보, 활동 정보, 신체 건강 정보, 개인 생성 콘텐츠 등이 포함되는데, 이 개인은 수많은 스마트 디바이스들이 연결되어 있는 환경에서 존재하며 활동하고 있고, 개인 또한 수많은 AI 디바이스와 장치들을 밀착 보유 또는 장착하면서 스마트한 환경과 공존한다. 이러한 개인의 존재와 활동은 수많은 데이터를 생성하는데 이처럼 개인이 생성하는 데이터들은 사이버 공간에 존재하는 또 하나의 자신과도 같기에, 이것을 '데이터 페르소나'라고 명명할 수 있을 것이다. 이 데이터 페르소나는 크게 두 가지 역할을 할 수 있다. 첫째, 사이버 공간에 존재하는 디지털 트윈과도 같은 개인의 아바타 안에서 AI가 작동할 때, 이 AI에게 지속적인 데이터 푸드가 될 수 있다. 둘째, 이 데이터 페르소나는 개인 데이터 금고(PDV)와 퍼스널 브라우저를 통해 스마트 컨트랙트와 블록체인으로 데이터 페르소나 자신을 관리하여 개별 데이터 판매수익을 올릴 수 있다. 빅데이터에 활용되는 경우에도 자동 추적하게 하여 데이터 배당 소득을 받을 수 있게 한다. 스마트 컨트랙트는, 어떤 데이터를 어떤 조건으로 얼마에 판매한다는 내용을 담고 있고, 블록체인에 의해서 실행된다. 이처럼 개인의 존재와 활동에서 나오는 개인 데이터 기반의 소득이야말로 진정한 UBI가 될 수 있다. 정부에 부담을 주지도 않고, 정부의 관리를 받지 않아도 되는 보편적인(Universal) 개인 소득이 되는 것이다.

이렇게 되기 위해서는 개인들의 데이타가 필요하므로 사용료를 기꺼이 내는 곳, 돈 대신 개인 데이터로 비용 또는 세금을 납부받을 수 있는 곳들이 많아져야 한다. 이러한 데이터의 수요처로서는 광고사, 금융사, 이커머스, 신용정보회사, 제조회사, 제약회사, 연구소(특히 AI분야), 공공기관 등을 생각해 볼 수 있다. 이것이 개인 데이터 기반의 UBI를 이루는 데 있어 블록체인과 AI 기술이 핵심적인 이유이다

수백년 동안 과학기술의 발전은 인간의 삶에 지대한 영향을 가져왔다. 21세기 컴퓨터 기술의 발전으로 그 속도는 더욱 빨라지고 있다. 이러한 변화는 우리가 지금까지 가지고 있는 가치관, 사고 그리고 관념까지도 바꾸고 있기에 우리는 새로운 패러다임이 빚어낸 뉴노멀 시대에 살고 있는 것이다.

블록체인이 등장한 이후 미래학자들은 새로운 패러다임 시대를 강조하고 있다. 패러다임이 변화하고 있는데 우리의 고정관념과 가치관은 10년전의 사고와 생각에 젖어 있다면 우리는 여전히 자신을 구시대에서 벗어나지 못하게 막고 있는 것과 같다. 산업혁명이 진전되고 인터넷이 등장한 이후 우리가 경험한 역사 속에서도 알 수 있듯이 경제의 패러다임 변화에 따라 크게 바뀌는 것 중의 하나는 '부(富)의 이동'일 것이다.

산업 시대에는 부동산, 토지, 자본 등이 많은 부를 가져다 주었다. 인터넷이 등장한 이후에는 생산요소의 변화가 가져온 부의 이동이 놀라울 따름이다. 그것은 정보와 지식, 그리고 창조의 결과물인 지식재산권이다. 지금의 블록체인 시대에 우리에게 가져다 줄 부는 무엇일까? 그것은 바로 블록체인 기술과 암호화폐가 될 것으로 감히 예측하고 있다. 이 두 가지 요소는 이전의 사회·경제·문화 그리고 우리의 삶을 서서히 변화시켜 다른 세상으로 바꿀 수 있기 때문이다. 그러나 많은 사람들은 현재의 고정관념에 따라 자신의 생각과 삶을 편하게 유지할 수 있으므로 새로운 변화에 대한 적극적인 참여를 거부하거나 또는 어떤 이들은 전혀 관심이 없는 경우가 많다. 그러나 일부 사람들은 이러한 변화에 빠르게 대처하고 기꺼이 편승하고자 한다. 그들은 새로운 변화의 선구자로서 그 변화의 원인과 미래 발전 방향을 이해하기 위해 바쁜 와중에도 자기만의 시간과 노력을 투자하고 시행착오를 거치면서 변화의 방향과 혜택을 확신하는 부류이다. 우리는 세 유형의 부류 중 어디에 속하는가?

인류 문화가 발전하면서 새로운 기술은 혁신을 이끌어 왔다. 이처럼 혁신적인 기술이 등장하는 배경은 어디에 있는가? 그 답은 우리의 현실 세계에 존재한다. 즉, 지금까지 이어져온 경제 시스템, 일하는 방식, 삶의 방식에서 발생하고 있는 다양한 문제들을 우리는 접하고 있다. 이런 이슈들을 보다 개선하고 발전시키고자 하는 강한 니즈가 혁신적인 기술들을 만든 것이다.

새로운 기술은 어느 날 갑자기 출현한 것이 아니다. 블록체인 기술과 암호화폐의 등장 또한 새로운 기술은 아니다. 이미 개발되었던 기술에 일반인이 생각할 수 없는 창의적인 아이디어를 보태어 우리의 사고와 관념을 바꾸어 놓은 혁명적인 기술이 된 것이다. 그리고 이것은 신뢰의 패러다임을 변화시킬 수 있는 근간이 되고 있다.

씨실과 날실처럼 블록체인 기술과 함께하는 암호화폐가 거래의 혁명과 비즈니스 생태계를 바꾸고 있는 상황에서 기존의 중앙화된 양면시장에 크립토파이낸스 축이 반영됨에 따라 탈중앙화된 삼면시장이 트라이앵글을 만들기 시작한 것이다. 또한 메타버스에 의해 확장된 메타노믹스가 급부상하면서 전반적인 변화의 물결이 일고 있다. 이것은 무엇보다도 부와 권력이 집중화된 기존 플랫폼 시장에서 사용자가 생산자이자 이해관계자(stakeholder)가 되는 탈중앙화된 플랫폼으로 이동하게 되고, 참여자 모두에게 생산가치가 투명하고 공정하게 재분배되는 시장으로 변모할 것으로 기대한다.

우리 부부가 이 책을 집필하게 된 동기는 세 가지이다.

첫 번째 이유는 블록체인과 암호화폐가 이끄는 새로운 경제 패러다임 변화 속에서 아직도 과거의 경제 이론에 머무르고 있는 분들에게 제대로 된 이해와 적극적인 동참을 돕고자 함이다.

두 번째 이유는 35년 이상 우리 부부는 IT분야에서 혁신적인 기술이 만드는 세상과 패러다임의 변화를 지켜본 산 증인으로서 혁신적인 기술이 부의 이동을 만드는 기회가 되는 것을 목격한 기술경영인이다. 또한 블록체인은 4차산업의 핵심 기술인 AI, IoT, 자율 주행 시대를 보다 빠르고 정확하게 우리 삶으로 가져올 수 있다는 믿음에서 정보의 비대칭에 서 있는 분들에게 관심을 유도하고 싶었다.

세 번째 이유는 블록체인 전문가로 우뚝 선 20대 여성청년 조예령 대표가 우리에게 매력적인 책 집필을 여러 차례 권유하였다. 그녀는 국내 블록체인 전문가의 공급 부족을 해소하기 위해 블록체인 경제를 제대로 이해할 수 있는 '블록체인 분석 전문가 양성과정'의 필요성을 주장하면서 이를 위해 '블록체인 경제'가 어떻게 가능한지에 대한 책이 필요하다고 언급해 왔다. 또한 블록체인 분야에 부족한 전문가를 공급하기 위해 현장경험이 반영된 실질적인 블록체인 도서가 필요하다고 강조하였다. 블록체인에 대해 해박한 지식을 가지고 있는 조 대표는 제대로 된 블록체인 교육과정을 통해 취업이 어려운 젊은 청년들에게 미래 직업의 문을 열어주고 세상의 변화에 참여할 수 있는 기회를 주고자 한다. 그녀의 통찰력이 담긴 생각과 의지가 우리 부부를 일깨워 집필 작업을 하게 한 힘이되었다.

책을 집필한다는 것은 부족한 자신을 깨닫게 하는 과정이다. 또한 아이를 잉태하여 10개월 태아로 성장시키는 과정과 흡사하다. 책이 세상에 나오기까지 필자 주변에 계신 분들의 노고는 매우 크다. 이 책이 완성되도록 도움을 주신 출판사, 업계 전문가, 가족, 동료, 지인 여러분들께 감사의 마음을 전하고 싶다.

특히 블록체인이 만드는 세상과 그 변화에 놀라움과 함께 가슴을 뛰게 해주신 분들이 있다. 이 분들은 우리에게 블록체인 경제에 확신을 심어 주었다. 먼저, Peer-to-Peer 네트워크로 중재기관 없이 신뢰를 구축할 수 있는 가능성을 보여준 일명 Satoshi Nakamoto, 블록체인과 암호화폐로 진정한 공유경제와 참여경제의 가능성을 저술한 영국 LSE/UCL의 경제학자 Paolo Tasca, 인류 문명에 블록체인이라는 새로운 지평을 제시해 준 Don Tapscott, 미래에 대해 과감해지도록 항상 격려해 주는 미래학자 Thomas Frey에게 고마움을 전한다.

마지막 순간 이 책이 완성되도록 감수를 해 주신 임기철 전 KISTEP 원장님께 감사드린다. 격려와 추천사로 책의 가치를 높여 주신 고려대 김형중 교수님, 포항공대 김무환 총장님, 한국금융ICT융합학회 오정근 교수님, 한국블록체인산업진흥협회 김형주 이사장님, 한국블록체인협·단체연합회 이한영 회장님, 한국블록체인스타트업협회 신근영 명예회장님, 동국대학교 블록체인연구센터 박성준 센터장님, GIST 이흥노 교수님 및 많은 분들께 감사의 마음을 전한다. 그리고 출판 기획과 교정 작업을 담당해 주신 미래와혁신 21 출판사의 임직원, 책의 전체 디자인을 담당해 주신 이정은 디자이너님께도 감사드린다.

이 책을 집필하도록 격려해 주시고 홍보를 위해 애써 주신 KOK 재단과 ㈜미디움의 김판종 의장님 및 동료 임원들, 블록체인투데이의 정주필 대표께 감사의 마음을 전한다. 누구보다 이 책을 유튜브와 구전으로 적극 홍보해 주신 송갑용 대표님을 비롯한 많은 KOK 프론티어님들께도 고마움을 전하고 싶다.그리고 뒤에서 늘 소리 없이 응원과 격려를 해준 산업심리학 박사 딸 예슬이와 사위, 그리고 아들들에게도 고마움을 전한다.

이 모든 분들의 지원과 사랑이 있었기에 '블록체인 경제' 라는 이 책이 세상에 나올 수 있었다.

2021년 10월

Lotus 정희연·최영규

참고문헌

- 강경성, 〈디지털 경제시대의 경제활동의 변화와 대응전략에 관한 연구〉, 연세대 석사논문, 2000. 06. 23.
- 강민구 외 2인, 〈블록체인과 FIDO2.0 디지털 경제 활용동향〉, 한국인터넷정보학회, 제19권 제1호, 2018. 6.
- 곽진영 외 4인 공저, 《블록체인과 SNS혁명》, 한올, 2021.
- 권소영·민경세·조승용 〈식품안전관리망 강화를 위한 블록체인 기술 도입의 적절성 평가〉, 2019.
- 권혁춘, 〈디지털 기그경제 플랫폼〉, 석사논문, 2019.
- 국경완, 〈블록체인 핵심기술 및 국내외 산업 분야별 적용 사례〉, 국방통합데이터센터, 2020.
- 김두균 외 3인, 〈평가항목제안 및 분석을 통한 블록체인 분산합의알고리즘 성능개선〉, J. Soc. Korea Ind Syst. Eng Vol 41. No. 4, 2018. 12.
- 김성환 외 4인, 〈양면시장(two-sided market) 이론에 따른 방송통신 서비스 정책 이슈 연구〉, 2008.
- 김승주, 〈암호화폐 평가 보고서〉, 한국 코인데이스, 2019. 4.
- 김웅수·이두원 옮김, 비트뱅크·《블록체인의 충격》, 편집위원회, 블록체인의 충격, 북스타, 2017.
- 김일배, 〈블록체인과 디지털 경영〉, 유진투자증권, 2017. 11.
- 김의석, 〈블록체인 혁신성 연구〉, 2018.

- 김지연 외 4인, 〈디지털 컨버전스 시대의 경제패러다임 변화 연구〉, ㈜한국
  경영정보학회, 2009. 11.

- 김진영, 〈플랫폼 전략을 논하다(4) : 플랫폼과 양면시장 전략에 대한 고찰〉,
  2014. 08.

- 김태형, 〈플랫폼 비즈니스 문제와 해법〉, 경인일보, 2020. 05.

- 김필현, 〈왜 자유시장경제 체제인가〉, KERI, 2010. 03.

- 남진석, 〈블록체인 기반의 금융정보 서비스 모델 연구〉, 박사논문, 2017.

- 다니엘 드래서 저, 이병욱 역,《블록체인 무엇인가》, 이지스퍼블리싱, 2018.

- 돈 탭스콧 저,《블록체인 혁명(Blockchain Revolution)》, 을유문화사, 2018.

- 돈 탭스콧 · 앤서니 윌리엄스 저, 윤미나 역, 〈위키노믹스〉, Book 21, 2007.

- 레이체 보츠만 저, 문희경 역,《신뢰의 이동》. 흐름출판사, 2019.

- 박기홍, 〈디지털 경제와 인터넷 혁명〉, 산업연구원, 2000.

- 박건철 · 유민주 · 도성룡 · 조대근, 〈디지털 기반 공유경제 활성화 방안 연
  구〉, 2017.

- 박성준, 〈블록체인 패러다임을 준비하라!〉, 나라경제, 2016. 12.

- 박수현, 〈블록체인기반 공유경제 비즈니스 모델의 사례 연구〉, 석사논문, 건
  국대학교, 2020.

- 박영숙 외 2인,《블록체인혁명》2030, 2021.

- 박재현, 〈블록체인 기반 플랫폼 비즈니스를 이해하자〉, 2017. 9.

- 박종현, 〈블록체인 새로운 경제적 가능성〉, 한겨레.

- 박지영, 〈진화하는 가치플랫폼, 블록체인 3.0〉, 한국예탁결제원.

- 빈기범 · 장호규, 〈블록체인과 암호화폐: 경제/재무학적 이슈와 연구동향〉,

2018.

- 송성수, 〈산업혁명의 역사적 전개와 4차 산업혁명론의 위상〉, 과학기술학연구, 제17권 제2호 005-040, 2017.

- 신일순, 《디지털 경제학》, 2005.

- 오세현 · 김종승, 《블록체인노믹스》, 한국경제신문, 2017. 12.

- 유성민, 〈4차산업혁과 블록체인: 데이터 경제 중심으로〉, 한국통신학회지, 2020.

- 유순덕 · 신선영, 〈블록체인기반의 의사결정 사례 및 시사점〉, IITP.

- 유형준, 〈블록체인 강국의 인프라 '서비스형 블록체인(BaaS)〉, 정보통신산업 이슈리포트 2020-06호

- 윤동원, 〈빅데이터로 본 공유경제의 소비자 가치〉, 석사논문, 2018. 12.

- 임명환, 〈블록체인 기술의 영향과 문제점 및 시사점〉, 한국전자통신연구원, 비즈니스 블록체인.

- 이신욱 · 박영훈, 〈공유경제를 위한 DPoS 기반 블록체인 적용 기법〉, 대한전자공학회 학술대회, 1035-1037, 2019.

- 이용만 · 이근태 · 전종규, 〈디지털 경제의 도래와 우리경제에의 시사점〉, LG경제연구원, 2004. 2. 24.

- 윌리엄 무가야, 박지훈 · 류희원 공역, 《비즈니스 블록체인》, 한빛미디어, 2017. 05. 02.

- 이기영, 〈기록관리시스템 블록체인 기술 적용 방안 연구〉, 2019. 02.

- 이민화, 〈블록체인과 공유경제의 진화〉, 포럼보고서, 2018.

- 이상규, 〈양면시장의 정의 및 조건〉, 정보통신정책연구 제 17권 제4호, 2010. 12.

- 이시즈미 간지 저, 이해란 번역, 〈비트코인이 금화가 된다〉, 국일증권경제 연구소, 2017.

- 이신옥 · 박영훈, 〈공유경제를 위한 DPos 기반 블록체인 적용기법〉, 대한전 자공학회, 2019.

- 이재영, 〈블록체인 3.0 시대와 암호화폐의 미래〉, 과학기술정책연구원, Future Horizon, 2018 제37호, 2018. 11.

- 이재영, 〈블록체인과 암호화폐가 비즈니스를 혁신하는 방법〉, 과학기술정책 연구원(STEPI), 2019.

- 이중엽, 〈토큰 경제와 블록체인 미래〉, 제2018-005호, 2018. 11. 01.

- 이한솔, 〈블록체인 기술 기반 신규 비즈니스모델의 성공요인에 대한 연구〉, 석사논문, 2018.

- 인호 · 오준호,《부의 미래 누가 주도할 것인가》, 미지biz, 2020.

- 임용환, 〈블록체인 기술과 경제〉, ETRI, 2020. 4.

- 임종승,《게임이론과 암호경제학》, 2018. 10.

- 전명산 · 김용영, 〈블록체인과 암호화폐-프로그램 경제를 만드는 도구〉.

- 전병유 · 정준호, 〈디지털 공유 경제와 블록체인〉, 동향과 전망 103호.

- 정주필 · 최재용,《디지털 화폐전쟁》, 매일경제신문사, 2017. 09.

- 조대근, 〈온라인검색광고시장의 양면성에 관한 연구〉, 박사논문, 서울대, 2017. 02.

- 조대근 · 송인국, 〈모바일 데이터 비과금에 대한 플랫폼사업자의 전략에 관 한 연구: 사업기회 및 위기 관점에서〉, 인터넷정보학회논문지, 18(5), 2017.

- 조현대 · 임기철, 〈디지털 기술혁명과 기술경제 패러다임의 변화 의미, 양상 및 발전과제〉, 과학기술정책연구원, 2000. 12.

- 최지혜 · 한영욱, 〈블록체인 비즈니스모델 − 산업별 적용 현황〉, 2019.

- 커넥팅랩,《블록체인 트렌드 2020.》비즈니스북스, 2019.

- 홍익희 · 중기대,《화폐혁명》, 옛워크, 2018. 6.

- 홍지연, 〈디파이(DeFi) 시장의 성장과 시사점〉, 자본시장포커스, 2021 −06호.

기관연구소

- 국가정보원 과학기술정보통신부 국가보안기술연구소 한국정보통신기술협회, 블록체인 암호기술 가이드라인, 2020. 12.
- 과학기술정보통신부, "신뢰할 수 있는 4차 산업혁명을 구현하는 블록체인 기술 발전전략", 2018.
- 딜로이트, 가상화폐공개(ICOs), 2018. 1.
- NIPA, 이슈리포트 201938호 "블록체인산업현황 및 국외정책동향", 2020. 07.
- 조선일보 유진상 기자, "메인넷이 뭐길래: 블록체인 기업이 메인넷에 매달리는 이유", 2018.
- KAIST, 〈탈중앙화 금융(defi) 블록체인 기반의 금융서비스 미래〉, 2020. 12
- KAIST, 〈핀테크와 빅테크를 넘어서는 탈중앙화 금융(DeFi) 블록체인 기반 금융서비스의 미래〉, ISSUE PAPER No. 24.
- 과학기술정보통신부 · 한국과학기술기획평가원(KISTEP), 〈블록체인의 미래 (2018년 기술영향평가 결과보고)〉, 2018.
- 아주경제, 2020년 블록체인 시장 전망, 20. 2. 03.
- 한경BUSINESS 특별취재팀, "이것이 블록체인 경제다", 한국경제매거진, 2018.

백서

- Ethereum, "The Ultimate Smart Contract and Decentralized Application Platform" 백서, 2020. 11.
- Polkadot, "Polkadot white paper", 2021. 3.
- Polkadot Lightpaper, 2020.
- Cardano(Ada), "A Provably Secure Proof-of-Stake blockchain protocol", 2017.
- KOK, KOK Play white paper, 2020.
- Satoshi Nakamoto, Bitcoin: A Peer-to-Peer Electronic Cash System, 2008.
- Origin, Enabling true peer-to-peer commerce, 2017.

해외 논문

- Ammous, Saifedean. The Bitcoin Standard: The Decentralized Alternative to Central Banking. Wiley, 2018.
- Banks and Thrifts May Participate in Independent Node Verification Networks and Use Stablecoins for Payment Activities, News Release 2021.
- Cannon, B., & Chung, H.(2014), "A framework for designing co-regulation models well-adapted to technology-facilitated sharing economies", 「Santa Clara Computer & High Tech」, LJ, 31, 23.

- Doll, et. al., 'The Token Economy: A Recent Review and Evaluation', International Journal of Basic and Applied Science,Vol. 02, No. 01, July 2013.

- Hal R. Varian,Information Rules: A Strategic Guide to the Network Economy, 1998.

- Laudon, Kenneth C, Jane P. 《Management Information Systems 12/E: Managing the Digital Firm P.126》. Pearson Education Asia. ISBN-10 : 027375453X / ISBN-13 : 9780273754534.)

- Hagiu, Andrei; Wright, Julian (October 2011)."Multi-Sided Platforms". Harvard Business School. 2011.11.12.

- Laudon, Kenneth C, Jane P. 《Management Information Systems 12/E: Managing the Digital Firm P.126》. Pearson Education Asia. ISBN-10 : 027375453X / ISBN-13 : 9780273754534.

- Kim, M., Lee, H., Hwang, S.(2016), 「공유경제에 대한 경제학적 분석: 기대효 과 와 우려요인 및 정책적 함의」 (An Economic Analysis of the Sharing Economy: Benefits, Concerns and Policy Implications).

- Marc Rysman, The Economics of Two-Sided Markets, JOURNAL OF ECONOMIC PERSPECTIVES, VOL. 23, NO. 3, SUMMER 2009.

- May, T. C. Crypto Anarchy and Virtual Communities. 1994. Available on nakamotoinstitute.org.

- Nakamoto, Satoshi. Bitcoin: A Peer-to-Peer Electronic Cash System. 2008.

- NITI Aayog, Blockchain: The INDIA strategy, Draft Discussion Paper, 2020.

- Popper, Nathaniel. Digital Gold. Harper, 2015.

- Damon Centola, "A Simple Model of Stability in Critical Mass Dynamics", April 2013, Journal of Statistical Physics 151(1-2), DOI: 10.1007/s10955-012-0679-3)

- Renata B Hesse, Two-Sided Platform Markets and the Application of the Traditional Antitrust Analytical Framework, Competition Policy International, Vol. 3, No. 1, Spring 2007, 6 Pages Posted: 22 May 2007

- Shermin Voshmgir, what is the token economy, chapter 1, 2021.

- Swan, Melanie. Blockchain. O'Reilly Media, 2015.

- Timmers, P."Business Model for Electronic Markets," electronic Markets, 8(2), 1998.

온라인 참고자료

- http://www.hash.kr/(해시넷)

- https://bitcoin.org/ko/

- https://en.bitcoin.it/wiki/

- https://nakamotoinstitute.org/

- https://www.lopp.net/bitcoin-information.html

- https://setcoin.io/

- https://www.locuschain.com/ko/

- https://docs.insolar.io/en/latest/basics.html

- https://okcn.tistory.com/318

- https://ko.wikipedia.org/

- http://www.blockchaintoday.co.kr

- https://steemit.com/kr/@kblock/28-factom

- https://polkadot.network

- http://www.originprotocol.com

- https://medium.com/the-capital/the-four-blockchain-generations-5627ef666f3b

- https://www.oreilly.com/library/view/what-is-the/9781492072973/ch01.html

- http://www.ipdaily.co.kr/

- https://www.beinews.net

- http://www.thebchain.co.kr.

- https://jibrel.network/ko/blog/tokenization/DeFi/

- https://qz.com/1335481/cryptocurrency-is-just-one-of-seven-types-of-cryptoassets-you-should-know

- https://jibrel.network/ko/blog/tokenization/defi/

- https://minamjah.tistory.com/239

- http://www.trendmaker.co.kr

- https://ko.wikipedia.org/wiki/

- www.journals.elsevier, 과학기술정책연구원(STEPI)

- http://www.coindeskkorea.com/news/articleView.html?idxno=73629

- https://www.blockchaintoday.co.kr/news/articleView.html?idxno=14007

- http://it.chosun.com/site/data/html_dir/2021/03/25/

- https:// www2.deloitte.com/content/dam/Deloitte/us/Documents/

- https://cobak.co.kr/community/3/post/473999

- http://m.ddaily.co.kr/m/m_article

- https://www.sedaily.com/NewsVIew

- https://okcn.tistory.com/318